入管問題とは何か

終わらない〈密室の人権侵害〉

Eriko Suzuki／Koichi Kodama
鈴木江理子・児玉晃一＝編著

明石書店

入管問題とは何か——終わらない〈密室の人権侵害〉　目次

はじめに　鈴木江理子　7

第1章　入管収容施設とは何か――「追放」のための暴力装置……鈴木江理子　15
1　追いつめられる被収容者　15
2　追いつめられる仮放免者　27
3　追いつめられる外国人　36

Column 1　ウィシュマさん国家賠償請求事件……空野佳弘　51

第2章　いつ、誰によって入管はできたのか――体制の成立をめぐって……朴沙羅　57
1　はじめに　57
2　敗戦と非正規な人と物資の移動――引揚げと「密航」・「密貿易」　59
3　外国人登録令の公布とエスニック・マイノリティの外国人化　64
4　冷戦と民族差別――入管体制の成立　71
5　「入管体制」への疑問　78
6　おわりに　82

Column 2　大村入国者収容所における朝鮮人の収容……挽地康彦　88

第3章　入管で何が起きてきたのか――密室を暴く市民活動……高橋徹　93
1　はじめに　93
2　入管収容問題と出会う　94
3　入管問題調査会の発足　101
4　被収容者の母国をたずねる　104
5　信じがたい蛮行の数々　114
6　強制収容される子どもたち　120
7　解決への糸口　127
8　おわりに　133
Column 3　入管収容で奪われた「もの」……井上晴子　137
第4章　支援者としていかに向き合ってきたか――始まりは偶然から……周香織　142
1　難民問題との出会い　142
2　クルド人難民家族とイラン人難民との出会い　144
3　クルド人難民Mさんとその家族　169
4　深刻化する入管の長期収容問題と「入管法改正案」　176
Column 4　弱くしなやかなつながりのなかで……安藤真起子　187

第5章　誰がどのように苦しんでいるのか——人間像をめぐって……木村友祐　192
1　晴佳さんとサイさん、その子どもたち　192
2　トルコ国籍のクルド人チェリクさん　210
Column 5　被収容者の経験……アフシン　227
第6章　どうすれば現状を変えられるのか——司法によるアプローチを中心に……児玉晃一　231
1　収容制度について　231
2　「収容に代わる監理措置」　248
3　収容施設及び処遇　253
4　仮放免中の処遇　255
5　改善へのアプローチ　258
あとがきにかえて　児玉晃一　267
入管収容をめぐる年表　279

はじめに

鈴木江理子

日本には、正規の滞在が認められない外国人を収容するための施設――入管収容施設がある。収容の可否判断に司法は関与せず、入管職員の裁量によって、無期限の収容が可能である。二〇二一年末現在、全国一七カ所の入管収容施設に収容されている外国人は一一二四名であるが、新型コロナウイルス感染症対策として仮放免（一時的な解放）が積極的に活用される前の被収容者数は一〇五四名（二〇一九年末）であった。

当局からは、早期の出国を求められているものの、「帰れない事情」を抱えたまま、何年間も自由を奪われ、人間としての尊厳までも奪われ、狭い空間に収容され続けている外国人もいる。

多くの日本人にとっては無縁の入管収容施設では、以前から、暴行事件や死亡事件、自殺未遂事件が発生していたが、「密室」ゆえにその全容が解明されることはなかった。被害者が「外国人」であり、「日本にいるべきではない不法な人間」であるゆえに、メディアや市民の関心も低かったのかもしれない。関係者や監督者の責任が追及されることなく、やり過ごされていくことが常であった。

そのような状況を変えるきっかけとなったのが、二〇二一年三月、名古屋にある入管収容施設で発生したスリランカ人女性ウィシュマ・サンダマリさんの死亡事件である。当初、彼女は、これまでの被害者と同様、匿名で「スリランカ人女性」とのみ報道されていた。「広く報じてもらい真相解明や再発防止につなげてほしい」――記者会見した遺族の希望を受けて、写真とともに実名で報じられるようになったことが、三三歳で人生を終えなければならなかった彼女に対する想像力や共感を呼び起こしたともいえよう。ウィシュマさんが抱いていた日本での夢、在留資格を失った経緯、収容されていた彼女と面会していた支援者が語る言葉などが、メディアを通じて伝えられることによって、国家が管理する施設で、かけがえのない「一人の人間」の命が奪われた事実に、怒りを抱いた市民は少なくないはずだ。

折しも「好ましからざる不法な外国人」の送還促進を可能とする出入国管理及び難民認定法（以下「入管法」）の改定法案の審議入り直前であったこともあり、いつも通り不都合な真実を隠蔽して切り抜けようとした当局に対して、市民社会が声をあげたのである。

結果、第二〇四回通常国会に上程されていた改定法案は廃案になったものの、いまだ彼女の死の真相は解明されていないし、いわんや、これまで入管収容施設で発生した数多の事件の真実は不明のままである。明らかになったのは、入管収容施設がもつ「暴力性」という特質である。

二〇二一年一一月、妹のワヨミさんとポールニマさんが、ウィシュマさんを「見殺し」にしたことに対して、当時の名古屋入国管理局長らを刑事告訴したが、翌二〇二二年六月、名古屋地方検察庁は、嫌疑なしで不起訴処分とした。入管側がウィシュマさんに対して適切な医療を怠ったとは認められないというのが、その理由である。

二〇二二年三月には、母親と妹二人が、彼女の死に対する国家賠償を求め名古屋地方裁判所に提訴した。国家権力に阿《おもね》ることなく、「暴力性」の隠蔽に加担することなく、司法の正義が貫かれることを期待する。

本書は、多様な立場で「暴力性」に対抗しようとする執筆者の論考やコラムから成り立っている。

第1章では、編者の一人である鈴木が、非正規滞在者や移民政策を研究する立場から、入管収容施設で何が起きているか、その暴力性や被収容者の絶望を、ジョルジョ・アガンベンの「例外状態」や「剝き出しの生」という概念を参照しつつ考察する。被収容者の「希望」は仮放免であるが、そこで得られるものは「まやかしの自由」に過ぎず、仮放免者は「大きな監獄」での毎日を強いられている。

被収容者や仮放免者へのこのような暴力的な対応を、当局は、彼/彼女らの「不法性」を根拠に、時に恣意的につくりだした「犯罪者性」によって正当化しようとする。だが、そもそも「送還忌避者」が生み出される背景には、移民・難民政策の「失敗」があり、そのような偽りの移民・難民政策のもとでは、正規の滞在資格をもつ外国人の権利すら十分に保障されず、「排除」と背中合わせの状況におかれている。暴力性は、入管体制そのものにあるのだ。

第2章では、国民国家とエスニック・マイノリティ、非正規移住などを歴史的視点から研究する朴沙羅氏が、入管収容施設の成立過程を読み解く。入管収容施設の歴史は、一九四六年六月に長崎県佐世保市に設置された針尾収容所に始まる。日本国籍を有する旧植民地出身者の「国内移動」である日本への入国を「不法入国」と位置づけ、送還するための施設である。その後、一九四七年五月の外国人登録令の公布、一九五一年一〇月の出入国管理令の公布、一九五二年四月の法務府民事局長からの通知によって「外国人」がつくりだされ、「外国人問題」が生み出されていく。一方的に日本国籍を剥奪され「外国人」とされた旧植民地出身者の権利は制限され、「国民」ではない者として、管理・監視の対象として扱われる。

入管当局に巨大な権限が与えられ、退去強制（送還）手続きに際して被送還者の権利を認めない入管収容の暴力性は、その出自から始まっていたのである。

第3章は、かつて移民送出し国であった日本が、経済成長を背景に、外国人労働者受入れ国になって以降の入管収容施設を扱っている。被収容者の中心は、ニューカマーへと移っていくが、その暴力性は連綿と受け継がれていく。

筆者の高橋徹氏は、一九九〇年代半ばから二〇〇〇年代にかけて、「入管問題調査会」を組織し、入管収容施設という「密室」で発生している事件に関心をもち、その実態を明らかにする活動を精力的に行っていた人物である。入管収容に対する市民の関心は低く、電子メールや

SNSなどの情報通信技術が発展していなかった時代、事例の収集、被収容者や関係者へのインタビュー調査などによる事実確認には、多くの労力を要したと推測される。高橋氏は、当時発行された書籍やニュースレターなどの膨大な文献を改めてサーベイし、その後の事件経過や関連の取組みを含めて、第3章をまとめている。

当時の生々しい証言が集められた貴重な文章であるとともに、時代を切り開く「ドリルの先端」ともいえる先人たちの活動に、入管収容の暴力性を解体するヒントを見出すことができるであろう。

第4章は、熱心な難民支援を行っている周香織氏の一八年間の記録である。二〇〇四年春、国連大学前で座り込みを続けていたクルド人二家族とイラン人青年と出会ったことをきっかけとして、周氏は、日本の難民問題を知ることになる。目の前で起きた一八年前の出来事を詳細に記述することによって、難民認定申請者がおかれている状況や今と変わらぬ当局の冷酷な対応を伝えている。多くの市民の支援にもかかわらず、二家族と青年は、日本で難民認定されることなく、第三国で新たな生活を始めることとなった。「受け入れられるべき人」が当局によって拒絶されてしまった経験をもとに、日本が難民を受け入れるためにはどうしたらよいか、入管収容の暴力性をなくすにはどうすればよいかを改めて考えるようになった周氏は、試行錯誤しつつ、さまざま活動を続けている。第4章は、等身大の市民が入管収容にかかわるヒントを与えてくれるはずである。

第5章は、小説家である木村友祐氏による一種のエスノグラフィーである。木村氏が描くのは、難民認定申請者で現在仮放免中の夫とともに、三人の子どもたちと暮らす日本人女性ムセンブラ晴佳さんと、三〇年近く仮放免の状態で暮らすクルド人男性チェリクさんである。チェリクさんは九カ月間収容されたこともあるという。

木村氏にとって、晴佳さん家族もチェリクさんも、元被収容者や仮放免者、あるいはその家族として一括りにされるような「事例」ではない。限られた時間ではあるかもしれないが、インタビューを通じて同じ時間を共有したかけがえのない存在である。第5章に綴られているのは、お二人によって語られた、それぞれの人生であり「日常」であり、木村氏が受け取った「いのちの片鱗」である。

文中で、木村氏は、同情と共感をうけるべき「かわいそうな人たち」の像を無意識のうちに期待してしまっている自分への反省を口にしているが、まさにこれは、私たち市民に向けての警鐘でもある。同情や共感すべき被収容者・仮放免者とそれに値しない被収容者・仮放免者を分断させることこそ、入管収容の暴力性ではないだろうか。

さらに、第1章から第5章の後には、各章に関連するコラムを掲載している。執筆者は、ウィシュマさん死亡事件の国家賠償請求訴訟の弁護団団長である空野佳弘氏、大村入国者収容所を研究してきた挽地康彦氏、中学生で二度の収容を経験した井上晴子氏、「改悪」入管法成立阻止の市民運動を闘った安藤真起子氏、過酷な収容を体験しいまもなお仮放免の苦しい日々を送っている難民認定申請者のアフシン氏である。いずれも経験に根差した貴重なコラムとなっている。

第6章は、編者の一人であり、弁護士として四半世紀以上、第一線で入管収容問題にかかわってきた児玉晃一氏の論考である。入管収容施設の暴力性を生み出している現状と問題点を、入管法等を示しながらわかりやすく解説するとともに、廃案となった二一年改定入管法案で提案された「収容に代わる監理措置」についても、国連特別報告者らによる共同書簡とそれに対する入管の「弁明」を紹介しつつ、その問題点を指摘している。つまり、改定法案は、入管収容の暴力性を解消できるものでは決してないということである。

では、どうすればよいかについて、諸外国の事例を参照し、日本が締結している国際人権諸条約をふまえた改善案を提示している。加えて、改善案が単なる机上の「提言」で終わることがないよう、それを実現させるべく、市民社会による立法へのアプローチと、弁護士らによる司法へのアプローチを示している。すなわち、暴力性の解体には「行動」が欠かせないのだ。

なお、入管収容を変えようとする児玉氏の強く熱い思いについては、ぜひ「あとがきにかえて」をじっくり読んでいただきたい。

このままではいけない、入管収容を変えなければならない、という思いは、いずれの執筆者も同じである。「おもてなしの国」「共生社会の実現」といった美辞麗句の背後で、いまこの時も、人間としての権利（＝人権）や尊厳が奪われている人々がいることに無関心であってはならない。

本書を通じて、一人でも多くの読者が入管問題に関心をもつことが、入管収容施設という

「密室」をこじ開ける一歩となるであろう。さらに、編者・執筆者の思いに共鳴し、入管収容の暴力性の解体を目指して共に行動する市民が増えれば、入管法の真の「改正」が実現するはずである。

「もともと地上には道はない。歩く人が多くなれば、それが道になる」(魯迅『故郷』)――そうであることを信じたい。

第1章　入管収容施設とは何か
――「追放」のための暴力装置

鈴木江理子

「こんなことが許されていいのか。人々の目に触れぬ密室の中で多くの外国人の心と体が傷つけられている。また、暴行事件の加害者である入管職員自身も、過重な労働条件の中でストレスを抱え、さらに外国人に対する人権侵害の悪循環を繰り返すこととなっている。そんなシステムが私たちの住んでいる社会に存在し、あるいはそれを支えているとすれば、これは私たち『日本人』の問題ではないか」

1　追いつめられる被収容者

常態化する密室の人権侵害

二〇二一年三月六日、名古屋出入国在留管理局の収容場で、留学生として来日したスリランカ人女性ウィシュマ・サンダマリさん（享年三三歳）が死亡したことを契機として（コラム1参照）、入管収容施設への市民の関心が高まっている。[1]

入管収容施設とは、退去強制事由に該当すると思われる外国人の違反審判を円滑に行うとともに（収容令書にもとづく収容）、違反審判の結果、退去強制令書（以下「退令」）が発付された外国人（以下「退令被収容者」）を確実に送還する（退令にもとづく収容）ための収容施設である。

ＤＶ被害を訴えた女性を保護することなく収容し、深刻な体調不良に陥った彼女に適切な医療を提供することなく収容を継続した入管職員、その行為を隠蔽し責任を回避しようとする出入国在留管理庁（以下「入管」）や法務省――。第二〇四回通常国会（二〇二一年一月一八日～六月一六日）に上程された出入国管理及び難民認定法（以下「入管法」）の改定法案が廃案になった一因は、ウィシュマさんの死であったともいえるであろう（コラム4参照）。

だが、冒頭の引用文は「いま」を語った言葉ではない。およそ四半世紀前の一九九六年に刊行された書籍の一節である［入管問題調査会編 1996: 8］。一九九〇年代、入管収容施設という「密室」で起きている人権侵害に心を痛め、その実態を明らかにしようとする弁護士や支援者らによる取組みがあったにもかかわらず（第3章参照）、残念ながら状況は改善されることなく、その後も多くの命や人生が奪われ続けている。

入管収容施設は、敗戦後の入管体制が形成されるなかで、密航者や刑余者など日本政府にとって「好ましくない外国人」を排除するための「船待ち所」として作られた。一九六四年に刊行された『出入国管理とその実態』（以下「入管白書」[2]）には、「その処遇は刑務所等の矯正施設におけるそれとはまったく異質のものであり、収容所の保安上の支障がない範囲内において、できる限りの自由を与えなければならない点にその特徴がある」（傍点筆者加筆）と書かれている。[3]だが実際には、「保安上の支障がない範囲内」という条件が拡大解釈され、自由が制限されることも多かった。被収容者のほとんどが旧植民地である朝鮮半島出身者であったこともあり、差別と暴力が入管収容施設を支配していた（コラム2参照）。一九八〇年代末になると、被収容者の中心はニューカマーへと移っていくが、差別と暴力の構造は連綿と受け継がれていく。

一九八一年に刊行された昭和五五年度（一九八〇年度）版以降の入管白書には、前記の記述すらなくなり、「保安上の理由」という常套句が、被収容者の自由を奪う口実として機能している。[4]行動の制約、面会や電話・手紙など外部交通手段の制限といった不自由に加え、医療放置や不適切な薬の投与、暴言・暴行や過剰な「制圧」など、生命を脅かしかねない行為が繰り返されている。

そのような状況について、以前は被収容者の証言から知ることしかできなかったが、近年、裁判の過程で開示された映像によって、それらの一部を直接目にすることが可能になった。尋常ならざる密室に目を疑った者は少なくないだろう。

病院に搬送されることなく、床に転がり「I'm dying...（死にそうだ）」とうめきながら死亡したカメルーン人男性（二〇一四年三月、東日本入国管理センター）、複数の職員による制圧によって右上腕を骨折したトルコ人男性（二〇一七年七月、大阪入国管理局）や左腱板を損傷したブラジル人男性（二〇一八年一〇月、東京入国管理局）、制圧され「痛い」と叫ぶクルド人男性に「痛いか？　痛いか？」と何度も問いかける入管職員（二〇一九年一月、東日本入国管理センター）――。入管収容施設での経験を

「人間扱いされない」と話す被収容者は多いが、まさにそのような光景が映し出されている。

果たして、入管職員は入職前からこのような行為を平然と行う人間だったのであろうか。入管収容施設に関する詳細なルポを著した平野雄吾氏は、人権侵害が生み出される背景を「体質」という言葉で描写しているが［平野2020］、職員は、入管や入管収容施設を準拠集団として「社会化」――人が自分の所属する社会や集団、またはこれから所属しようとしている社会や集団に共有されている流儀作法を学習し、自分のものにしていくプロセス――することで、被収容者をモノとして扱う体質を習得していくのではないだろうか。一方、それに「適応」できない者が退職（離脱）することで、体質はより強固になり、人権侵害が常態化していくのである。

無期限収容という絶望

退令被収容者を最も苦しめることの一つは、出国を選択する以外、自らの力で密室から脱出する方法がないことである。収容令書にもとづく収容の場合は最長六〇日間と期限が定められているが、現行法上、退令にもとづく収容には上限がない。二〇二一年六月末現在の最長収容期間をみると、大阪出入国在留管理局では五年八カ月、東日本入国管理センターでは六年、大村入国管理センターでは八年九カ月にも及んでいる。ならば出国すればいいと考える読者もいるかもしれないが、日本に家族がいる者や日本で生まれ育った者、国籍国で迫害をうける恐れのある者など、密室での毎日がどれほど過酷であっても出国を選択できない被収容者もいる。

一時的に収容を解く仮放免によって密室からの脱出は可能であるが、許可されるかどうかの判断は入管職員の「裁量」である。一〇回以上仮放免申請をしているにもかかわらず、認められないまま三年以上収容され続けた者もいる。度重なる不許可の通知は、被収容者の希望を打ち砕く。しかも、なぜ自分の申請が不許可で、別の被収容者は仮放免されるのかの理由すら知ることができない。そもそも収容するかどうかの判断にすら司法審査はなく、行政官である入管職員の裁量に委ねられている（第6章参照）。入管は、送還のための身柄の確保に加えて、被収容者の「在留活動の禁止」が退令にもとづく収容の目的であると主張し[6]、恣意的な無期限収容を正当化しているのだ［児玉 2018］。

二〇二〇年八月、国連・恣意的拘禁作業部会は、一一人の難民認定申請者（後述するサファリさんとデニスさん）が通算四年半以上収容されたことは恣意的拘禁に当たるという意見書を採択し、翌九月に日本政府宛てに当該意見書を送付した。けれども、政府は、事実誤認がある、日本が締結している国際人権諸条約には抵触しておらず恣意的拘禁ではないと反論し、改善の必要なしという態度である。二〇二一年に廃案となった改定法案でも、収容の判断に際しての司法審査は導入されていない。

収容の長期化に関しては、入国管理局（現出入国在留管理庁）も適切ではないと考えており、二〇一〇年三月には、一年を超える被収容者の減少に努めることを――ただし、「送還促進」という手段を優先しているが――、同年七月には、退令による収容期間が一年以上の者について、一年を経過した時点、及びその後三カ月ごとに仮放免の必要性や相当性を検証することを求める文書[7]を出している。

表1　収容期間別被収容者数の推移

	被収容者数	収容期間6月以上の被収容者数と割合	収容期間1年以上の被収容者数と割合	収容期間3年以上の被収容者数と割合
2006年11月17日	1,317人	44人　(3.3%)	不　明	不　明
2007年9月7日	1,063人	108人　(10.2%)	不　明	不　明
2008年12月10日	1,866人	76人　(4.1%)	14人　(0.8%)	不　明
2009年11月5日	1,742人	114人　(6.5%)	38人　(2.2%)	不　明
2010年10月25日	1,251人	122人　(9.8%)	19人　(1.5%)	不　明
2011年11月1日	1,064人	98人　(9.2%)	41人　(3.9%)	不　明
2012年11月5日	1,104人	236人　(21.4%)	75人　(6.8%)	不　明
2013年10月31日	973人	163人　(16.8%)	66人　(6.8%)	不　明
2014年末	932人	199人　(21.4%)	91人　(9.8%)	4人　(0.4%)
2015年末	1,003人	207人　(20.6%)	83人　(8.3%)	3人　(0.3%)
2016年末	1,133人	214人　(18.9%)	99人　(8.7%)	3人　(0.3%)
2017年10月23日	1,374人	472人　(34.4%)	174人　(12.7%)	2人　(0.1%)
2018年末	1,246人	590人　(47.4%)	313人　(25.1%)	26人　(2.1%)
2019年末	1,054人	342人　(32.4%)	279人　(26.5%)	63人　(6.0%)
2020年末	346人	147人　(42.5%)	98人　(28.3%)	41人　(11.8%)
2021年6月末	164人	59人　(36.0%)	49人　(29.9%)	22人　(13.4%)

注：2010年10月25日の収容期間別人数は、同年9月末現在の数値である。
出所：法務省資料より筆者作成

しかしながら、収容期間別被収容者数の推移をみると、一年以上の被収容者の割合が二〇一八年以降急増している（表1参照）。この背景には、原則、仮放免を認めない八類型を明示した二〇一八年二月の入国管理局長指示[8]がある。罪を犯すかもしれない、社会に不安を与えるかもしれないなどといった「おそれ」を根拠にした収容は、入管収容施設の目的を逸脱した「予防拘禁」にほかならない。収容の判断が入管という行政機関に委ねられることで、連合国軍総司令部（GHQ）の指令によって廃止された治安維持法の予防拘禁が、半世紀以上経ったいま、外国人に対して公然と行われているのである

（第6章参照）。

なお、新型コロナウイルス感染症が蔓延した二〇二〇年と二一年は、「密」な入管収容施設内での感染拡大を防止する観点から仮放免が積極的に活用されたため、被収容者数が激減する一方で、予防拘禁は継続し[9]、長期収容者の比率が高まっている。多くの被収容者が仮放免されていくなかで、社会不安の元凶とみなされ、密室に収容され続けている被収容者の孤独と絶望は、計り知れないことであろう。

奪われる尊厳と軽んじられる生命

出口の見えない無期限収容のなかで、家族や友人等との別離による孤独、送還の恐怖、現在そして将来に対する不安や絶望に襲われ、精神疾患を患う被収容者もいる。まさに、ヴィクトール・E・フランクルが『夜と霧』で描いた「内的な崩壊現象」である。前述のとおり、適切な医療へのアクセスが制限されているため、被収容者は病気や怪我を悪化させ、さらに追いつめられていくのだ。

モノとして扱われ、人間としての尊厳を奪われていくなかで、職員に対して不信感や猜疑心、不満や憎悪を抱く被収容者は少なくない。「親切な人もいた」と語る被収容者もいるが、職員の名前を知ることができない匿名性のなかで信頼関係を築くことは難しく、両者の対立は、職員による暴言や暴行を助長するとともに、被収容者によるハンストという抵抗行動へと発展することもある。

表2　入管収容施設での自殺未遂件数の推移（2006～2020年）

2006年	2007年	2008年	2009年	2010年	2011年	2012年	2013年
17人	31人	不明	44人	45人	40人	41人	40人
2014年	2015年	2016年	2017年	2018年	2019年	2020年	
59人	51人	30人	44人	43人	65人	68人	

出所：法務省資料より筆者作成

そもそも、廃案となった二〇二一年の改定入管法案提出のきっかけは、二〇一九年六月二四日、大村入国管理センターで発生したナイジェリア人男性（四〇歳代）のハンストによる餓死であった。[10] 子どもが暮らす日本での生活を望んでいたにもかかわらず、服役中の仮釈放で入管収容施設に収容され（当初は大阪入国管理局）、退令が発付されたナイジェリア人男性。せめて実子に会いたいと仮放免を何度も申請しても認められず、絶望のなかハンストという抗議を行った結果、彼は命を落としたのである。収容期間は三年七カ月であった。

あるいは、抵抗する力さえ奪われ病死したり、絶望のあまり自らの命を絶とうとしたりする被収容者もいる。大村入国者収容所の二〇年間（一九五〇～七〇年）の記録にも、ハンストや自殺行為の記録があるが、二〇年間の自殺行為が累積二〇件（うち未遂が一六件）であったことと比較すると［法務省大村入国者収容所1970］、現在の被収容者のおかれている状況の過酷さをうかがい知ることができるであろう（表2参照）。

入管収容施設での死亡事案については、明らかになっているだけでも、一九九七年以降、二〇名の生命が失われており、うち六名は自殺である（表3参照）。退去強制事由に該当するに至った経緯はさまざまであるが、みなウィシュマさん同様に、日本での生活に期待を抱いて国境を越えたのではないだろうか。たとえ送還される人間であるとしても、国家が管理する施設内

表3　入管収容施設での死亡事案一覧（1997～2021年）

時　期	国　籍	年代等	場　所	死　因	対応等
1997年8月9日	イラン	20代男性	旧東京入国管理局第二庁舎	職員による暴行致死の疑い	
2001年10月30日	ベトナム	男性	西日本入国管理センター	自殺	
2006年12月	ナイジェリア	男性	東京入国管理局	病死（エイズ）	
2007年2月	ガーナ	50代男性	東京入国管理局	病死（肺炎）	再犯防止の通知等あり
2008年1月1日	インド	20代男性	西日本入国管理センター	自殺	
2009年3月21日	中国	30代男性	東京入国管理局	自殺	再発防止の通知等あり
2010年2月9日	ブラジル	20代男性	東日本入国管理センター	自殺	再発防止の通知等あり
2010年4月9日	韓国	40代男性	東日本入国管理センター	自殺	再発防止の通知等あり
2010年4月	フィリピン	50代女性	東京入国管理局	不明	
2010年12月	フィリピン	50代女性	東京入国管理局	病死（急性心筋梗塞）	
2013年10月14日	ミャンマー	50代男性	東京入国管理局	病死（くも膜下出血）	
2014年3月29日	イラン	30代男性	東日本入国管理センター	病死（低酸素性脳症）	調査報告（2014/9）あり
2014年3月30日	カメルーン	40代男性	東日本入国管理センター	病死	調査報告（2014/9）あり
2014年11月22日	スリランカ	50代男性	東京入国管理局	病死（急性心筋梗塞）	再犯防止の通知等あり、調査報告（2015/3）あり
2017年3月25日	ベトナム	40代男性	東日本入国管理センター	病死（くも膜下出血）	再発防止の通知等あり、調査報告（2017/11）あり
2018年4月13日	インド	30代男性	東日本入国管理センター	自殺	再発防止の通知等あり
2018年11月	中国	60代男性	福岡入国管理局	病死（多臓器不全）	
2019年6月24日	ナイジェリア	40代男性	大村入国管理センター	餓死	調査報告（2019/10）あり
2020年10月13日	インドネシア	40代男性	名古屋出入国在留管理局	不明	
2021年3月6日	スリランカ	30代女性	名古屋出入国在留管理局	不明	再発防止の通知等あり、調査報告（2021/04、21/08）あり

注：上記以外に、2010年3月22日、成田空港からの強制送還中の飛行機内で、職員の制圧により日本人配偶者をもつガーナ人男性（享年四五歳）が死亡している。

出所：全国難民弁護団連絡会議が入手した資料より筆者作成

で人命が失われるということはあってはならないはずだ。

これら二〇件のうち八件（うち四件が自殺）で、事後に再発防止の通知等が出されているが、主に手段として使用された物品（電源コードやビニール製ごみ袋、靴紐やフェイスタオル）の管理強化や持込み禁止等を指示するものであり、自死を選択せざるをえない状況を反省的に分析し、改善しようとするものではない。結果、再犯防止の通知等が発出された後も、年間数十件の自殺未遂が発生している。

さらに、二〇件の死亡事案のうち、調査報告が確認されているものはたった六件（うち四件病死）であり、専門家等の意見聴取が行われているものの、すべて当局による内部調査である。

激しい頭痛を訴えたにもかかわらず、専門医療機関を受診できないまま、二〇一七年三月、くも膜下出血で病死したベトナム人男性について、報告は、職員が「死亡に至る可能性のある疾病にり患していることを認識することは困難であり、死亡に至ることを予見することはできなかった」「理論上は、救命できた可能性があったとはいえるものの（中略）現実には、本人を救命することが困難であった可能性も否定できない」という結論を下している。

二〇一九年六月、ハンストの後に餓死したナイジェリア人男性に関する報告は、「仮放免許可を得ることを目的としたほかの収容者の拒食を誘発する恐れ」があると、仮放免を認めなかったことを正当化したうえで、「本人が頑強に治療を拒否していたことを踏まえると（中略）対応が不相当であったと評価することは困難」「本人が治療を拒んだことにより十分な治療の実施に至らなかったものであり、（中略）本人の健康状態の悪化を食い止められなかったことは、やむを得ない」と結論づけている。

二〇二一年三月に死亡したスリランカ人女性ウィシュマさんの最終報告は、医療体制の不備、職員に対する教育や意識の涵養が不十分、人員体制の不足など「本件における名古屋局の対応には、数々の反省点や改善すべき点が認められた」とし、「本調査により明らかになった反省点や改善点について速やかな対処を行い、改革を進めていかなければならない」と締めくくっている。

しかしながら、ウィシュマさんの報告に対しては、入管収容施設での彼女の映像を視聴した遺族、議員や弁護士が事実関係の歪曲や隠蔽を指摘していることに照らせば、これまでの報告と同様、職員の対応を擁護し、不都合な点を隠蔽するなど、当局にとって都合よくまとめたものに過ぎないといえよう。市民やメディアからの厳しい非難をうけてもなお、入管の内向き志向は変わらず、いまだ「保身」が優先されているようだ。一人の人間の命が失われたこと、より端的にいえば、命が奪われたことの深刻さが認識されておらず、真相解明を目指す真摯な態度や反省が欠如している。死亡事件を発生させた制度的・構造的問題に切り込むことなく語られる「全職員の意識改革」という言葉が空虚に響く。

「例外状態」における「剝き出しの生」

なぜ入管収容施設では、これほどまで自殺未遂や死亡事件が繰り返されるのであろうか。なぜ入管職員は、同じ人間である被収容者の尊厳を奪ったり、命を軽んじたりすることができるのであろうか。ここでは、強制収容所における非人道性や残虐性を語る際にしばしば引用される、ジョルジョ・アガンベンの「例外状態」や「剝き出しの生」という概念を参照しつつ［アガンベン2007］、入管収容施設における暴力性を考察してみたい。

アガンベンは、法や秩序が宙吊りになることを「例外状態」という概念で捉え、強制収容所を、秩序以前の混沌とした場ではなく、秩序が失効し「例外状態が規則になりはじめるときに開かれる空間」として分析する。ゆえに、そこでは「犯罪という法的概念」を超えた行為が容易に生じる。

また、彼は、「ビオス（それぞれの個体や集団に特有の生きる形式）」を奪われ「ゾーエー（生物学的な生）」しかもたない存在を、ローマの古法に登場する「ホモ・サケル（聖なる人間）」として描く。ホモ・サケルとは、誰もが処罰されることなく殺害することができる一方で、生け贄として神に供されえない存在、すなわち殺害可能かつ犠牲化不可能な存在である。そして、法や秩序の適用外である強制収容所に囚われている被収容者を、ホモ・サケルのごとくビオスを奪われた「剝き出しの生」として位置付ける。

まさに、入管収容施設と被収容者も同様である。例外状態が常態化した入管収容施設において、被収容者は人間としての生を奪われ、モノ化されることで、彼／彼女らの「人間としての権利」も宙吊りとなり、あらゆる人権侵害が可能となる。職員は、入管収容施設を準拠集団として社会化し、その環境に適応する結果、心の痛みを感じることなく、激しい身体の異常を訴える被収容者を放置したり、反抗的な態度をとる者に暴言を浴びせたり、暴行を加えることができるのだ。

自殺未遂事件や死亡事件等をうけて、被収容者処遇規則が改定されたり、通知等が発出されたりしたとしても、それらはすべて宙吊りとなり、被収容者の剝き出しの生が「保護」されることはない。例外状態の前では、二〇一〇年七月に設置された入国者収容所等視察委員会も正常に機能することはない。

ウィシュマさん死亡事件に関する最終報告をうけて、二〇二一年八月と一二月、体調不良者等の仮放免に関する文書[11]が出された。けれども、例外状態である入管収容施設では、新たな文書も効力なく、適切な医療をうけることができないまま、車いすや寝たきりの状態の外国人が収容され続けている。

2　追いつめられる仮放免者

例外状態からの脱出と「まやかしの自由」

「私をここから連れて行って……」――入管収容施設のウィシュマさんと面会した眞野明美氏が聞いた彼女の最後の言葉である〔眞野 2021: 90〕。ウィシュマさんに限らず、剝き出しの生としての過酷な毎日を生きる被収容者にとって、例外状態からの脱出は「希望」である。

前述のとおり、退令が発付されても出国を選択することができない被収容者の望みは、仮放免である。入管職員の裁量に翻弄されながらも、何度目かの仮放免申請でようやく許可が下り、入管収容施設から出てきた仮放免者が家族や支援者と対面する歓喜の場面に、筆者も何度か立

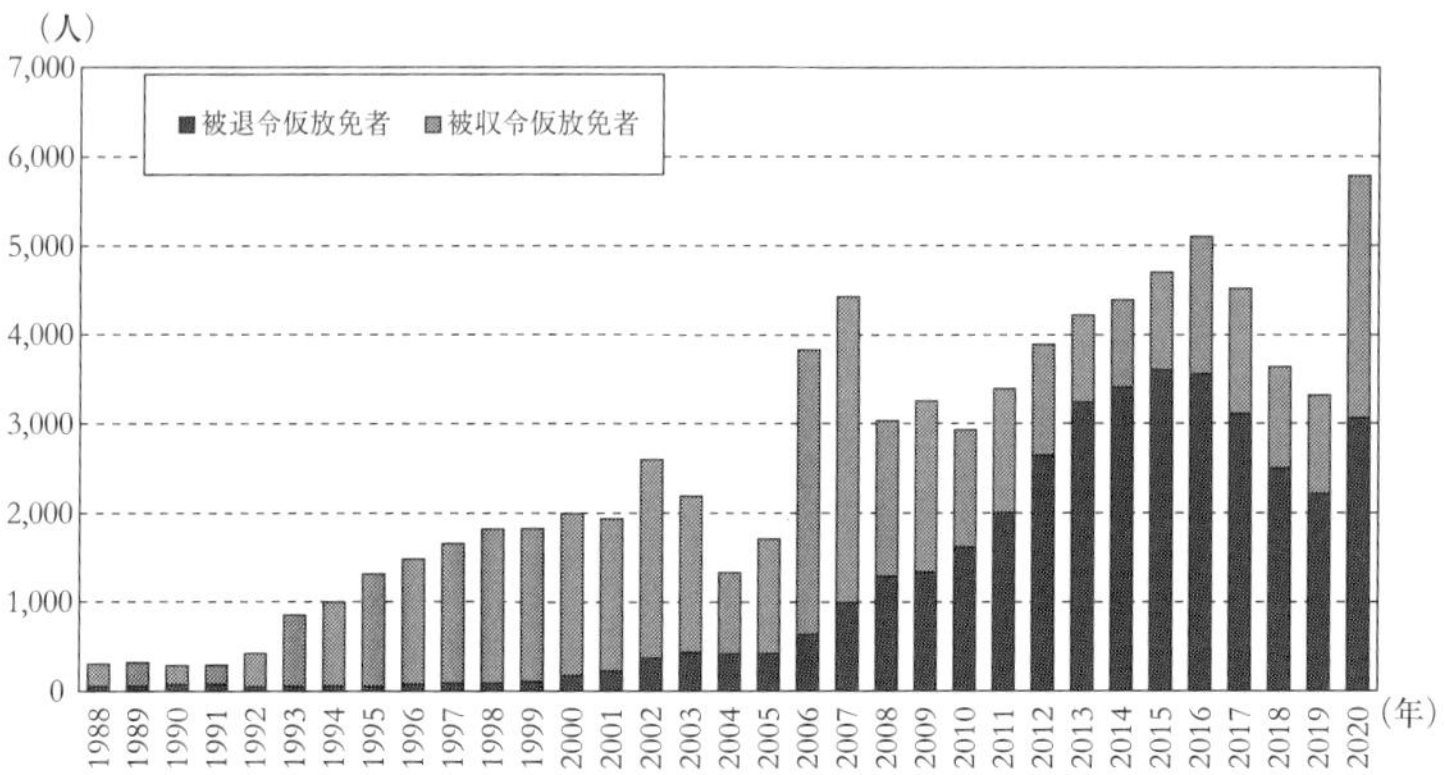

注：各年末現在の数値である。
出所：法務省資料より筆者作成

図1　仮放免者数の推移（1988〜2020年）

ち会ったことがある。被収容経験のない仮放免者もいるが、例外状態から解放された仮放免者は、ビオスを取り戻し、人間としての生活が送れることに安堵していることであろう。

　仮放免者には、退去強制手続き中で収容令書が発付されている者（以下「被収令仮放免者」）と、すでに退令が発付されている者（以下「被退令仮放免者」）がいる。その推移をみると、一九九〇年代と比較して、近年、仮放免者数が増えていることに加えて、被退令仮放免者が多くなっていることがわかる（図1参照）。

　いずれの仮放免者であっても、入管法上、①移動の制約（仮放免許可書に記入されている住居地以外の都道府県への移動は禁止されており、移動する必要がある場合は、事前に「一時旅行許可書」を申請して許可を受ける必要がある）、②仮放免許可期間延長のための出頭義務（仮放免期間は、通常一～二カ月で、延長するためには指定された日時に管轄の地方入管局に出頭しなければならない)、③就労の禁止等が課せられている。

けれども、実際には、生活のために働かざるをえない仮放免者も多く、彼/彼女らの就労は、ある時期まで、ある程度「黙認」されていた。かつては、仮放免延長の際のインタビューで、入管職員に仕事(アルバイト)について正直に伝える仮放免者もいた。多少の不自由はあるものの、大人は働き、子どもは学校に通い、家族や友人と余暇を楽しむなど、「普通」に生活を送っているかのごとくみえる時代もあった。だが、実のところ仮放免者が手にしていた「自由」は、とりわけ被退令仮放免者がおかれている状況は、密室よりマシという程度の「まやかしの自由」に過ぎない。仮放免者がそのような現実を痛感することになるのは、二〇一五年九月、入管局長より発出された通達[12]をきっかけとしてである。

当該通達は、送還の見込みが立たない被収容者に対する仮放免の活用を指示する一方で、「今まで以上に仮放免中の動静を注視し、被退令仮放免者の生活状況等を常に把握する」ことを命ずるものであり、仮放免許可条件に違反した場合には、「仮放免の取消し又は延長不許可として再収容」することを明記している。と同時に、仮放免許可書には「職業又は報酬を受ける活動に従事できない」という条件が明示されることで、就労禁止が徹底されるようになった。そして、その後も、二〇一六年四月と九月、一八年二月と、動静監視のさらなる徹底を求める指示[13]が出されている。

働いていることが発覚してしまった場合だけでなく、電車を乗り間違えて住居地以外の都道府県に移動してしまったり、転居の届出が少し遅れたりなど、軽微な条件違反でも当局に見つかれば、仮放免取消しや延長不許可で収容されるようになった。

呉泰成氏は、「収容は小さな牢屋、仮放免は大きな牢屋」というある仮放免者の言葉を紹介しているが〔呉 2021: 99〕、まさに、当局による徹底的な動静監視のもとにおかれている仮放免者は、「大きな監獄」での毎日を送っているかのごとくである。

「大きな監獄」での毎日

働くことが認められていないため、仮放免者は日本人や就労資格のある外国人の家族や親族、友人などに生活費を「依存」せざるをえない（第5章参照）。そのようなつながりがない仮放免者は、住居や食事にいたる一切を支援者等の「善意」に頼ることで、どうにか暮らしている。密室から脱出したにもかかわらず、「自助」ができない仮放免者は、「共助」に支えられて、無為に日々を過ごさざるをえない。さらに、「動静監視強化」の名のもとに、不意打ちの「お宅訪問」や近隣への「聞き込み」によって、生活状況を子細に調べられることで、仮放免者は精神的に追い込まれていく。

長期収容によって病気や怪我を悪化させたり、ストレスで精神に異常をきたしたりしている仮放免者もいる。何種類もの薬を飲み続けている者、医療保険に加入できないために、自費負担の医療費支払いの目途が立たず、重篤な症状があっても治療を受けることができない者もいる（コラム5参照）。

学校に通うことはできるが、後期中等教育以降は授業料などの学費の負担が大きく、進学をあきらめる若者もいる。就職できないなら学ぶ意味がないとして、学校を中退してしまう若者もいる。高校や大学に進学する仮放免の若者もいるが、他の友人たちのように、自由に将来を夢想したり、アルバイトでお金を貯めて好きな物を買ったりすることはできない。一八歳になったら自分も大人たちのように収容されてしまうのではないかと不安な日々を過ごしている仮放免の若者もいる。[14]

入管収容施設で自殺未遂を繰り返し、仮放免後に自殺したトルコ人男性（二〇一五年一二月）や、治療が間に合わず、乳癌で亡くなったカメルーン人女性（二〇二一年一月）など、仮放免後に自殺や病死する元被収容者も少なくない。

自らの力で生活することができない、未来の展望が描けない、自由に移動することができない、健康保険に入れない[15]――。さまざまな権利を奪われ、多くの制約のもとで仮放免者は生活せざるをえないのだ。不自由な毎日のなかで、彼／彼女らは、取り戻したはずのビオスが不完全なものでしかないことに気づかされる。

さらに、仮放免期間の延長許可も入管の裁量に委ねられており、たとえ条件に違反していなかったとしても、許可されずに収容されることもある。イラン人男性のサファリさんとクルド人男性のデニスさんは、長期収容と劣悪な処遇に対してハンストを行い、ようやく仮放免が認められたものの、たった二週間で再収容されてしまった（二人とも二週間のみの仮放免を複数回経験）。権力に対して抗議した彼らに与えられた仮放免は、希望を打ち砕き、入管のもつ絶対的な力と在留資格のない者の無力さを思い知らせるものでしかなかったのだ。密室からの脱出であるはずの仮放免が、収容の補完装置として、暴力装置として利用された事例である。

見えない出口

たった二週間の仮放免で再収容という事例が「異常」なものだとしても、仮放免は、収容と密接につながっており、大きな監獄での毎日であることに変わりはない。仮放免期間別の統計はないが、法務省によれば、二〇二一年末現在、仮放免期間の最長は二〇年四カ月にも達しており、実際、筆者の周りでも、一〇年以上の仮放免者は稀ではない。収容の長期化に加えて、仮放免の長期化も進行していると推測される。[16]

退令を発付した判断は適切であったとする入管からすれば、退令被収容者の出口も被退令仮放免者の出口も、「出国（送還）」でしかない。実際、退令が発付された者のほとんどが出国している。しかしながら、前述のとおり、日本に家族がいる者や日本で生まれ育った者、国籍国で迫害をうけるおそれのある者などは、出国を選択することができず、人権侵害が常態化している収容であっても、「まやかしの自由」でしかない仮放免であっても、耐え続けるしかない。逆にいえば、どれほど過酷な状況に追い込まれても出国できない「帰れない事情」が、彼／彼女らにはあるのだ。

日本での滞在を希望する者にとっての出口は、難民認定や在留特別許可（以下「在特」）による正規化である。正規化を求めて、退令発付処分取消や難民不認定処分取消などの訴訟をしている者、難民認定申請をしている者、再審情願をしている者などもいる。帰れない事情ゆえに退令発付後も日本での滞在が長期化し、日本社会とのつながりは強まり、子どもたちは日本社会を居場所《ふるさと》として成長する。その一方で、母国とのつながりが希薄化（あるいは消失）することで、彼／彼女らの帰れない事情はより強固になり、一層、退令に応じることは困難になっていく。加えて、仮放免者の生活を支える家族や親族、友人や支援者等の「負担」も次第に大きくなり、出口が見えないまま、状況はますます深刻化し、袋小路に陥っていく。

このような帰れない事情を抱える在留希望者に対して、入管は、「送還忌避者」[17]という新たなカテゴリーをつくり、その増加を問題として提起し、送還促進の取組みを強化している。収容の長期化も仮放免の長期化も、被退令発付者が速やかに「帰らない」ことに原因がある、というのが当局の見解なのであろう。

廃案となった二〇二一年改定入管法案の目的の一つは、まさに「送還忌避者」の送還促進であった。その一方で、改定法案には、在留希望者（「送還忌避者」）の「帰れない事情」を斟酌し、彼／彼女らの望む出口を提示する方策は示されていない［鈴木 2022］。したがって、両者の「帰らない」と「帰れない」の膠着状態は解消されることなく、在留希望者の出口は見えないままである。

なお、入管白書では、平成二八年（二〇一六年）版で初めて「送還忌避者」が登場し、「近時、退去強制令書が発付された被退去強制者で、本邦における就労等を理由に送還を忌避する者（送還忌避者）の増加が問題となっている」と記述されている。同じ記述が、二〇二〇年版まで繰り返されているが、入管資料によると、白書の記載とは異なり、「送還忌避者」は二〇一六年末以降減少している（図２参照）。後述の犯罪キャンペーンと同様、事実を歪曲し不安を煽り、

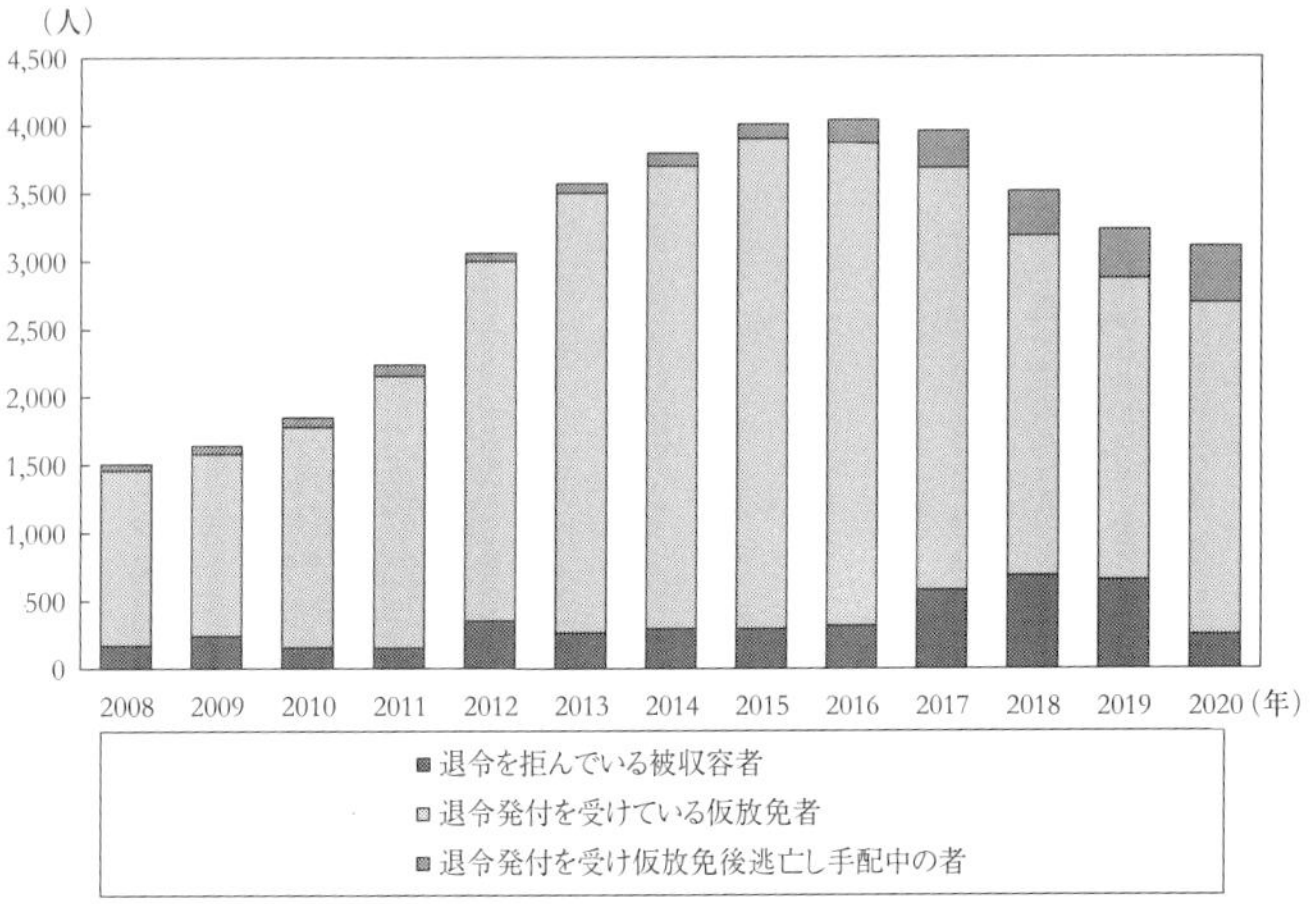

注1：「退令を拒んでいる被収容者」については、2008年から13年までは、「入管収容施設のうち、入国者収容所に収容中の者であって、退令に基づく収容期間が6月以上の者」、14年から18年までは、「すべての入管収容施設に収容中の者であって、退令に基づく収容期間が6月以上の者」、19年と20年は、「収容期間にかかわらず、すべての入管収容施設に収容している被収容者であって、退令発付後に退去を拒んでいる被収容者」の数値である。
注2：「退令発付を受けている仮放免者」については、2008年から19年までは、「退令発付を受けている仮放免者」、20年は、「退令発付を受けている者のうち、帰国希望者を除いた者」の数値である。
出所：福島みずほ参議院議員の資料請求によって開示された入管資料より筆者作成

図2　「送還忌避者」数の推移（2008～2020年）

自らの排除を正当化しようとする戦略といえよう。

「送還忌避者」の安全保障化

入管は、「送還忌避者」の増加に加えて、彼／彼女らの犯罪者性を指摘する。

二〇二一年改定法案が廃案となった後に、入管がまとめた「現行入管法上の問題点」（二〇二一年一二月）では、「送還忌避者」の全体像として、「送還忌避者」三一〇三人（二〇二〇年末現在）のうち九九四人が有罪判決を受けている（入管法違反も含む）ことが強調されている。[18] だが、みな、すでに刑期を終え、罪を償った者たちである。刑期別統計をみると、罰金（五六人）や執行猶予判決（四〇四人）も含まれており、「送還忌避者」の犯罪者性・危険性を誇張することで、印象操作しようとする当局の意図がうかがわれる。

本来、難民認定審査にあたって考慮されるべきは、国籍国における「迫害のおそれ」であり、国内における犯罪歴は関係ないはずだ。在特の許否判断にあたって、犯罪歴が消極要素として考慮されることがあるにしても、それをもってただちに不許可の裁決が下されるわけではない。実際、公開されている在特の許可事例のなかにも、有罪判決をうけた外国人がいる[19]。ましてや、有罪判決をうけた人間であるということが、その者に対する人権侵害を容認する理由にはならないはずだ。

「送還忌避者」に対する犯罪キャンペーンは、バブル崩壊後の「来日外国人犯罪の増加」「不法滞在者の凶悪犯罪」「犯罪の温床となった不法滞在者の（代々木公園等での）蝟集《いしゅう》」といった表現、半減計画[20]における「これら犯罪（侵入強盗等の凶悪犯罪や暴力団と連携した犯罪）の温床となる不法滞在者」といった言説を思い起こさせる［鈴木 2009］。事実関係を歪曲したり、客観的統計を無視したりするなどの強引なやり方で、排除しようとする集団を治安や犯罪と結びつけ、社会の「脅威」と位置づけることで、市民社会の支持を獲得し、排除を推し進めようとするのは、政府の常套手段である。

このような手法は、日本にのみ見られるものではない。ジグムント・バウマンは、ヨーロッパにおいて移民・難民問題が「安全保障化（securitization）」していることに対して、「一般世論のなかでテロリスト予備軍のカテゴリーに収められると、彼らは道徳的責任の対象外になり、同情や配慮に値しないものとなる」と指摘している。まさに社会そのものが、移民・難民に対して例外状態になるかのごとくである。さらに、安全保障化政策は、「苦しむ対象を目にすることで生じる私たち（傍観者）の良心の痛みを事前に抑えるのに役立」ち、人々は移民や難民に無関心となり、「知らず知らずのうちに、そうした哀れな人々の運命に対する責任や、否応なく傍観者を悩ます道義的な義務の圧力を免れる」と論じている［バウマン 2017: 38］。

「現行入管法上の問題点」で、入管は、殺人や強姦致傷、覚せい剤取締法違反等の重罪で有罪判決をうけた六人の「送還忌避者」（いずれも難民認定申請中）の事例を、殊更取り上げている。「送還忌避者」を安全保障化することで、難民の送還停止効の例外の創設など送還促進策の必要性を訴えるとともに、彼／彼女らがおかれている過酷な状況に対する想像力や共感を、人々から奪おうとしているのだ。

3 追いつめられる外国人

帰れない事情をもつ「送還忌避者」

前掲の入管資料には、排除の正当性を裏付ける情報が列挙されている一方で、彼／彼女らがなぜ帰らないのか――当事者の立場からすれば、なぜ帰れないのか――、日本人と結婚し子どもを育てている、日本語を母語として日本で学校教育をうけている、などといった「包摂」の要素は一切語られていない。

入管は、難民認定申請制度の「誤用・濫用」を強調しているが、「送還忌避者」とされる難民認定申請者一九三八人のうち七一三人（三六・八％）は、難民該当性が一度も判断されていない初回申請者、すなわち、審査結果を待っている人々である。残りの六割強は複数回申請者であるが、二〇〇五年から二〇年までに難民認定された五一一人のうち四三人（八・四％）は二回目申請以降の認定である。さらに、二〇〇八年から二〇年までに、難民認定された三九〇人と人道配慮による在特をえた二一八七人のうち、被退令発付者は、それぞれ七二人（一八・五％）と六九五人（三一・八％）である。[21]

つまり、当局によって「送還忌避者」と分類された難民認定申請者であっても、退令が取り消され、難民認定などによって正規化される外国人もいるということである。逆にいえば、難民認定審査が適切に行われなかったゆえに「送還忌避者」とならざるをえない外国人がいるということだ。日本の難民認定者数は極めて少なく、シリア難民やミャンマーのロヒンギャなど、諸外国であれば、その属性を立証できれば難民認定されるような難民認定申請者であっても、ほとんど認定されていないことは、しばしば批判されている通りである。

また、難民認定申請者以外の「送還忌避者」についても、退令発付後に法務大臣の裁決が見直され、在特が認められる外国人もいる。在特件数の推移をみると、二〇〇〇年代は、九〇年代と比べて著しく増加しており、とりわけ、半減計画の対象期間である二〇〇四年から〇八年の五年間で、四万九三四三人――日本が主権を回復した一九五二年から二〇二〇年までの七〇年間弱の在特件数の二七・四％――が正規化されている。在特件数が増加したこの時期は、許可・不許可事例の公表や「在留特別許可に係るガイドライン」[22]（以下「在特ガイドライン」）の策定・公表（二〇〇六年一〇月、〇九年七月改訂）など、許否の線引きが明確化した時期でもあった。

しかしながら、二〇一〇年代にはいると、在特件数は減少する。在特の主な対象となる「不法」残留者数が減少したことがその理由の一つでもあるが（二〇〇〇年一月一日＝二五万一六九七人→一〇年一月一日＝九万一七七八人）、在特許可率（法務大臣／地方入管局長による在特の許否判断件数に占める在特件数の割合）をみると、半減計画後は低下傾向にある。[23] 非正規滞在者に関わる弁護士や支援者からも、以前ならば在特が出ているはずのケースが認められず、退令が発付されている、在特ガイドラインに照らして明らかに許可されるべきケースが不許可になっている、といった報告が数多く寄せられている。

この点について、元入管職員である木下洋一氏は、半減計画後「サービスが終わった」とばかりに入管は審査の厳格化に舵を切り、一転して在留を認めなくなったことを指摘し、「同じような状況の人に、ある時期には許可を与え、別の時期には与えない、本来そうしたことはあってはならないはずですが、入管の考えは違いました。『その時々で判断が変わるのは当然だ』」と説明している。[24] つまり、対外的に在特の線引きを明確化しながらも、実際は、当局の都合で恣意的な運用が行われ、不許可の裁決が下されているということである。帰れない事情が十分に考慮されずに退令が発付されれば、「送還忌避者」とならざるをえないであろう。

「送還忌避者」を生み出す偽りの移民・難民政策

ところで、ある外国人に退令が発付される根拠は、退去強制事由（入管法第二四条）に該当することである。退去強制事由とは、国家が「好ましくない外国人」とみなす事由のことであり、事由が増えれば、排除の範囲は拡大する。

たとえば、二〇〇四年一二月に在留資格取消し制度が創設され、その後〇九年と一六年改定入管法で事由が追加されており（一二年七月と一七年一月施行）、第一号と第二号、第五号に該当すれば、退去強制事由となる。[25] それ以外の取消し事由であっても、指定された期間内に出国しなければ、退去強制事由となる。当該制度によって二〇二一年までに累計で六六二二人の在留資格が取り消されている。

さらに、二〇〇八年改定入管法では「不法」就労助長が退去強制事由に追加され（一〇年七月施行）、二〇年までに累計で一二〇六人が当該事由により退去強制の対象となっている。日本人であれば三年以下の懲役か三〇〇万円以下の罰金という行為が、外国人の場合には生活の基盤を失うかもしれない罪に問われるのである。加えて、二〇一二年七月の新しい在留管理制度の導入にともなって、在留カードに係る退去強制事由が追加され、同じく八一九人の退去強制事由該当者が生み出されている。

政府は、「外国人材の受入れ・共生のための総合的対応策」（二〇一八年一二月策定、一九年一二月、二〇年七月、二一年六月、二二年六月改訂）において、「法務省の総合調整機能の下、外国人との共生社会の実現」を進めることを謳っているが、その中心にいる法務省が、排除を拡大しているのである。

もとより退去強制事由の追加に限らず、非正規滞在者など退去強制事由該当者を、国の移民・難民政策と切り離して論じることは不可能である。

いわゆる「単純労働者」を受け入れないという基本方針の背後で、「単純労働」分野における労働力需要があったからこそ、非正規滞在者が必要とされ、それに代わる労働力供給源が十分でなかった時代には、彼／彼女らの存在が一定程度、黙認されていた［鈴木 2009］。被収容者や仮放免者のなかには、一九八〇年代後半から九〇年代に来日し、二〇年以上、労働者として日本社会を支えてきた者もいる。人生の半分以上を日本で暮らしている者もいる。

日本人との家族的つながりを根拠に就労制限のない在留資格を与えられ、親世代の労働力が「活用」される一方で、子ども世代の学びの権利が適切に保障されず、日本社会での居場所をなくし、退令が発付された日系人の若者。国際基準を満たさない難民認定審査ゆえに、難民として認められず、退令が発付された者。日本で育ったにもかかわらず、在特が認められず、退令が発付された非正規滞在者の子どもとその家族――。彼／彼女らが、「送還忌避者」となったことは、自己責任として、自業自得として片づけられることなのであろうか。

労働市場の需要から目を背け、フロントドアから必要な外国人労働者を受け入れることを先送りし、日本語学習機会や子どもの教育など、受入れ環境の整備を怠ってきた偽りの移民政策こそが、難民条約に加入しながらも、難民認定を出入国管理の一部に位置づけ、適切な難民保護をしてこなかった偽りの難民政策こそが、問われるべきではないだろうか。つまり、「送還忌避者」を生み出す一因は、国の移民政策や難民政策にあるのだ。したがって、法務省や入管が取り組むべきは、「送還忌避者」の送還促進ではなく、入管収容制度の抜本的見直しと、「送還忌避者」を生み出す偽りの移民・難民政策の見直しであろう。

マクリーン判決の呪縛と「在留資格の社会化」

残念ながら、法務省や入管が自らの政策の「失敗」を認めることはなく、失敗のツケは、より弱い立場にある者に押しつけられ、退去強制事由に該当した者は、国外退去を迫られる。だが、振り返れば、時代や社会情勢の変化等に応じて、法律が新たに制定されたり改定されたりするなど、「好ましい外国人」と「好ましくない外国人」の線引きが見直されてきたことも事実である。

一九九一年五月、「日本国との平和条約に基づき日本の国籍を離脱した者等の出入国管理に関する特例法」（同年一一月施行、以下「入管特例法」）が制定され、旧植民地出身者とその子孫（オールドカマー／オールドタイマー）に対して、在留の資格「特別永住者」が付与されるとともに、彼／彼女らの退去強制事由は、入管法に規定される他の外国人（ニューカマー）に比べて大幅に制限されることになった。植民地支配の歴史と、本人あるいは父母等がかつて日本国民であり、一方的に日本国籍を「剥奪」されたという歴史をふまえてのことである。かつて大村入国者収容所に収容された者のなかには、入管特例法に照らせば、収容されたり送還されたりすることのなかった人も少なくないはずである。

あるいは、高裁判決で国側が敗訴したことをうけて、二〇〇五年九月、中国残留邦人[26]等に係る定住者告示が見直され、普通養子や「連れ子」に対しても在留資格「定住者」が付与されるようになった。国策による満州移住、敗戦後の集団引揚げの不備や帰国事業の遅れなどの歴史的経緯をふまえた措置である。けれども、告示の見直し以前、「不法」として扱われ、過酷な収容や出口の見えない仮放免によって奪われた時間が戻ってくるわけではない（コラム3参照）。

　コロナ禍においては、「失踪」した技能実習生に在留資格「特定活動」が付与されアルバイトが認められたり、帰国困難な非正規滞在者に在留資格「短期滞在」が与えられたりする[27]などの特例措置が導入され、「好ましくない外国人」が「好ましい外国人」に変更されることで、正規に滞在することが可能となった。

　つまり、「好ましい外国人」と「好ましくない外国人」の線引きは絶対的なものではない。日系人の優遇的受入れ（一九八九年改定入管法）、在留資格「介護」や「特定技能」の創設（二〇一六年、一八年改定入管法）など、これまでの入管法改定を、両者の線引きの変更と捉えることもできるであろう。だがその一方で、当局は「好ましい外国人」に対して与えられる在留資格[28]を絶対視し、外国人の入国や滞在、日本での諸活動や役割、さらには権利までも在留資格によって規定し、そこから逸脱すれば排除の対象とみなす姿勢を堅持している。

　たとえば、「技能」の在留資格をもつ料理人が仕事を失い、料理人としての新たな仕事を見つけられなければ、在留期間が更新されず、正規に日本に滞在し続けることはできない。その配偶者や子どもたち（在留資格「家族滞在」）も在留の根拠を失ってしまう。日本人と離婚した外国人（在留資格「日本人の配偶者等」）は、離婚原因が日本人側にあるとしても、婚姻期間が短かったり子どもがいなかったりすれば、在留資格を失うかもしれない。あるいは、前述の取消し制度によって、外国人が住居地の変更を九〇日以内に届けなければ、在留資格が取り消される可能性もある。たとえ正規の滞在資格を有する外国人であっても、日本に居住し続けることが権利として保障されているわけではないのだ。畢竟、正規滞在であれ非正規滞在であれ、当局にとって、外国人は「処分可能な（disposable）な存在」［鈴木 2017: 330］に過ぎないといえよう。

在留資格を絶対視しているのは、当局だけではない。留学生に対する在籍管理、外国人雇用状況届出制度の導入による就労管理、新しい在留管理制度の導入による在留管理の徹底とともに、管理・監視へと市民や民間組織が動員されるなかで、私たち市民も「追放の強制力をともなうコード」［古屋 2014: 116］である在留資格制度を絶対視し、それを前提とした社会を受容している[29]。古屋哲氏はこれを「在留資格の社会化」と呼び、外国人に対する管理・監視システムを批判的に論じている［古屋 2014］。

外国人の在留に関する国の広範な裁量権を認め、在留資格の枠内でしか外国人の権利を認めないとする最高裁判決[30]（一九七八年一〇月）から、すでに四〇年以上が経過している。その後、日本は社会権規約や自由権規約などの国際人権諸条約を締結しているにもかかわらず、日本に暮らす外国人は、いまだマクリーン判決の呪縛のもとにおかれている。すなわち、外国人であるということは、退去強制と背中合わせの毎日を生きるようなものなのである。ただし、「外国人であること」は絶対的なものではなく、歴史的に変更されてきていることも、ここで指摘しておきたい[31]（第2章参照）。

「分け前なき者」たちの声

ウィシュマさんの最終報告では、彼女に対する仮放免不許可処分の判断について「仮放免を許可すれば、ますます送還困難となる」「在留希望の意思がより強固になり、帰国の説得や送還の実現がより一層困難になる」と記述されている。出国のための「船待ち所」であったはずの入管収容施設は、いつのまにか退令被収容者の在留活動の禁止がその目的に加えられただけでなく、いまや送還という目的を達成するための追放装置としての機能を担っている。移民・難民政策の「失敗」も、外国人に責任転嫁され、追放によって解決が図られるかのごときである。追放の目的を達成するため、被収容者を剝き出しの生として位置づけ、尊厳を奪い、屈辱を与え、時に生命すら奪う。入管収容施設は、在留資格の枠内でしか外国人の権利を認めない日本政府の姿勢が、もっとも醜悪な形で顕在化する場であるともいえよう。

ところで、経済社会のグローバル化とともに、国民国家のゆらぎが指摘されて久しい。阿部浩己氏は、国境管理は国家主権の最後の砦であり、収容は国境の存在を可視化する政治的効果をもつと指摘したうえで、収容措置の audience は国民であるという[32]。阿部氏の議論に従えば、退去強制の恐怖と無縁で生きる「国民」にとって、入管収容施設は、安全保障化された被収容者（「送還忌避者」）の過酷な毎日や絶望に対して心を痛めることなく、自らの安全と国家の存在意義を理解する装置として機能しているともいえよう。いまや入管収容施設の存在は、グローバル化（脱国家化）に拮抗し、移民・難民排斥によって新たなナショナリズム（再国家化）を目指す人々からの支持も獲得している。このような状況が続く限り、密室の人権侵害をとめることはできないであろう。

その一方で、阿部氏は、ジャック・ランシエールの言葉を引用して、「分け前なき者」［ランシエール 2005］たちが自らの分け前を求めることによって、人権の歴史が築かれてきたともいう。『分け前なき者』たちから発せられる、自分たちも平等に扱えという声が高まることによって、閉ざされた政治共同体の境界が広がり、その分、人権の射程は広がっていく」［阿部 2012: 4］。前述した国連・恣意的拘禁作業部会の意見書は、二人の分け前なき者があげた声から始まった。そして二〇二二年一月、サファリさんとデニスさんは、入管職員による恣意的拘禁に対して自由権規約に基づく損害賠償請求を提起した。入管収容施設での暴行などに対する、（元）被収容者からの訴訟も複数提起されている。まさに、分け前なき者たちが入管収容施設に対して、政府に対して、声をあげているのだ。このような状況を前にして、私たち市民は、単なるaudienceであり続けてよいのであろうか（第4章参照）。

ここで、いま一度、冒頭の言葉に立ち返りたい。

法務省や入管という組織、そこで働く職員を非難することは容易であるが、入管収容施設における人権侵害は、在留資格の社会化を当然のものとして受容している私たち市民と無関係ではない。だからこそ、私たち市民は、この社会に生きる者の責任として、分け前なき者たちの声に耳を傾け、ともに声をあげる必要がある。入管収容施設における暴力から目を背けることなく、在留資格を絶対視せず、在留資格や国籍にかかわらず、人間としての権利と尊厳を認めること。これこそが、私たち社会の人権という基盤を強化する重要な一歩となるであろう。

［参考文献］

アガンベン、Ｇ（2003）『ホモ・サケル――主権権力と剥き出しの生』高桑和巳訳、以文社
阿部浩己（2012）「遍在化する境界と越境する人間たち――監視統治の深まりと難民認定手続きの地平」難民研究フォーラム編『難民研究ジャーナル』第二号、一～一三頁
呉泰成（2021）「運用と裁量に委ねられた人生――コロナ禍で浮き彫りとなった仮放免者の処遇」鈴木江理子編著『アンダーコロナの移民たち――社会の脆弱性があらわれた場所』明石書店、九三～一一〇頁
北関東医療相談会（2022）『生きていけない――追い詰められる仮放免者　仮放免者生活実態調査報告』
児玉晃一（2018）「入管収容の目的は何か――『在留活動禁止説』を批判する」移民政策学会設立10周年記念論集刊行委員会編『移民政策のフロンティア――日本の歩みと課題を問い直す』明石書店、五一～五七頁
鈴木江理子（2009）『日本で働く非正規滞在者――彼らは「好ましくない外国人労働者」なのか？』明石書店
――（2017）「外国人選別政策の展開――進行する選別的排除」小井土彰宏編『移民受入の国際社会学――選別メカニズムの比較分析』名古屋大学出版会、三一〇～三三六頁
――（2022）「外国人政策・難民政策における『送還忌避者』――２０２１年改定入管法案は何が問題であるか」『多文化共生研究年報』第一九号、一～八頁
入管問題調査会編（1996）『密室の人権侵害――入国管理局収容施設の実態』現代人文社
バウマン、Ｚ（2017）『自分とは違った人たちとどう向き合うか――難民問題から考える』伊藤茂訳、青土社
平野雄吾（2020）『ルポ入管――絶望の外国人収容施設』筑摩書房
フランクル、Ｖ・Ｅ（1985）『夜と霧――ドイツ強制収容所の体験記録』霜山徳爾訳、みすず書房
古屋哲（2014）「国境再編における国家の暴力――出入国管理、警察、軍事」森千香子／エレン・ルバイ編『国境政策のパラドクス』勁草書房、一〇五～一三八頁
法務省大村入国者収容所（1970）『大村入国者収容所二十年史』
眞野明美（2021）『ウィシュマさんを知っていますか？――名古屋入管収容場から届いた手紙』風媒社
ランシエール、Ｊ（2014）『平等の方法』市田良彦・上尾真道・信友建志・箱田徹訳、航思社

［註］

1　主な入管収容施設として、入国者収容所（東日本入国管理センターと大村入国管理センター）、及び地方出入国在留管理局と支局に設置された収容場がある。

2　法務省入国管理局（現出入国在留管理庁）は、一九五九年（昭和三四年）より当初は五年から数年おきに、二〇〇三年（平成一五年）以降は毎年、出入国管理（二〇二〇年以降は「出入国在留管理」）に関する報告を公刊している。正確には、これらは閣議での承認を要する「白書」ではないが、入管にとっては、他の省庁が公表している「白書」に近い機能を有することから、本稿では「入管白書」と総称する。

3　『出入国管理とその実態　昭和四六年版』（一九七一年）、『昭和五〇年度版　出入国管理』（一九七六年）にも同様の記載がある。

4　主に朝鮮半島出身者を収容していた一九七〇年代までの大村入国者収容所における具体的な処遇を、入管白書でみると——当局による記述である点に留意する必要はあるが——、点呼・食事・入浴等の規制時間を除き、七時から二二時まで自由時間、運動場と娯楽室は七時から一七時まで開放（夏季、運動場は一九時まで延長）、月一回の映画上映会、被収容者による音楽鑑賞・ダンス・演劇イベントの開催など、現在の処遇と比較すれば、一定の「自由」が与えられていたようである。

5　わずか三カ月余りで退職した元入国警備官である秋山毅氏は「勤め始めた職員は、次の三つのうちの一つを選ぶことになる。『暴行には一切無関心、自分には関係のないこと。仕事は仕事として割り切って続ける。こういう人は外国人に暴行を加えることはしない』。『異常な世界にはまり込んでいく。自ら暴行を加えるように変わっていく』。『耐えられなくなって退職する』」と語っている［入管問題調査会編 1996: 140］（第3章参照）。

6　「退去強制令書により収容する者の仮放免に関する検証等について（通達）」（二〇一〇年七月二七日）。

7　「収容が長期化している被収容者の送還促進について（通知）」（二〇一〇年三月一一日）、「退去強制令書により収容する者の仮放免に関する検証等について（通達）」（二〇一〇年七月二七日）。

8　「被退去強制令書発付者に対する仮放免措置に係る適切な運用と動静監視強化の更なる徹底について（指示）」（二〇一八年二月二八日）。当該文書では、①殺人、強盗、人身取引加害、わいせつ、薬物事犯等、社会に不安を与えるような反社会的で重大な罪により罰せられた者、②犯罪の常習性が認められる者や再犯のおそれが払拭できない者、③社会生活適応困難者（DV加害者や社会規範を守れずトラブルが見込まれる者など）、④出入国管理行政の根幹を揺るがす偽装滞在・不法入国等の関与者で悪質と認められる者、⑤仮放免中の条件違反により、同許可が取り消され再収容された者、⑥難民認定制度の悪質な濫用事案として在留が認められなかった者、⑦退令発付を受けているにもかかわらず、明らかに難民とは認められない理由で難民認定申請を繰り返す者、⑧仮放免の条件違反のおそれ又は仮放免事由の消滅により、仮放免許可期間が延長不許可となり再収容された者、の八類型が仮放免を許可することが適当とは認められない者として列挙されている。

9　コロナ感染拡大への対応として発出された「現下の新型コロナウイルス感染症に係る状況を踏まえた仮放免の運用について（指示）」（二〇二〇年四月二七日）によって、前述八類型のうち⑤～⑧は仮放免の許可対象となった。その後、緊急事態宣言の解除など、感染状況の変化をうけ、従前の取扱いに戻すよう指示が出されている（「新型コロナウイルス感染症に係る緊急事態宣言解除等を踏まえた仮放免の運用等について（指示）」二〇二一年一一月一二日）。

10　二〇一九年一〇月、第七次出入国管理政策懇談会のもとに「収容・送還に関する専門部会」（以下「専門部会」）が設置された。翌二〇年六月、専門部会は「送還忌避・長期収容の解決に向けた提言」をまとめ、これをふまえて、入管法の改定が法務省内で検討された。

11　「容態観察を必要とする体調不良者に係る仮放免判断の在り方について（指示）」（二〇二一年八月二四日）、「体調不良者等に係る仮放免運用方針の策定について（通達）」（二〇二一年一二月二八日）。

12　「退去強制令書により収容する者の仮放免措置に係る運用と動静監視について（通達）」（二〇一五年九月一八日）。この通達の背景には、二〇二〇年の東京オリンピック・パラリンピック開催決定があると推測される。翌一六年には、大会開催までに「不法滞在者対策、送還忌避者対策の強化にも局全体で一体となって取り組んでいく必要」があるとする通知が、入国者収容所長と地方入管局長宛に出されている（「安全・安心な社会の実現のための取組について（通知）」二〇一六年四月七日、第6章参照）。

13　「伊勢志摩サミット及び関係閣僚会合等開催に伴う上陸審査手続及び退去強制手続への対応等について（通

達)」(二〇一六年四月一日)、「被退去強制令書発付者に対する仮放免措置に係る適切な運用と動静監視強化の徹底について(指示)」(二〇一六年九月二八日)、「被退去強制令書発付者に対する仮放免措置に係る適切な運用と動静監視強化の更なる徹底について(指示)」(二〇一八年二月二八日)。

14 かつては子どもが収容されることもあったが(コラム3参照)、現在では、国費送還前の一時的な収容を除いて、子どもの収容はない。

15 仮放免者の深刻な生活実態は、北関東医療相談会[2022]を参照されたい。

16 後述する「送還忌避者」に関する二〇二〇年末現在の統計をみると、仮放免者のうち仮放免期間が一〇年以上の者が一〇・六%を占めている。

17 入管が使用する「送還忌避者」という名称は、彼／彼女らの「不法性」を強調し、自らの排除を正当化するためのラベリングであることから、本稿ではカギ括弧つきで表記する。

18 前述の専門部会の会合に提出された資料「送還忌避者の実態について」(二〇一九年一〇月、二〇年三月)でも、犯罪歴が強調されている。なお、一九年一〇月の資料には、事実誤認があったことが指摘され、後日訂正された。

19 二〇〇四年八月、前年の在特事例が法務省入国管理局HPで公開されるようになり、〇六年六月には、不許可事例も合わせて、毎年公開されるようになった。そのなかには、覚せい剤取締法違反により懲役二年八月に処せられた者(二〇〇三年度許可事例二一)や詐欺罪により懲役三年六月に処せられた者(二〇〇八～九年許可事例〔四〕九)が事例として挙げられている。

20 二〇〇三年一二月に策定された犯罪対策閣僚会議の「犯罪に強い社会の実現のための行動計画――『世界一安全な国、日本』の復活を目指して」において、今後五年間で「不法」滞在者を半減させる目標が設定された。

21 全国難民弁護団連絡会議資料。

22 在特ガイドラインでは、在特の許否判断について「個々の事案ごとに、在留を希望する理由、家族状況、素行、内外の諸情勢、人道的な配慮の必要性、更には我が国における不法滞在者に与える影響等、諸般の事情を総合的に勘案して判断する」と、従来同様「基準」はないとしつつも、判断にあたっての考慮事項として、積極要素と消極要素を列挙している。

23　二〇〇四年には九一・九％であったのに対して、一〇年には七八・四％、一七年は五二・〇％に低下している。

24　「『これでいいのか』元入管職員が打ち明けた出入国行政の〝闇〟」（毎日新聞デジタル、二〇二一年四月二九日 <https://mainichi.jp/articles/20210428/k00/00m/040/270000c>）。

25　第五号については、逃亡のおそれがある場合。

26　中国残留邦人とは、敗戦後の混乱のなかで中国の東北地区（旧満州地域）に残された日本人である。一九七二年の中国との国交回復以来、国費による帰国支援が行われているが（二〇二一年五月末現在の永住帰国者は六七二四人、家族を含めた総数は二万九一一一人）、私費帰国者やその家族・親族を含めると、一〇万人以上いると推測されている。

27　「新型コロナウイルス感染症の感染拡大の影響に伴う送還等困難者である非正規在留外国人の取扱いについて（通達）」（二〇二〇年一二月七日）。筆者の知る限り、当局が「不法滞在者」に対して「非正規在留外国人」という言葉を使用したのは、これが初めてである。

28　特別永住者の場合は「在留の資格」。

29　ウィシュマさんが日本語学校を休みがちになり、連絡が取れなくなったことから、日本語学校は「所在不明」を理由に彼女を除籍とし、東京入国管理局（現東京出入国在留管理局）に届け出ている。管理・監視への日本語学校の動員であり、まさに在留資格の社会化の一例である。

30　在日アメリカ人ロナルド・アラン・マクリーンが、在留期間更新の不許可取消しを求めて提訴した事件に対する最高裁判決であり、「マクリーン判決」ともいわれている。ベトナム戦争反対の政治活動に参加したことなどを理由として在留期間の更新を不許可にした法務大臣の処分に対して「外国人に対する憲法の基本的人権の保障は外国人在留制度の枠内で与えられているに過ぎない。（中略）法務大臣の本件処分を違法であると判断するはできない」と、最高裁は原告の訴えを棄却した。

31　旧植民地出身者に係る一方的な日本国籍の剝奪に加えて、国籍法の改定によっても「国民（日本人）」と「外国人」の線引きの見直しが行われている。

32　移民政策学会二〇二一年度冬季大会シンポジウム「入管収容を考える――入管法改正をめぐる議論を中心に」（二〇二一年一二月一二日）における報告。

Column 1

ウィシュマさん国家賠償請求事件

空野佳弘

ウィシュマさんについて

ウィシュマさんは二〇一七年六月二九日、留学の在留資格で来日し、千葉県内の日本語学校に入学した。日本が好きで日本の子どもたちに英語を教えたかったという。しかし、経済的な理由で学校に通えなくなり、二〇一九年一月在留資格を失った。

二〇二〇年八月一九日、ウィシュマさんは同棲していた男性の暴力から逃れるために静岡県内の交番に出頭したところ、入管法違反で逮捕され、翌二〇日、名古屋入管に収容された。収容開始後から徐々に体調を悪化させ、翌年三月六日、名古屋入管で亡くなった。

遺族である母親のスリヤラタさん、妹のワヨミさんとポールニマさんの依頼に基づき、国家賠償請求するための弁護団が編成された。この間、名古屋地裁で証拠保全手続きを進め、二〇二二年三月四日には名古屋地裁に本訴提起を行った。本稿では、この裁判の内容と意義を伝えたい。

名古屋入管は重病のウィシュマさんを収容し続けた

収容後まもなくの八月二一日、ウィシュマさんに対し、退去強制令書が発付された。D

Vの事実も入管職員の知るところとなったが、DV被害者としての保護は何ら受けなかった。

翌年二月初めには自力で歩行できなくなり面会には車椅子で出てくるようになった。映像が残っている二月二二日以降のウィシュマさんの状態を見ると、一人ではベッドから起き上がることも、立つことも、食事をすることもできなかったことが分かる。

その前の二月一五日に行われた血液検査では、「ケトン3＋」という数値が出ている。ケトンは人間の栄養状態が悪くなり、エネルギー源のグリコースが体内でなくなった後、自分の体内の脂肪を分解してエネルギーにするときに生成されるものである。その3＋というのは飢餓状態にあることを示している。

映像で確認できるウィシュマさんの状態は、この飢餓状態がさらに悪化していったものと思われる。亡くなる前日の三月五日朝は、看守担当者にベッドで起き上がるのを助けてもらっても、自分で首を支えることができない状態であった。

名古屋入管は、このような状態であっても仮放免を許可せず、外部病院に搬送して救命措置をとることもしなかった。支援者たちは入管に対し何回も危険を知らせ、適正な治療や仮放免を訴えていたが、聞き入れられなかった。

ウィシュマさん自身も、容態の悪化の中で、「ビョウイン」「テンテキ」と看守担当者に訴えたが、「ボスに伝えるけど、私たちには権力がないの」と、訴えが外部病院への搬送や仮放免につながることはなかった。

なぜ非人道的収容が続いたのか

その原因はどこにあるのか。入管の収容に苦しんだのはウィシュマさんだけではない。二〇一九年六月には大村収容所でナイジェリア人が餓死させられている。この数年間、全国の入管施設で被収容者が長期収容に苦しみ、抗議のハンストなどが相次いだ。

在留資格を喪失した外国人であっても、人間としての基本的権利である身体の自由は憲法及び条約によって保障される。合理的な理由と必要性なしにこの権利が侵害されてはならない。

しかし、日本では一九七九年に自由権規約を批准したあとでも、この基本権は無視され続けた。自由権規約第九条一項はすべての者の身体の自由及び安全についての権利を保障し、同条四項は、自由を奪われた者は遅滞なく裁判所の審査を受ける権利を保障している。だが、日本ではこの制度は実施されることのないまま、入管は全件収容主義（退去強制事由に該当する入管法違反者は全員入管施設に収容するという方針）を続け、仮放免を許可するかどうかは入管の自由裁量とされた。

二〇一五年九月の法務省入管局長の通達は、仮放免の許可を慎重になすことと仮放免された者の動静監視を厳しくすることを指示し、二〇一八年二月の同入管局長通達は八つの類型の被収容者について原則、仮放免を許可しないことを指示した。このようにして、収容の継続を送還への圧力に利用することが専らとなった。ウィシュマさんは、単にオーバーステイの違反があるだけだったが、何かの判断の間違いでこのような厳しい仕打ちの対象とされてしまった。

ウィシュマさんに命の危険が迫っていることが誰の目にも明らかかと思われるのに、入管が厳として収容を続けた背景には、この法務省入管の収容についての基本方針があったと考えられる。現場の看守担当者の善意の有無にかかわらず、収容を継続することが入管組織の方針として固まっていた。ウィシュマさんの叫びを無視して、名古屋入管がウィシュマさんに対して行った収容の継続は拷問ないしは虐待である。本裁判ではこのような入管の責任を問うこととなる。

最終報告書の問題

二〇二一年八月、法務省入管庁はウィシュマさん事件についての最終報告書を出した。その中で①から⑫の取り組むべき事項を挙げている。

1　全職員の意識改革

①「出入国在留管理の使命と心得」（仮称）の策定

2　的確な情報の把握と共有に基づき医療的対応を行うための組織体制の改革

②名古屋局における組織・運用改革

③被収容者の体調等をより正確に把握するための通訳等の活用

3　医療体制の強化

④収容施設の性質等を踏まえた計画的で着実な医療体制の強化

・計画的で着実な強化のための専門家会議の開催、庁内診療体制の強化、

・休日等を含めた外部の医療機関との連携体制の確立・強化など

⑤救急対応に係るマニュアルの整備と研修の強化

⑥過去の再発防止策の実施状況の点検と再徹底

4　被収容者の健康状態を踏まえた仮放免判断の適正化

⑦体調不良者の仮放免判断に係る新たな運用指針の策定

⑧体調不良者等の収容継続の要否を本庁がチェックする仕組み

⑨被仮放免者に関する民間団体との連携等

5　その他

⑩本庁における情報提供窓口及び監察指導部署の設置

⑪　内規の周知徹底を含めたＤＶ事案への適切な対応
⑫　支援者への適切な対応

この中には、医療体制の不備や組織内の情報の共有等が挙げられているが、入管が被収容者である外国人の人間としての基本的権利を無視してきたこと、組織中枢の指示に基づいて拷問ないし虐待が行われてきたことについては何らの言及もない。

そして二〇二一年の衆院選後、同年五月にいったん廃案になったものと同様の入管法改定案を国会に上程しようとしていたことが報じられている。二〇二二年後半には同一法案がまた出されるとも言われている。厳罰化がウィシュマさんの死を招いたことを一顧だにしないこのような対応は、ウィシュマさんの死を真に教訓化しようとしているものとは到底見ることができない。

このように、入管が自ら改善することは困難であり、自由権規約第九条四項が定める司法審査を実現すること等による外国人の基本的権利の保障を目指すべきだと考える。ウィシュマさんの裁判は、このような取組みと併走することとなる。

名古屋にはウィシュマさんを実際に支援していた人も多く、裁判にも協力をいただけるものと思われる。このような力は、外国人の権利を保障する入管法と入管行政を実現する上で大きな力を発揮するに違いないと思う。

証拠保全、そして提訴へ

名古屋地裁における証拠保全では、二〇二一年二月二二日から三月六日までの三九本の監視カメラのビデオが残っていることが確認された。弁護団は国側に、このビデオ全部を提出し、裁判所の調書に添付すべきだと主張したが、国側は調書に添付するのであれば見せることもしないと言ってきた。そしてビデオの代わりに静止画像と音声の反訳（文字起こししたもの）を提出するとした。しかし、それではウィシュマさんの表情を確認することができない。

弁護団はしかし、ワヨミさんたちのビデオを見たいという声を尊重し、妥協して静止画像の提出を受け入れて、ビデオの重要な部分を裁判所内で見た。書証でもかなりマスキングがなされたが、弁護団は重要な部分に限定して裁判所の提示命令を求めた。二〇二二年二月一五日、裁判所はいくつかの重要な書証についてそれを認めた。ビデオや書証の全面開示は本訴の課題となる。

六月八日第一回、七月二〇日第二回裁判が開かれた。国は収容の違法性についても、適正な医療を怠ったことについても全面的に責任を否定し、監視カメラのビデオについても、任意の開示に応じようとしていない。第一回、第二回とも、大法廷で大勢の傍聴者がいる中で原告弁護団は国側と激しいやりとりを続けている。第一回に続き第二回も報道のカメラが入るなどマスコミの関心も高い。

ウィシュマさん死亡事件の国家賠償請求訴訟は、違法な収容の継続により彼女を死に至らしめたこと、適正・必要な医療を提供しなかったことにより彼女を死に追いやったことを提訴の理由としている。この裁判は、外国人の無権利を前提としたこれまでの入管行政を根本から問うものとなる。

東京、名古屋、大阪の個性あふれる勇者で編成された弁護団は、真相の解明とウィシュマさん死亡の責任を追及するために全力を尽くす覚悟を固めている。

第2章　いつ、誰によって入管はできたのか
――体制の成立をめぐって

朴沙羅

1　はじめに

この章は出入国管理令・外国人登録令・外国人登録法が制定された時期、日本の周辺で何が起こっていたのかを確認し、日本の出入国管理制度が制定された時の目的と、管理しようとした対象を明らかにする。戦後の日本における出入国管理制度は、一九四六年から五二年の間に、旧植民地（朝鮮・台湾）を中心とした地域からの民間人の私的な移動・移住を抑制し、発見した移住者を逮捕・送還する法制度を整えることから始まった。その結果、日本政府は連合国軍総司令部（GHQ）とともに、すでに日本（内地のうち樺太・沖縄・奄美を除く地域）に居住していた旧植民地出身者を出入国管理の対象とし、強制的に退去させられる状態を作り上げた。

すでに複数の研究者が指摘してきたように、日本政府は旧植民地出身者について、一九五二年まで日本国籍を保持しているとみなしていた。したがって、戦後日本――すなわち、植民地を持たない民主的かつ「人権を尊重する国家」としての日本――の出入国管理制度は、日本国籍を保持するエスニック・マイノリティに対して、国籍国に居住する権利を認めないこと

によって始まったといえる。この性質を根本的に改めることなくして、出入国管理及び難民認定法（以下「入管法」）が、永住・定住を前提として日本に入国し在留する人々の権利を保障することは難しいのではないだろうか。日本国籍を持つ人々すら強制的に送還できる法令を持っていた国家が、日本国籍を持たない人々が日本に安定的に居住することを、どうして容易に認めるだろうか。

この章は一九四〇年代後半から一九五〇年代初めの時期を主に取り上げるが、入管の性質が七〇年間ずっと、一切変わらず存在し続けていると主張するわけではない。本章の後段で扱う、出入国管理令を全面的に改める法案（出入国管理法案）への反対運動、七〇年代末から八〇年代前半にかけてのインドシナ難民の受入れと難民条約への加入、入管法の制定、一九八〇年代後半にピークを迎えた外国人登録証への指紋押捺拒否運動、一九九一年の「日本国との平和条約に基づき日本の国籍を離脱した者等の出入国管理に関する特例法」の制定、一九八〇年代後半から九〇年代初めにかけての入管法改定に伴うニューカマーの増加、なかでも日系人の急増とそれに伴う地域レベルでの「多文化共生」施策の展開など、日本には外国人やエスニック・マイノリティを管理する法令を改定させたり、法的地位を安定させたり、地方自治体レベルで包摂しようとしてきた過去がある。しかし、それらの努力があったにもかかわらず、今なお入管制度がそこで管理される人々の人権を無視したものであることは、入管収容施設で死者が出続けていることから明らかだ。

では、その性質は制度上のどの点に存在し、その欠点はいつ、誰によって、何を目的として生じたのか。それらを明らかにすることもまた、本章の目的の一つである。

2　敗戦と非正規な人と物資の移動——引揚げと「密航」・「密貿易」

日本の敗戦と移動の開始

日本の出入国管理制度は、敗戦によって始まる。一九四五年九月、日本は正式にポツダム宣言を受け入れ、連合国軍に無条件で降伏した。敗戦は、それまで大日本帝国が得てきた植民地や信託統治領・軍事占領地域を失うことを意味した。それに伴い、朝鮮・台湾、中国大陸、そして移民が送り出されてきた満州国から、軍人・民間人を合わせて約六〇〇万人が引き揚げた。

時を同じくして、日本（内地＝植民地・信託統治領を含まない大日本帝国憲法制定時の日本の領土）から植民地へ引き揚げる人々もいた。朝鮮人の引揚げは戦後直後から下関や博多・舞鶴などで始まっており、一九四六年三月末までの間に一三〇万人が朝鮮へ引き揚げた［入国管理局 1981: 74-75］。その他、一九四六年から四九年にかけて大陸出身の中国人約四万人、台湾人約二万四〇〇〇人、琉球出身者約一八万人などの引揚げが、また一九四七年三月までにインドネシア（一三六人）、ドイツ・オーストリア（一九〇三人）、イタリア（一三〇人）へ各国出身者が引き揚げた。

この二方向の引揚げを実施したのは、中央政府においては日本を占領した連合国軍（連合国軍総司令部最高司令官ＧＨＱ／ＳＣＡＰ）と厚生省であり、地方自治体においては地方軍政部だった。地方軍政には米第八軍だけでなく、中国・四国地方においては主にオーストラリア軍とニュージーランド軍からなる英連邦占領軍（British Commonwealth Occupation Force）も参加した。具体的には、朝鮮・台湾・中国の各地に設けられた港から、日本の各地に向けて米軍が保護する船舶が運航し、そこへの乗船・下船や検疫等を厚生省が管轄した。この二方向の引揚げが、戦後日本が体験した最初の大規模な「出入国」だった。

この「出入国」の管理は、既存のさまざまな省庁が敗戦後しばらくは個別に対応しており、現在の出入国在留管理庁に相当する機関は一九五〇年末まで存在しなかった。具体的には、出入国は外務省が担当し、税関において入国監理官が出入国の審査に当たった。外国人登録は法務府民事局が所管し、地方自治体が実施した。退去強制は法務府検務局が所管し、都道府県が令書を発行し、警察が執行した。収容は厚生省引揚援護庁が行い、佐世保引揚援護局針尾収容所に収容した。護送と送還は国家警察が行っていた。

北東アジアの「戦後」

ところで、筆者はいま「戦後」と書いた。一九四五年九月（人によっては八月一五日）以後を「戦後」と呼ぶことは、それほど珍しくはないだろう。しかし、朝鮮半島・中国・台湾・奄美・沖縄といった北東アジア地域に目を転ずると、果たしてこの地域の「戦後」はいつ始まったのか疑問が浮かぶかもしれない。

中国では日本の敗戦から程ない一九四五年一〇月には、中国国民党と中国共産党による国共内戦が再び始まった。国共内戦は残留日本軍兵士も巻き込みながら継続し、一九四九年一〇月には中華人民共和国が成立を宣言する。中国国民党政府は台湾に封じ込められ、一九四九年一二月に台北市を臨時首都とした。しかしその後も中国各地で衝突は続いた。

朝鮮半島は一九四五年八月以後、北緯三八度線を境として、北はソビエト連邦が、南はアメリカ軍が進駐した。一九四六年二月にはソ連によって北朝鮮臨時人民委員会が設立され、抗日パルチザンだった金日成が委員長に任命された。翌年二月には立法機関である北朝鮮人民会議が成立し、政府組織が構成されていくとともに経済の社会主義化が進められた。この過程で多くの人々が故郷を去り、三八度線以南へ移住することを余儀なくされた。南朝鮮では米軍の直接軍事支配が行われ、左右の政治団体が争い、政治的にも経済的にも混乱状態に陥った。一九四八年四月には、南朝鮮地域だけで実施される国政選挙が朝鮮半島の分断を固定化するものとして批判され、当時のさまざまな政治情勢とあいまって、半島西部に位置する済州島では、単独選挙への反対運動が暴動に展開する、いわゆる「済州四・三事件」が勃発した。南朝鮮政府と米軍は警察や右翼団体を派遣してその反対運動を暴力的に弾圧し、一九五五年に収束するまで、およそ三万人の死者が出たと考えられている［文 2018］。そして一九五〇年には朝鮮戦争が始まる。

台湾では一九四五年一〇月に日本総督府から中国国民党に統治権限が委譲されたものの、国民党政府のもとで政治の腐敗とインフレ・物不足が亢進した。人々の不満は国民党政府による台湾人蔑視や差別と重なって、一九四七年二月二八日には台北市から反政府暴動が起こり、台湾全土に広がった。国民党政府はこの運動を弾圧し、デモや暴動に参加した人々に対して無差別に発砲したり、関係者とみなしたエリート層（医師・裁判官・公務員など）の本省人（日本の降伏以前から台湾に居住していた人々）を逮捕・拷問し、裁判などの手続きを経ず殺害したりした。正確な犠牲者の数はいまだ明らかにされていないが、台湾の行政院は事件の犠牲者数を一万八〇〇〇〜二万八〇〇〇人とする推計を公表している。その後、一九四九年五月一九日に改めて発令された戒厳令は一九八七年まで三八年間にわたって継続した。

一九四五年から五〇年代初めにかけての北東アジアの情勢を考えれば、一九四五年から戦後が訪れたというのは日本に限ってのみいえることかもしれない。

非正規な人と物資の移動

日本への引揚げが行われたのは、このような北東アジア情勢の中でのことだった。中には米軍・総督府・日本政府が出資・管理した公式な引揚げ船を利用した人もいれば、当時「ヤミ船」と呼ばれた民間人による船を利用して日本へ引き揚げた人々もいた。他方、いったんは日本から朝鮮や台湾に、あるいは沖縄や奄美諸島に引き揚げたものの、現地の政治情勢や経済的な混乱から生活が立ち行かなくなり、日本への（再）移住を試みる人々も現れた。旧植民地から日本へと引き揚げる日本人はヤミ船を利用しても「不法入国」と呼ばれず、発見されても出港地へ送還されなかった一方で、朝鮮人・台湾人が日本へ民間の船舶を利用して入境しようとした場合は、連合国軍や日本の警察によって「不法入国」とみなされ、収容所を経由して朝鮮あるいは台湾へ送還された。

一九四〇年代後半から五〇年代初頭にかけて日本の周辺で移動したのは、人間だけではなかった。日本と朝鮮半島、奄美・沖縄・台湾、香港・マカオといった地域の間では民間人による貿易が行われており、民間人が軍事占領下の日本や沖縄から移動しつつ行う貿易は、当時は「密貿易」と呼ばれた。台湾産の砂糖が沖縄・奄美を経由して日本へ運ばれたり、日本から教科書・書籍などが沖縄に運ばれたりすることで、この「密貿易」は大きな利益をあげた。また、台湾と中国大陸との間では武器や薬物も取り引きされた〔石原 2005; 小池 2015〕。この非正規な民間貿易は、一九五〇年代に入ると米軍・中国国民党軍などによって沖縄・台湾で弾圧され、下火になっていく。

人と物資を運ぶネットワークは、一九四〇年代から五〇年代にかけて急に生まれたわけではない。日本と朝鮮半島、沖縄・奄美、台湾、そして中国各地の間には、日本が大日本帝国として植民地を築いていた時代から、人々の行き来があった。たとえば、韓国の済州島と日本の大阪との間に定期船が運行され、大阪に済州島出身者がコミュニティをつくっていたことは広く知られている〔杉原 1995〕。沖縄、なかでも「密貿易」の拠点の一つとなった与那国島の人々は、日本が植民地にしていた台湾へ勉強や仕事のために往来していた〔松田 2013〕。人々の往来や物資のやり取りを「密航」「密貿易」と呼ぶことは、この往来を「違法」なものとして見做すことを可能にした。戦前・戦中から作られてきたネットワークが、戦後に「違法」なものとして可視化されたのが、この時期の「密航」「密貿易」だったといえるかもしれない。

3 外国人登録令の公布とエスニック・マイノリティの外国人化

非正規な移動の管理

法務省入国管理局（現・法務省出入国在留管理庁）によれば、このような旧植民地出身者を主とする「不法入国」の件数は一九四六年に最多（一万七七三三人、逃亡三六八三人）を記録したあと、翌年には三分の一以下（六〇一〇人）に減少し、一九四九年まで漸増したものの、一九五〇年には二四三四人にまで減少する。おそらく一九五〇年の急減は朝鮮戦争が始まったことで、東シナ海・日本海（東海）の海上警備が強化されたからだろう（表1参照）。

この「不法入国」について、入国管理局は一九八一年に「戦後の出入国管理が不法入国の取り締まりから出発したことは、当時何万という不法入国者が西日本沿岸に押し寄せていたことにもよるが、その後の入管機構の発展に少なからぬ影響を与えた」［法務省入国管理局編 1981: 4］と書いている。つまり、朝鮮半島から日本への私的な移動（非正規移住・「不法入国」「密航」）を問題化し、その対策をとったことが、戦後の出入国管理政策の基礎となったという意味だ。

日本だけでなく基本的に、軍事占領されている地域へ民間人は自由に出入りできない。そのため、何らかの方法で占領軍は民間人の移動を制限したり禁止したりしようとする。連合国軍もその点で例外ではなく、一九四六年三月には占領軍訓令（SCAP Instruction Note［以後 SCAPIN］822）「引揚（Repatriation）」附則一の七項で「本国に送還された非日本人は、連合国最高司令官に許可される場合を除き、商業交通が利用できるようになる時まで日本への帰還を許可されない」

表1 「不法入国」検挙者数

	1946	1947	1948	1949	1950	1951
海上	–	–	1,358	729	329	729
上陸地	–	5,239	6,160	6,324	1,572	2,410
日本国内	–	771	460	1,449	553	364
合計	17,733	6,010	7,978	8,032	2,434	3,503
逃亡	3683	1,467	2,046	2,710	1,170	1,143

出典：法務省入国管理局（1975）『出入国管理の回顧と展望』 p.87

（この「非日本人」とは中国人、台湾人、朝鮮人及び琉球人を含む）と書いていた。文字通り、これは朝鮮人・台湾人や沖縄・奄美出身者が引き揚げたあと、許可なく再び内地に渡航してはならないと定め、それに違反したものに対して何らかの対策をとるよう日本政府に指示している。

さらに一九四六年六月、朝鮮半島南部でコレラが蔓延していたことを理由に、連合国軍は「日本への不法入国の抑制に関する覚書」（SCAPIN 1015）を発し、朝鮮から日本へ連合国軍の許可を得ずに航行した船舶の日本入港を禁止し、日本政府による不法入港船舶の捜索を指令した。この指令は、同年一二月に一部が改定された（SCAPIN 1391）後、一九四九年ごろまで日本政府が旧植民地出身者の日本入国を「不法入国」として行政的に処罰・送還する根拠となった。そのため、一九四六年一二月以降は、「日本国内で逮捕されたすべての不正入国朝鮮人は、一応検疫の上長崎県の佐世保収容所（針尾）に送り、そこから輸送船によって釜山へ送還することになった。山口県でも取り調べを終わった不正入国者は、長崎県針尾の佐世保収容所に輸送することに」［山口県警察史編さん委員会編 1982: 698-699］なった。

この「長崎県の佐世保収容所」とは、強制送還が決定された「不法入国者等」を収容・送還する施設として一九四六年六月に長崎県佐世保市針尾に設置された針尾収容所をさす。針尾収容所は一九五〇年一〇月に針尾入国者収容所に改組され、同年一二月には同県大村市に移設され大村入国者収容所と移管・改称され、一九九三年まで「大村収容所」の名前で呼ばれた。現在は大村入国管理センターと改称し、出入国在留管理庁の施設等機関として、退去強制が決定された外国人等の収容を続けている。本書の挽地によるコラム2では、より詳しくこの大村入国者収容所について言及される。入管収容施設の源流の一つは、一九五〇年一二月に設置された大村収容所にあり、本書の主たる話題である日本における「外国人」の強制送還と収容の歴史において、針尾・大村の収容所を欠かすことはできない。

外国人登録令の制定

一九四六年に連合国軍の指令に基づいて日本への外国人民間人の移動が禁止されたものの、日本国内にはその時点でまだ、外国人の出入国や登録・居住に関する法律は存在していなかった。一九四七年五月二日に公布された外国人登録令が、出入国と登録・居住に関する日本の国内法である。「令」とついていることからわかるように、外国人登録令は天皇裕仁によって発出された勅令であり、日本との平和条約の発効と占領の解除に伴って廃止され、外国人登録法となった。

入国管理局はこの勅令を「実質的に入国許可に関する規定を置かないだけの外国人管理令であり、在留外国人の登録と、同令の違反者の退去に関する当時の基本法令であった」［入国管理局 1981: 77］と説明する。全一五条と附則三項からなるこのポツダム勅令は、「外国人の入國に関する措置を適切に実施し、且つ、外国人に対する諸般の取扱の適正を期することを目的」(第一条)とし、連合国軍関係者・外国政府の公務を帯びて日本に駐在するものとその家族・随従者以外の外国人に対して、原則的に連合国の関知しない入国を禁止する(第三条)とともに、原則として入国後六〇日以内の登録を定め(第四条)、登録された外国人に対して登録証の常時携帯を義務付ける(第一〇条)。違反した際には六カ月以下の懲役若しくは禁錮、千円以下の罰金又は拘留若しくは科料といった刑罰、そして/あるいは日本からの退去を強制できる(第一二条・一三条)。

外国人登録令の特徴は、この勅令が公布された時点ですでに国内(内地)に居住する朝鮮人・台湾人といったエスニック・マイノリティ(旧植民地出身者)を「この勅令の適用については、当分の間、これを外国人とみなす」(第一一条)ことだった。日本政府は外国人登録令の公布以前から、また公布後も、連合国軍に対して旧植民地出身者は日本国籍を保持していると、日本が講和条約を締結するまでは主張していた。にもかかわらず、この外国人登録令の適用に関してのみ、旧植民地出身者は外国人として扱われることになった。言い換えれば、これは日本国籍保持者を「外国人」として出入国管理政策の対象とすること、エスニック・マイノリティに対して、国籍国に入国し、滞在する権利を基本的に認めないことを意味する。また、この「外国人」とは、戸籍の本籍地が内地ではなく朝鮮・台湾にあるものを意味した。したがって、仮に内地に本籍地を持つものとして生まれ育った場合であっても、婚姻や養子縁組によって朝鮮人や台湾人の戸籍に編入されたものは、この勅令の適用にあたって「外国人」とみなされたことになる。

すでにいた人々と新たに来る人々をめぐって

本節冒頭で紹介した入国管理局の見解と外国人登録令の特徴とを考え合わせれば、戦後日本の出入国管理政策・外国人管理政策は、北東アジアにおける「冷戦」（その多くは実際に流血を伴った）を背景に、旧植民地から日本へ移住しようとした人々を対象として、その移動を抑制し強制的に送還する法的根拠を設けるために、外国人登録令が制定されたことに始まるといえる。そして、外国人登録令は非正規な移住への対策であったとともに、公布時点ですでに日本国内に居住していたエスニック・マイノリティを「外国人」とみなし、国籍国から送還可能な人々として管理することを意味した。

非正規に移住する人々は、ある時はコレラを日本へ持ち込む人々として、ある時は「多くが密貿易・闇市活動に従事している厄介なマイノリティ集団」〔GHQ/SCAP 1949/7/15〕として、そしてある時は「共産主義に支配されている諸地域からのエージェントの入国、及び占領の目的に敵対的な特定の諸組織に忠誠を誓う人員の流入」〔GHQ/SCAP 1949/5/15〕としてみなされた。つまり、移住者は当時の日本に存在していたさまざまな社会問題の原因や「脅威」として認識されていた。そこでは、移住する個々人の背景や権利ではなく、軍事的・全体的な安全が志向されたといえる。

「温情」としての居住権

では、そのような状況の中で入国しようとする人々は、具体的にどのような背景のもと、いかにして移住しようとしたのだろうか。一つ例を挙げよう。一九四九年一〇月、針尾収容所に収容されていた「不法入国者」キン・ノブコ（一九歳、仮名）の釈放を嘆願する書類が、大阪民事局から第八軍民事局に送られた。その書類によれば、キン・ノブコは一九三一年九月二六日に大阪市に生まれ、一九三八年から一九四四年にかけて地域の国民小学校に在籍し、六年生を修了した。その後のノブコの状況について、軍政部は「同情すべき理由」という項目を立て、次のように書いている。

一九四五年九月二六日に両親と娘・末息子は済州島（済州邑）へ行った。兄とその妻と子供達は仕事のため大阪に残った。一九四七年四月、共産主義暴動が発生し、この家族の家を含む多くの家屋が焼失した。母と弟はその際に焼死し父と娘（ノブコ）が残された。一九四八年一一月、父は死亡し、ノブコと大阪に居る兄だけが残された。兄に会うため、彼女は不法入国を企てた。彼女は韓国にいかなる近親者あるいは友人も持っておらず、生活手段もない。この家族は長年大阪に住んできた。兄は服飾店を営んでおり、妹を支援・保護することができる。彼は妹が日本に残り、彼及び彼の家族と生活できるよう嘆願している。

[GHQ/SCAP 1949]

さらに、この文の後には「大阪市福祉局はこの家（朴注＝兄の家）を訪れ、兄妹の要望に心から動かされた。兄が嘆願書を提出するのが遅れたのは、彼が彼女の到着と逮捕の報せをすぐに知ることが出来なかったためである。この遅延のために少女が彼女の兄及びその家族と住むことの許可が歪曲されないことを望む」と書かれている。

この短い文章はいくつものことを教えている。まず、ノブコの家族は日本が降伏し、朝鮮が解放されてすぐに済州島へ移住し（おそらくは引き揚げ）たこと。次に、「一九四七年四月」に始まる済州四・三事件によって、ノブコが母と弟を失い、一九四八年一一月には父親も死亡したため、ノブコの身寄りは大阪に住む兄とその家族だけになったこと。そして、ノブコの兄がノブコを経済的に支援できる（すなわち、ノブコは日本に住んだ場合でも公的な扶助を受けずに生活できる）点が末尾で強調されていること。そして最後に、ノブコの逮捕・収容を知った兄の行動によって大阪市福祉局がノブコの兄の家を訪れ、ノブコの兄と面会し、「心から動かされた」ことだ。

この書類に添付されたノブコの兄による手紙には「未だ不安定な社会状況の中で、私の哀れな妹がどうして生きていくことが出来るでしょうか？　私は彼女が送還された後、どのような処罰と辱めを被るかと考えると、心配で仕方ありません。彼女は本当に、ただ一人生き残った私の親族です。皆様の特別なご配慮によって彼女が解放され、私たちとひとつ屋根の下で平和に生活できますよう、嘆願いたします」と書かれている。この書類と嘆願を読むと、もしかするとまず、ノブコとノブコの家族が辿った過酷な状況に注意をむけてしまうかもしれない。

しかし、おそらくその次に気にかかることがあるはずだ。なぜ、国籍国に入国したノブコは、そこから送還されなければならなかったのだろうか。なぜ、彼女と彼女の兄は、誰かを「心から動か」し、誰かの「特別なご配慮」を嘆願しなければならなかったのだろうか。なぜ、この書類に、ノブコが公的な負担を受けないでも日本で生きていけることが書かれなければならなかったのだろうか。公の支援を受ける人間は、日本に住むことができないのか。なぜ、入国と居住が、法と権利によってではなく誰かの配慮と温情で決められるのか。誰かの温情にすがらなければ、「外国人」は国籍国に住むこともできないのか。

4　冷戦と民族差別——入管体制の成立

入管行政における裁量の起源

一九四九年一二月、外国人登録令が改定された。具体的には、違反した際の刑罰が強化され（第一二、一三条）、処罰範囲が拡大した（第八条二、第一三条）。さらに刑事訴訟法の権利保障規定が排除され（第一五条）、退去強制権が入国管理局に一元化された（第一六条）。そして、退去に関する訴訟規定（訴訟提起に伴う処分の執行停止規定の削除）と登録証の一斉切替が定められた（第八条二、付則二、四、五項）。この前年にあたる一九四八年五月に海上保安庁が設置されたことに加え、一九四九年一一月以降は、GHQの指令により、日本政府が占領軍関係者以外の個人の出入国を管理することになった。

大沼保昭は、この外国人登録令の改定には五つの特徴があると指摘している。すなわち、罰則の強化、刑事訴訟法に規定された被疑者の権利保障規定の排除、退去強制権の一元化、行政庁の処分を争う訴訟に関する規定の排除、登録証の切り替えであり、これら五つは「外国人管理体制の底辺整備」〔大沼 1993: 76〕とまとめられる。さらに大沼は「自立的な統治に自信をもち始めた日本の支配体制の動きを、入管の実体法の分野で総括したもの」とし、「旧令に比してはるかに外国人管理法としての色彩を強く打ち出している」とまとめている。

さらに「本改正は決して外国人に対する一般法としての外登令の改正として行われたものでなく、九月の朝連解散、一〇、一一月の民族教育に対する規制の徹底等、四九年後半期に推進された在日朝鮮人に対する規制強化の一環にほかならなかったことに注意を払う必要がある」〔大沼 1978: 104〕と注意を喚起している。外国人登録令の改定は、外国人登録令の施行に当たって生じていた不便・不都合を解消するというよりも、占領軍が日本の独立を念頭に置いて、旧植民地出身者を対象とした管理のための法という性質をより明確に強めるものだった。

日本の独立（占領の終了）と講和条約の締結が具体的な日程となりゆくに従い、占領軍は次第に、出入国管理の権限を日本へ移譲していく。先に見た外国人登録令の改定（一九四九年）だけでなく、国籍法（一九五〇年）と出入国管理令（一九五一年）の成立はそのような日本を取り巻く情勢の変化の中で起こった。なお先述したとおり、外国人登録令は講和条約の発効に伴い廃止され、一九四九年の改定を反映した外国人登録法（一九五二年）が成立した。

第2節冒頭で述べたように、一九四五年秋からおおよそ四年間、日本の「出入国」と検疫・強制送還・移送・収容等の手続きは、複数の省庁が対応していた。この複雑な状態は一九五一年の出入国管理令の制定によって法務省入管局に一括されていくのだが、一九五〇年九月末に出入国管理庁設置令が公布されるや、ＧＨＱから入管の行政手続きの不備が指摘され始めた。

具体的には、入管長の権限が強大で濫用の恐れがあること、退去強制に関して口頭審理と司法救済を含む手続き規定が制定されていないことが問題視され、入管庁とＧＨＱの折衝を経て一九五一年二月には不法入国者等退去強制手続令（政令第三三三号）が日本政府により公布された［大沼 1993: 86-89］。

ついその前年に外国人登録令を改定し、明確に「外国人」を脅威とみなしてきたＧＨＱが、一九五〇年の年末になって急に入管における手続き的権利の保障の不備を問題視した理由は明確ではないが、大沼は時期的なことを考え合わせると「〔一九〕五〇年以後は、日本政府が退去強制権限をも含めて入管移管する権限を大幅に回復するとともに、連合国国民に対する刑事裁判権をも回復するに至り、入管問題が連合国国民の直接利害に関係する事項となった」［大沼 1993: 86］ことと、「入管の全貌が明らかになったこと」「すなわち、入管問題に対して十分な人的・時間的エネルギーを割きえなかったＧＨＱは、政府の入管政策にその場しのぎに承認を与えてきた結果、政府が入管につきいかなる権限を有するかという全体像を正確に把握することができず、政府が諸々の入管機能を統合する統一的な法令を制定して初めて入管法制全体を見渡す立場に立ち得た」［大沼 1993: 87］と推測している。簡単にいえば、日本の入管政策が連合国にとって「自分ごと」になり、その全貌が明らかになるや、ＧＨＱはその強権性と閉鎖性の問題に直面したということだ。

もしこの退去強制手続令が施行されていれば、「個人の権利の手続き的保障をうたった注目すべきものであり、従来の治安的発想に基づく入管行政をわずかながら修正しうる可能性を含むもの」〔大沼 1993: 90〕となっただろう。しかし、これらの手続き規定は組織の準備不足と予算の不足を理由に延期され、一度も施行されることなく、出入国管理令によって廃止された。

「外国人問題」の始まり

一九五二年五月、サンフランシスコ講和条約（日本と連合国の講和条約）が中華民国を除く主たる連合国との間で発効し、それに伴って日本は旧植民地出身者の日本国籍を、居住地や個々人の希望にかかわらず一律に剥奪した。同条約や日本の法律においても、これらの者の国籍を喪失させる直接の規定は存在しなかったにもかかわらず、一九五二年四月一九日付で法務府民事局長から「平和条約の発効に伴う朝鮮人台湾人等に関する国籍及び戸籍事務の処理について」と題する通達が発され、それによって国籍を喪失したものとみなされた。

その結果、朝鮮人・台湾人は一九五二年四月二八日以後は「別に法律で定めるところによりその者の在留資格及び在留期間が決定されるまでの間、引き続き在留資格を有することなく本邦に在留することができる」（法律第一二六号「ポツダム宣言の受諾に伴い発する命令に関する件に基く外務省関係諸命令の措置に関する法律」第二条二項六）とされた。これは、国内に居住するエスニック・マイノリティを出入国管理の対象とすることで、一夜にして国内に一定の規模の「外国人」を、いや、不安定性を考慮すると、在留資格を得て日本に滞在する、本来出入国管理令が想定しているはずの外国人よりも処遇の劣る法的地位しか持たないマイノリティ集団をつくりだすことを意味した。

「外国人」が日本国籍を持たないことの問題点は大きく分けて二点ある。一つめは、国籍条項により、参政権・年金など社会保障制度を受ける権利・公務員や教員などの職業に就く権利といった、日常生活で必要な多くの権利を制限される点が挙げられる。社会保障だけではない。日本には軍人恩給をはじめとして、戦争に参加して受けた被害（戦死、戦傷病など）を保障する数多くの援護立法が作られているが、どれも講和条約後に成立し、その対象を日本人に限定している［田中 1985: 154］。つまり、旧植民地出身者は戦争に動員された結果として死亡したり負傷したりしても、その補償を受けることはできない。二つめは「日本で暮らす人々の中に「国民」と「在日」という明確な線引きが、差別の意識と共に社会に広まったという感情面の問題」［丹野 2013: 83］である。これは、外国人登録制度に関わる違反が刑事罰に該当するものとされ警察が関わることと相まって、旧植民地出身者を監視と管理の対象であると認識させる効果を持ったといえる。

入管体制の歴史的・国際的位置づけ

日本の出入国管理政策の成立過程は、植民地の解体という戦後処理の一過程として捉える一方で、同時期に問題となっていた冷戦という新たな国際関係が具体的に政策の形をとったものとして捉える必要もある。ところで他の植民地を持っていた国々は、植民地の解放を認める際に植民地出身者の国籍をどのように定めたのだろうか。

たとえば、オランダ領スリナムでは一九四八年・五二年の二度の会議の結果、一九五四年にオランダ王令が公布され、スリナムがオランダ王国内で自立的な地位を獲得するとともに、スリナム人はオランダ国籍を取得し、オランダ国内に自由に居住する権利を得た［水島 2013: 6］。

イギリスでは一九一六年・四八年・六二年と複数回にわたる国籍法の変更で植民地との間の国籍・市民権が変化しているが、一九四八年の国籍法はコモンウェルス市民・アイルランド共和国市民・イギリス保護領市民にイギリス国籍を与え、連合王国及び植民地の市民（Citizenship of the United Kingdom and Colonies）がコモンウェルス市民である限り、イギリス本国に自由に入国することができた［宮内 2011: 178］。またアイルランド（エール）市民は一九四九年一月以前にイギリス臣民であったものなら、イギリス内務大臣にイギリス臣民の地位を望む書面を提出すれば、いかなる時でもその地位の維持が可能だった［宮内 2011: 175］。

これら両国と異なり、イタリアは第二次世界大戦の敗戦国だったため、強制的に植民地を放棄させられた。イタリアはアフリカ東部だけでなくギリシャ領・旧ユーゴスラヴィア領等にも植民地や軍事占領地を持っていたが、ファシスト政権成立以前からイタリア植民地とされていたエリトリア・ソマリアの居住者は、イタリアが連合国と講和条約を結んだ一九四七年に国籍を自動的に喪失したものの、新しい国籍を正確に定義することができない状態におかれた。エリトリアには国連決議によって誕生したエチオピア・エリトリア連邦の中の自治国家が成立し、ソマリアは国連の国際信託統治制度の下でイタリアが管理する地域となった。一方、リビアでは一九五一年の建国と一九五四年の国籍法制定によってリビア国籍が設けられた［Donati 2013: 660-661］。

同じく敗戦国だったドイツのうち、西ドイツは一九五六年に国籍問題規制法を制定し、かつて付与したドイツ国籍はオーストリア独立の一九四五年四月二六日にすべて消失すると定める（第一条）一方、その時点で西ドイツに居住していたオーストリア出身者は、希望すればドイツ国籍を回復する権利を持つ（第三条）と定め、国籍選択権を認めた〔田中 2003: 137〕。また日本の場合、旧植民地出身者における日本国籍喪失の時期は日本の軍事占領が終わった日だが、ドイツの場合はオーストリア独立の日である〔田中 1985: 156〕。

このように比較すると、旧植民地出身者が旧宗主国による出入国管理の対象となった他国の例はあるものの、旧植民地出身者、なかでも既に宗主国に居住していた集団に対して、選択の機会なしにその国籍を一方的に喪失させ、国内にあえて「外国人」問題をつくりだした植民地国家は異例だといえるだろう。

ところで、一九四〇年代後半から五〇年代前半は冷戦が始まった時期といわれている。日本の出入国管理政策についても、これまで見てきた通り、コレラや闇市だけでなく、国際的な共産主義の「脅威」が煽られた影響は無視できない。出入国管理政策が作られていく際の政治的な背景には、朝鮮人・台湾人に対する民族差別と、北東アジアにおける冷戦を背景とした共産主義への対抗策を立てる必要性とがあった。つまり、日本の出入国管理政策は大日本帝国が抱えていた植民地の解体という側面と、アメリカ合衆国が主導し日本が従った国際的な反共産主義戦略の一環という側面の二つがある。

出入国管理令が制定される一年前、アメリカで共産主義者及び「米国の国益にそぐわない」

ものの入国を認めないとする国内安全保障法が作られた。その第一条一三項には「現在、破壊的、犯罪的、あるいは不道徳な階級 classes に属し、監督や管理なしに自由に国内を歩き回っている外国人の多く」に対して、移民法に基づき退去を強制できると書かれている。外国人であることと、「破壊的、犯罪的、あるいは不道徳な集団に属」することを同じことであるとみなす発想は、外国人を明らかなあるいは潜在的な脅威とみなし管理の対象とする出入国管理令とよく似た発想に基づいている。この法律を制定するのに貢献した上院議員パトリック・マッカランにとって、「反共主義と反移民が『アメリカを防御する』という点で同じ意味を持ったのである」［菅（七戸）2001: 64］と菅（七戸）美弥は指摘している。

日本の出入国管理制度は、その当時の日本が置かれた特殊な歴史的状況（強制的な植民地の解体と冷戦）の中で成立した。そして、旧植民地の独立に際して旧植民地出身者に日本の国籍を選択させたり、日本と旧植民地との間の移動の自由を保障しなかったりしたことにおいて特異であり、反共主義と反移民を出入国管理法令によって実現させた点で、アメリカの国内安全保障法と類似している。

5 「入管体制」への疑問

一九四〇年代後半から五〇年代初頭に成立した出入国管理制度に対して、日本社会の中で「日本人」が反発するには、一九六〇年代後半を待たなければならない。日本は一九六五年に大韓民国との間で日韓基本条約を締結し、旧植民地出身者のうち外国人登録証の「出身国・地域」を「朝鮮」から「大韓民国」へ変更したものに対してのみ協定永住権を付与した。これに対して台湾出身者を中心とする在日華僑団体は自分たちに対しても安定した在留資格を創設するよう申し入れを行ったが、法務省はこれを拒否した。

このような旧植民地出身者の法的地位をめぐる状況が一部で変化する中、出入国管理制度・行政に対する疑問が日本社会から発されるようになったのは、ベトナム反戦運動や学生運動・市民運動との関連においてだった。この時期、ベトナム戦争は長期化・泥沼化しつつあり、アメリカやヨーロッパなどのいわゆる西側諸国においても反戦運動が高揚していた。

ベトナム戦争反対運動を担った市民団体「ベトナムに平和を!市民連合」（以下「べ平連」）は、韓国国籍を持つ脱走兵・金東希の日本在留に向けた在留特別許可の取得と、彼が収容されていた長崎県・大村入国者収容所（のちの大村入国管理センター）からの解放を求めて運動する中で、入国管理行政における手続き的権利保障の不在と「裁量」に直面する。日本における「外国人」の収容や送還手続きの実態を知ったことは、べ平連の主要メンバーたちを、日本の「原犯罪」や日本人の植民地支配責任と加害性に直面させた。

べ平連の周辺で、加害者意識を日本の過去にまで拡張していく際に、脱走兵の金東希事件は重要な役割を果たした。まず、金の成長記や家族史は、戦前からの日韓関係の歴史にまでべ平連の認識の地平を広げた。さらに、金東希の「大村収容所からの手紙」が、六七年一二月、京都集会ティーチ・インで読まれた。このことは、大村収容所を含んだ「入管体制」の問題について、多くの人々の関心を呼び起こした。たとえば、東京べ平連の中心人物であった鶴見俊輔は、六八年七月の講演で「国家の原犯罪」を説いた。鶴見は、アメリカの黒人奴隷化と同様に、日本は「日中戦争での虐殺」と「関東大震災の直後の朝鮮人の虐殺」に「原犯罪」を持っていると主張した。そして、日本における「中国人、朝鮮人、台湾人」は「国家の原犯罪」を日本人に問う存在であり、「国家の原犯罪」を傍観することは、それに加担した「国民の犯罪性」の自覚や追及を欠いていることだと指摘したのである。〔盧 2010: 71〕

盧恩明はこのように書き、日本がアメリカ帝国主義のベトナム侵略に日米安保条約を通じて加担しているという加害者意識が、脱走兵の処遇をめぐって出入国管理令と旧植民地出身者の法的地位の問題に直面したことによって、「べ平連の入管活動家たちは『自己』の変革はもちろん市民の認識変化をも追及する反『入管体制』運動を展開していった」〔盧 2010: 84〕と指摘している。

植民地支配の精算と東西冷戦という二つの要因は、一九七〇年前後、なかでも一九六九年から七三年にかけて入管法案が国会に上程された際、その法案に反対する運動の中で激しく議論された。入管法案が上程された背景には、「反戦運動に参加する在日外国人に対して、当時の入管令によって制限をかけようとするケースが相次いでいたこと」「入管法案自体に、政治運動への参加を退去強制事由に追加する規定が盛り込まれたこと」「東アジア・東南アジア出身の留学生による、出身国政府に抗議したために在留が認められなくなるケースが重なったこと」〔高谷 2017: 70〕といった、冷戦の影響を直接に反映した項目があった。いや、入管令の改定案がベトナム戦争に反対したり前線から逃亡したりしようとした外国人を対象としていたのであれば、入管法案反対闘争もまたそれ自体、冷戦の一現象だったといえる。

一九六九年三月以降、在日韓国青年同盟を中心に、在日朝鮮人・韓国人は多くの地域で入管法案に反対する集会やデモ行進を行い、一九六九年七月にはハンガーストライキを行うなど、激しい反対運動を展開した。

他方、同年ハワイ大学留学中に北ベトナム爆撃反対デモに参加したため、中華民国政府から留学継続申請を却下された学生が、台湾への帰路に日本で留学を申請したが、入国管理局から拒否され、台湾に強制送還された。その後、台湾に強制送還されたその学生に死刑が宣告されたことに対して、在日華僑の青年たちは強く反発し、一九六九年三月に華僑青年闘争委員会(以下「華青闘」)を組織した。華青闘はその後、入管法案反対運動だけでなく、「入管体制」全体への抗議・抵抗運動を展開していく。

入管問題は決して在日「外国人」の問題でなく、抽象的な人権・人道一般の問題でもない。それはアジアにおける常なる抑圧者たる日本人＝我々自身と、被抑圧者たる朝鮮人、中国人との関係——われらの内なる差別(津村喬)——を問題とすることであり、さらにはそれを規定する要因、すなわち明治維新以来の近代化に名を借りたアジア諸民族に対する抑圧と、六〇年代後半から明らかにその姿を見せはじめた日本帝国主義の自立化＝アジア侵略を問題とすることなのである。〔東大法共闘編 1971: 63〕

この引用文に見られるように、入管法案反対運動はこの時に初めて、その実態を知る人々の間で「抑圧者たる日本人＝我々自身」の問題として語られるようになったといえるだろう。

6　おわりに

この章は、日本の出入国管理制度が制定された時の目的と、管理しようとした対象を明らかにすることで、入管問題が制度上のどの点に存在し、その欠点はいつ、誰によって、何を目的として生じたのかを検討してきた。日本の出入国管理制度は、日本が植民地を放棄したことに伴う旧植民地出身者の法的地位の不安定さと、北東アジアにおける「冷戦」によって生じた移住者の処遇という二つの問題に対処するために生まれたといえる。

忘れてはならないのは「講和条約発効までは戦争に伴う領土、国籍の変更はないという〔日本〕政府の主張を一貫するなら、『日本国民』たる朝鮮人の日朝往来は一国民の国内移動に過ぎず、『不法入国』ということはあり得ないはず」〔大沼 1993: 54、傍点原文〕という点だ。戦後の入管政策が「不法入国者」の処遇から始まったという入国管理局自身の説明に依拠するなら、戦後の日本は、存在しなかったはずの「不法入国」を阻止し、「国民」の一部に国内居住を認めないことによって、出入国管理政策を生んだともいえる。また、送還手続きの際に被送還者の権利が認められず、「移住者」が基本的に管理される対象としてのみ扱われるようになった経緯に、外国人登録令の改定及び退去強制手続令の不執行と廃止が挙げられる。

外国人登録令の改定は、朝鮮半島における対立の激化や国共内戦における中国共産党の勝利といった国際情勢の中で、「外国人」と共産主義の「脅威」とを結びつけることによって可能になった。退去強制手続令はGHQから要求されておきながら、日本政府がその執行を先延ばしにし、最終的に日本の独立後に廃止された。そして、同時期に植民地を持っていたり他国を併合したりした国家と異なり、日本は旧植民地出身者に日本国籍あるいは日本との往来の自由を確保することもなく、自国の領土に居住していた旧植民地出身者に日本国籍を選択する機会も与えなかった。このような経緯に鑑みると、一九四五年から五二年にかけて出入国管理制度が成立する中で、日本政府はさまざまな機会をすべて逸して、存在させる必要のなかったはずの「外国人問題」を、あえて積極的に生み出したとすらいえるかもしれない。

戦後日本の出入国管理政策が植民地の解体と冷戦という特殊な歴史的状況の中で始まったのであれば、その歴史的状況が変化すれば出入国管理政策も変化するのではないかと考えられるだろう。そして日本が戦後に民主的な国家になったのだとすれば、この体制は日本の有権者が——一九四五年末に日本政府は旧植民地出身者からまず参政権を剝奪しているが［水野 1996, 1997］——変化させることができる。実際に、一九六〇年代後半から七〇年代の入管法案反対運動、そして本章では触れられなかったが一九八〇年代から九〇年代初頭まで続いた外国人登録証への指紋押捺拒否運動は、入管体制の管理対象となった人々だけでなく、日本人の間からも多くの賛同者を得て、一定の成功を収めた。これらの運動に関わった日本人は、日本における日本人としての自らの立場性（「加害性」）を問い、植民地支配の未精算という問題として捉え直した。

もしかすると今や、立場性を問うことは時代遅れの、あるいは忌避感を抱かれることかもしれない。だとすれば、このように考えられないだろうか。狭く段差の多い道が健常者にとっても使いにくいように、あるいは家父長制が女だけでなく男をも不幸にするように、外国人を排除し差別する国家の国民は不幸である。

べ平連・京都に関わった飯沼次郎は「わたしは、これら旧植民地の人たちにも、少なくとも日本人なみの基本的人権が認められるまでは、〝戦後民主主義〟などといっても、それは、まったくウソだと思う」［飯沼 1972=1994］と述べた。飯沼がこのように書いた時から五〇年を経て、いまだ旧植民地出身者は戦後補償から取り残され、無年金問題[2]を抱え、参政権がなく、高校無償化からも排除されている点で、日本人並みの基本的人権を認められているとはいえない。

もし飯沼の主張が正しいのであれば、私たちにとって「戦後民主主義」はまだ、「まったくのウソ」だということになる。だから、入管問題を変えようと試みることは、私たちがおそらく重要なものとして信じているさまざまな理念——戦争は嫌で怖いものであると感じたり、外見や出身地を理由に進学・就職・結婚ができないのはおかしいだろうと思ったり、普通に生活していれば突然に逮捕されるはずはないと信じていたりする時の前提――を、「ウソ」でないものに変えようと試みることだ。

外国人という、基本的人権の及ばないような存在であるかのように思える人々を、同じ社会にいながら永住を前提とされず、安定した居住の権利を認められていない人々をつねにつくりだすことは、日本人の権利に関する認識を狂わせている。もし日本人がこれまで、戦後どころか歴史の中でただの一度も、特権でないものとしての人権がどんなものかを知らないのだとしたら、その原因の一端は出入国管理制度にある。日本に住むことは日本人の、あるいは選ばれた外国人だけの、特権ではない。なぜなら、居住の権利は人権であり、人権は特権ではないからだ。

人権を特権にしてきた制度は、過去の特定の時点で、特定の人々のやりとりによって決まったのだから、私たちはそれを変えることができるはずだ。そして、かつて入管法案反対運動に関わった人々がそうであったように、その制度を変えるよう働きかけることは、日本人である私たち自身を変えることでもあるはずだ。出入国を管理する法令とその行政の仕組みを変えようとする運動は、だから、外国人のためだけのものではない。私たち自身の人権に関する考え方を根本的に変え、私たち自身を救う活動でもある。

〔参考文献〕
飯沼二郎（1972=1994）「わたしにとっての朝鮮問題」『飯沼二郎著作集第四巻　市民運動研究』未來社
石原昌家（2005）『空白の沖縄社会史――戦果と密貿易の時代』晩聲社

大沼保昭（1979）「出入国管理法制の成立過程（資料と解説）14」『法律時報』五一巻五号、一〇〇〜一〇六頁
――――（1993）『単一民族社会の神話を超えて――在日韓国・朝鮮人と出入国管理体制』東信堂
小池康仁（2015）『琉球列島の密貿易と境界線　1949－51』森話社
菅（七戸）美弥（2001）「『反共主義』から『人権差別廃止』へ――アメリカ合衆国移民帰化法改正審議過程に関する一考察：1952〜1965年」『国際基督教大学学報Ⅱ－B　社会科学ジャーナル』四六巻、六一〜八四頁
杉原達（1998）『越境する民――近代大阪の朝鮮人史研究』新幹社
髙谷幸（2017）『追放と抵抗のポリティクス――戦後日本の境界と非正規移民』ナカニシヤ出版
田中宏（1985）「指紋管理の歴史」神奈川新聞社会部編『日本の中の外国人――「人さし指の自由」を求めて』神奈川新聞社出版局、一五二〜一七二頁
――――（2007）「日本の戦後処理と国籍問題」『龍谷大学経済学論集』四六巻五号、一三五〜一四一頁
丹野清人（2012）「国籍の境界を考える――2011年度社会調査法演習報告書」京都大学人文科学研究所『人文学法』四五二号、六五〜一二九頁
東大法共闘編（1971）『告発・入管体制』亜紀書房
盧恩明（2010）「ベ平連の反「入管体制」運動――その論理と運動の展開」九州大学政治研究会『政治研究』五七巻、五九〜九三頁
法務省入国管理局編（1981）『出入国管理の回顧と展望――入管発足30周年を記念して』大蔵省印刷局
松田良孝（2013）『与那国台湾往来記――「国境」に暮らす人々』やいま文庫
松沼美穂（2013）「脱植民地化と国民の境界――アルジェリアからの引揚者に対するフランスの受け入れ政策」『ヨーロッパ研究』一二号、一二九〜一四一頁
水島治郎（2013）「オランダとスリナム系移民――植民地・都市・住宅」栗田禎子編『千葉大学大学院人文社会科学研究科研究プロジェクト報告書第二三三集　帝国・人種・ジェンダーに関する比較研究』三〜一一頁
水野直樹（1996）「在日朝鮮人・台湾人参政権「停止」条項の成立――在日朝鮮人参政権問題の歴史的検討1」世界人権問題研究センター『研究紀要』一号、四三〜六五頁
――――（1997）「在日朝鮮人・台湾人参政権「停止」条項の成立（続）――在日朝鮮人参政権問題の歴史的検討

2」世界人権問題研究センター『研究紀要』二号、五九〜八二頁
宮内紀子（2011）「1948年イギリス国籍法における国籍概念の考察――入国の自由の観点から」関西学院大学法学部・法学研究科『法と政治』六二巻二号、一六三〜二〇三頁
文京洙（2018）『済州島4・3事件――「島のくに」の死と再生の物語』岩波現代文庫
山口県警察史編さん委員会編（1982）『山口県警察史』（下）、山口県警察本部
Donati Sabina (2013) *A Political History of National Citizenship and Identity in Italy, 1861-1950*. Stanford University Press.
GHQ/SCAP, Government Section, Administrative Division (15/5/1949) "Korean Illegal Entrants"（米国国立文書館所蔵 NAIL Control Number: NWCTM-331-UD1387-2190 (2))

［註］

1 ここで注意したいのは、「旧植民地出身者は日本国籍を保持する」ということは、日本政府にとって、朝鮮人や台湾人が日本人と同等の権利を有するとみなすということではなく、日本の警察の管理下に置かれること、財産権・食糧配給の権利において日本人と同じ待遇を受けることを意味した点である。［第二刷より追記］

2 国民年金制度は一九五九年に法律が公布され一九六一年に施行されたが、旧植民地出身者を含む外国人は加入することができなかった。日本政府は一九八二年に難民条約が発効して以後、国民年金法における国籍要件を撤廃し年金への加入を認めたが、一九八二年から国民年金に新たに加入しても、老齢年金の受給要件である二五年加入を満たさないため受給できない在日外国人が多数を占めた。そのため一九八六年に年金法が改正されてカラ期間制度が導入され、一九八二年以前に年金に加入できなかった期間がカラ期間とされたものの、その時点で六〇歳に達していた在日外国人は無年金状態のままである。在日外国人高齢者無年金訴訟は法廷で争われたが、二〇〇九年に最高裁で敗訴した。他方、一九八二年一月一日時点で母子家庭あるいは準母子家庭になっていた在日外国人と二〇歳を超えていた在日外国人の障害者は母子年金・準母子年金・障害年金の対象とされなかった。障害年金については在日外国人障害者無年金訴訟が提訴され、二〇〇七年に最高裁で敗訴したが、提訴と並行して各自治体に措置を求める取り組みが行われ、いくつかの自治体では独自事業として給付金が支給されている。

Column 2
大村入国者収容所における朝鮮人の収容

挽地康彦

入国者収容所の概略

日本には出入国在留管理庁が管轄する入管収容施設がある。その施設は、主に地方入管局の収容場と入国者収容所からなり、いずれも出入国管理及び難民認定法等の規定に違反したという理由で退去強制令書が発付された外国人等が収容されている。なかでも、入国者収容所には、送還の見通しがつかないとされる外国人、よって送還するまでの期間が中長期に及ぶと想定される外国人が収容されている。

現在の入国者収容所は、一九九〇年代になって全国に三カ所設置された。のちに西日本入国管理センター（大阪府茨木市）が廃止され、いまでは東日本入国管理センター（茨城県牛久市）と大村入国管理センター（長崎県大村市）の二カ所のみとなっている。

東日本入国管理センターはかつてミスシップ（船員が船に乗り遅れること）の欧米人などを収容した横浜入国者収容所から一九九三年に移設された施設であり、西日本入国管理センターは一九九五年に新規に開設されたが、二〇一五年に「不法」残留者の減少を理由に閉鎖されたという。

「東日本」や「西日本」の入国管理センターと比べると、大村入国管理センターは開設時から同じ土地に根づいており、施設名称も特定の地域名が冠されていることに気がつく。今日の退去強制の手段は航空機による送還が中心であり、収容に特化した入管施設を大村に置く名目はないはずだが、大都市近郊の西日本入国管理センターが廃止されてもなお、大村入国管理センターが残されている理由はどこにあるのだろうか。謎である。

他方、過去に目を向ければ、現在の入管収容施設は外国人収容の歴史の一部に過ぎず、収容自体は以前から連綿と受け継がれていることがわかる。たしかに、外国人収容の歴史のなかには戦時中の捕虜収容所としての機能も含まれるが、入管収容施設には「過ぎ去ろうとしない過去」を有する点に重要な特徴がある。つまり、外国人収容に潜む問題の構造は、戦後日本の出入国管理の歴史と深く結びつきながら今日まで温存されているということだ。

であるなら、入国者収容所の歴史を振り返ることで、わたしたちは難民の収容や収容の長期化など今日の入管収容施設で起きている諸問題が入管の創設期からすでに始まっていたことを知ることができ、国家による外国人管理の闇を批判的な観点から浮き彫りにすることができるようになる。

このコラムで取り上げる大村入国者収容所(以下「大村収容所」)も、大村入国管理センターの前身となる収容施設であり、針尾収容所(一九四六年六月)、針尾入国者収容所(一九五〇年一〇月)、大村収容所(一九五〇年一二月)と何度か移管された後に、大村入国管理センターとして装いを新たにしている(一九九三年一二月)。

日本で最も長い歴史をもつ大村収容所の変遷には、その時々の社会情勢や政治的背景、入管政策の展開などが色濃く反映されており、ゆえに被収容者の顔ぶれも移り変わっている。大村入国管理センターが開設されてからは、偽装難民事件で摘発された中国人や、スクリーニング（難民性審査）の結果、難民と認められなかったベトナム人が被収容者の多くを占めていたが、それ以前の針尾収容所や大村収容所に収容されたのは、朝鮮人がほとんどであった。

戦後日本の出入国管理と大村収容所

所内に太極旗（大韓民国の国旗）を掲げ、膨大な数の朝鮮人を日本から「追放」してきた大村収容所は、日本の内外で悪名をはせていた。それは、単なる入管の収容施設であることを超えて、日本における外国人の出入国管理や在留管理の歴史、ひいては日本の植民地支配や在日コリアンの歴史に暗い影を落としていたことを意味する。そもそも大村収容所とはどういう施設で、そこでは何が起こっていたのだろうか。以下では、戦後の裏面史たる出来事の一端を素描してみよう。

第2章で概説されたように、敗戦後の日本政府は旧植民地出身者（とりわけ朝鮮人）に対して二重基準の入管政策をとり、戦前の入管＝警察という構図を踏襲した外国人管理を展開していた。したがって、朝鮮人らは「解放」された旧帝国の臣民だったにもかかわらず、占領初期からつねに退去強制の危機に立たされていた。佐世保引揚援護局内に開設された国内初の入管収容施設＝針尾収容所に収容されたのは、やむを得ず日本に再渡航した朝鮮人であり、日本国籍を有したまま「不法入国」とされた者たちであったことに、まずは注意したい。

しかも、収容所とは名ばかりで、当時の針尾は引揚・帰国・送還の大混乱の最中に援護局の一角を模造した仮設住宅でしかなく、そこに「密航者＝犯罪者」というイメージとはかけ離れた市井の朝鮮人が過剰収容されていた。調書を見ると、家族との再会や仕事、就職・就学などが主な渡航目的であり、なかには妊娠中の女性の姿もあったという。

終戦後の対馬を訪れた作家の湯浅克衛は、船倉に隠れ過酷な状態に曝される密航女性たちを目の当たりにして、次のように述べていた。「そんなにまでして、密航をしなければならないものだろうか。何故だ。一つの国であったものが解体されて、まだ六、七年、生木を斧で割ってみても、繊維はどこかでつながったまゝでいるからだ」（『対馬』より）、と。

しかしながら、朝鮮人追放の包囲網はその後も強化の一途をたどった。外国人登録令や出入国管理令（以下、入管令）によって退去強制の対象範囲は拡大され、越境活動が非合法化されただけでなく、終戦前から日本に在留する朝鮮人であっても刑事処罰を受けた者やハンセン病患者、精神障がい者や貧困者までもがその対象となった。さらに朝鮮戦争が勃発すると、戦災難民を日本に上陸させないことを目的に、軍都大村の元海軍施設の跡地に大村収容所が誕生することになった。

理不尽な長期収容

この時代は、密航する側も送還する側も移動手段は船舶であり、大村収容所は「船便を待つための施設」のはずであった。むろん刑務所でないため、被収容者も被疑者や受刑者ではなく、入管令等に違反した「被処分者」に過ぎなかったが、そこでの実態は「保安上の理由」を盾に面会や通信が制限され、診療もままならない生活が強いられていた。

何人たりとも塀の外に逃さないという入管側の姿勢は、幼い子どもであっても収容し、学習室まで用意するという徹底ぶりにも表れている。入管令では収容期間は三〇日（延長は三〇日）と定められていたものの、事情があって送還を拒否すればいつまで収容されるのかは不明であり、「刑期なき牢獄」と呼ばれていたのは有名である。

収容定員六九〇名に対して、年間三〇〇〇人近くに上る受入人員。被収容者の滞留を避けたい大村収容所は、当初から釜山に向けての集団送還に奔走していた。

もっとも、退去強制は引き取る側の政府の承諾がないと成立しない。ところが、日本政府の思惑とは裏腹に、講和条約発効後の集団送還では刑罰法令違反者の引き取りを韓国側に拒否されたため、再び大村に戻されるという事件が発生している。そして、「船便を待つ」という理由を喪失した者たちを待ち受けたのは、放免ではなく、大村収容所での理不尽な長期収容であった。この逆送還者の存在は、まさに大村収容所の存立基盤を無効化する形象となり、他の長期収容者も含めた即時釈放をめぐる闘争の契機となっていった。

『大村入国者収容所二十年史』（一九七〇年）には、この他にも騒擾事件三四件、ハンスト二二件、自損行為二七件、暴行事件四九件、逃走事件三五件……など、収容所内で起きた出来事の断片が記録されている。矯正施設や更生施設と異なり、入国者収容所は積極的な設置目的がないに等しく、収容施設として社会に位置づく根拠も薄い。そのうえ歴史的にみても法律的にみても、日本の入管が重視するのは退去強制（送還）の方であり、収容自体は補完的にしか考えていない。

今日でもなお入管収容施設で多発する人権侵害の要因の一部は、そこに由来すると考えられる。大村収容所の歴史は、現在の入管収容施設が過去の体制を疑うことなく継承していることを例証しているのである。

第3章　入管で何が起きてきたのか
——密室を暴く市民活動

高橋徹

1　はじめに

一九九四年～二〇〇七年ごろにかけて筆者らが行った入管収容施設の実態調査は節目節目にまとめられ、現代人文社の西村吉世江さんの編集により左記の三冊の書籍、さまざまな冊子、ニュースレターなどの媒体で発信されてきた。

- 入管問題調査会編『密室の人権侵害』一九九六年
- 入管問題調査会編『入管収容施設』二〇〇一年
- 外国人の子どもたちの「在留資格問題」連絡会編『先生！日本《ここ》で学ばせて！』二〇〇四年

本章で扱う内容は当時発信した事件や出来事、当時の未発表の証言やエピソードやデータ、入国管理局（現出入国管理在留管理庁、以下「入管」）をめぐる当時の状況を象徴するいくつかの出来事をピックアップして、その後の事件の経過や、関連の取組みも含めて再構成したものである。執筆に当たっては、出来事や事件の記述に加えて筆者が当時感じたり考えたりしたことや、取った行動を書き添えることによって、市民活動としてできる実態調査の考え方や市民運動の方法のヒントが伝えられるように気を配った。また、だれも入管収容施設に見向きもしなかった当時、この課題を見出し、時代を切り開いていったドリルの先端とも言うべき仲間たちや、当時の関連書籍を紹介するように努めた。興味を持たれた方は当時の報告に直接当たることをお勧めする。

本稿を執筆している現在、入管は反省もなく相も変わらずといった様相だが、現在の状況としては、本章でカバーする時代よりも、入管問題に関心を寄せる人々の層は格段に厚くなっているし、世論の関心も高くなっていることが大きな違いであるとはいえよう。本章の拙文がこのテーマについて学ぶ人たちのためのヒント集、あるいはブックレビューのように機能してくれればありがたい。

2　入管収容問題と出会う

最初は入管を信じ、信頼していた

一九八六年二月マルコス政変を経て、民主化の渦中のあつい八月のフィリピン。友人らと企画したスタディーツアーに参加して、私が初めて訪れたフィリピンであった。この経験はその後、日本で働く外国人労働者への支援とつながった。

この年の一二月、さまざまな人を介して、横浜の「寄せ場」寿町からのＳＯＳが私のところに届いた。寿日雇労働者組合が、急増したフィリピン人労働者の窮状のＳＯＳを発信したのだ。そのＳＯＳに導かれて、私は寿町へ足を運んだ。当時は「外国人出稼ぎ労働者」とされたフィリピン人たち。彼・彼女らは観光目的などで入国し、そのままオーバーステイの状態で働き続けていた。ＳＯＳに応えて寿町に集まった人たちによって「寿・外国人労働者と連帯する会（カラバオの会）」が活動を開始した［カラバオの会1990］。

オーバーステイ＝在留資格のない外国人の労働を、当局やマスコミは「不法就労」と呼んだ。そもそも、日本の労働関連法は国籍を問わない。「在留資格がない」というのは労働関連法上の違法状態ではないので「不法就労」という言い方は誤りである。したがって労災、賃金未払いなどの労働問題は、労働基準監督署に安心して持ち込むこともできるが、そのことに私たちが気づくのはもう少し後だ。「非合法状態」に放置された人たちの人権状況は深刻である。摘発を怖れ、警察や入管から逃げながら、働き続ける。支援を開始した私たちは、労働者からひっきりなしに寄せられる労働相談や生活相談の対応に追われることになっていった。そして時として摘発にあって入管収容施設に収容されてしまう友人もいる。

自国へ送還される直前、入管収容施設に面会に行くときは、お別れの挨拶である。その収容施設で何が起きているのか、知るよしもなかった。摘発・収容・送還を担う入管は、仮にも日本の行政機関の一つである。日本の外国人政策が（私の活動にとって）どんなに不都合なものであっても、行政機関がその仕事の過程で酷い人権侵害を引き起こしていると、どうして想像ができるだろうか。少なくとも当時の私は、行政機関としての入管を信じていたし、そこで働く公務員に一定の信頼を寄せていた。

「イラン人狩り」の嵐

活況を呈した日本経済が終焉したのは一九九二年——バブル崩壊と呼ばれる。この少し前から警察は、外国人犯罪増加・凶悪化のキャンペーンをはじめ、入管と一体になって非正規滞在の外国人の摘発を強化していくことになる。私も参加していた「外国人差別ウォッチ・ネットワーク」は、当時の警察発表のデータや、マスコミ報道を詳細にわたって分析して、外国人犯罪増加・凶悪化が実体のない排外キャンペーンであることを指摘した［外国人差別ウォッチ・ネットワーク編 2004, 2008］。

一九九〇～九一年、東京の上野公園、代々木・原宿では日曜日ごとに何千人というイラン人でにぎわっていた。そのほとんどが町工場や建設現場などいわゆる3K労働（キケン・キタナイ・キツイ）に従事する労働者たちだった。この時の様子を伝える一冊の本がある。写真家の西山毅さんが、東京で生きるイラン人たちを写真に収めた『東京のキャバブのけむり』という写真集だ。その中で西山さんは、上野公園が「リトルテヘラン」と呼ばれていたことを記している。

当局の資料によれば、代々木・原宿などで摘発が始まったのは一九九一年一一月からであるが、本格的な摘発は、九三年になってからである。九三年二月五日、警視庁公安部等により代々木公園で露天商を開いていたイラン人二名が、「恐喝」の疑いで逮捕された（「日本経済新聞」一九九三年二月五日）。また当時の新聞を見ると三月から四月にかけて都内や代々木公園等で、さまざまな容疑で、イラン人数十人が相次いで逮捕されたことが報道されている。

それぞれの事件について私は追跡はしていないが、少なくとも最初の「恐喝事件」については、詳細な状況やその後の経過がわかっている。朝日新聞によると逮捕されたうちの一人は「公園を活動拠点とするイラン人グループのリーダー」で「『暴力団山口組に知り合いがいる』などと言い、計約十数万円を脅し取った」とされていた。しかし事件を担当した弁護士は後に支援者の集会で「被害者は日本国籍を持つ露天商仲間で、〝恐喝〟では無く、ケガをした友人へのカンパだった。警察のフレームアップだった」と報告している［見津 1994］。

また、この事件の関係者、「恐喝」の被害者とされた人や、摘発されたイラン人の友人たちを丹念に取材した西山毅さんも「（警察は）代々木公園でなにかイラン人の事件はないか、と探し回りでっち上げたとしか思えない。代々木公園からイラン人を締め出すための口実が必要なのだ」と断じている［西山 1994］。警察がこの「恐喝」事件のイラン人を逮捕直後に処分保留とし、入管送りにしていることから見ても、実体のない事件であることがうかがわれる。じつはこのイラン人露天商二名のうち「リーダー」とされた方が、後で登場してくるアムジャディさんである［見津 1994；入管問題調査会 1996］。

追って四月から五月にかけて、入管・警察による大量のイラン人の一斉検挙が始まるその前段階で、マスコミ上ではイラン人＝犯罪者というイメージが作られていった。激しい「イラン人狩り」の様子は、『東京のキャバブのけむり』〔西山 1994〕、『終止符《ピリオド》からの出発』〔見津 1995〕、『密室の人権侵害』〔入管問題調査会編 1996〕などに記されている。筆者も五月ごろ代々木・原宿あたりに足を運んでいるが、そのときは、すでに警察・入管による摘発部隊による物々しい風景であった。

一九九〇年代の入管収容施設――日本の闇を見た

私たち（支援者や弁護士）は入管収容施設で起きたいくつかの事件に出会うことになる。入管の摘発・取り調べの過程で中国人女性が殴打された「タオさん殴打事件」（一九九四年）〔海渡編 1995; 入管問題調査会編 1996; 水野 1995, 1996〕。入管収容施設内でイラン人男性が暴行を受け腰椎骨折した「アムジャディさん入管暴行事件」（一九九三年）。いったい入管収容施設で何が起きているのだろう。まさに密室の出来事であり、簡単に知ることはできない。

私が当時勤めていた高等学校の卒業生で、入管に入国警備官として就職した者がいることを思い出した。警備官なら、入管収容施設の様子を知っているだろう。さっそく彼――秋山さんに電話してみた。聞いてみると彼はすでに退職していた。四月に就職して七月には退職していたので、勤めていたのはわずか三カ月チョットである。「先生、人間を殴る音、初めて聞きましたよ」。電話口で開口一番、秋山さんが私に伝えたのはこの言葉である。秋山さんのこの言葉は今も耳に残っている。「殺したっていいんだって先輩たちは言うんです。事故ということになるんだって」「片足のイラン人が手錠で吊されていたのを見ましたよ」。電話口で語る彼の言葉の一つひとつが衝撃的で耳を疑う。

すぐさま秋山さん本人と直接会って、彼の体験について子細に聞き取りを行った。聞き取った内容は彼の了解を得て、支援団体の主催するいくつかの集まりで私から報告した。内容は外国人支援に携わる人々にとってもかなり衝撃的なものだった。秋山さんに対するマスコミからの取材の依頼もあった。どのように公にしていくか彼と話し合った。出身高校の先生方の応援もあり、一九九四年一二月二三日、彼は実名と顔をさらして記者会見を行った。このことは入管収容施設に収容されていた多くの人たちにとって、とてつもなく素晴らしいクリスマスプレゼントとなったことだろう［入管問題調査会編 1996］。

だれも目を向けてこなかった領域である。密室で起きていることを明らかにできないか、私はそのことで頭がいっぱいになった。自然界の直接観察できないことでも、人類は次々と明らかにしてきたではないか。まして人間の行っていることだ、できないはずはない。

「すべてをただちに明らかにできなくても、小さな証言をたくさん集めるんだよ。一つひとつの証言は弱くても、たくさん集まれば真実を照らし出してくれる」。このように私に語ってくれたのは、秋山さんの記者会見の過程で出会った毎日新聞社会部の記者だったYさんである。一九九四年の一一月ごろから年明けにかけてYさんは「入管取材班」というチームを作り、精力的に入管に関する取材を始める。この頃の毎日新聞の記事を追ってみると、Yさんたちの取材の成果をいくつか見ることができる。年明けに起きた阪神淡路大震災、オウム真理教の事件がなければ、Yさんたちのチームはもう少し入管収容施設の実状を明らかにしていたかもしれない。しかし一方で、一度始まった私たちの動きは止めることはできない。右記のYさんの言葉が、その後の私たちの取組みの「導きの糸」となった。

最初に穴をうがつドリルの先端であること――あるジャーナリストの思い出

もう一人この時期に出会った忘れ得ぬ人を紹介しておきたい。当時「社会新報」(社会党の中央機関紙)の記者であった見津毅さんである。外国人問題や入管問題、さらにはホームレスの問題に関心を持たれた方である。阪神淡路大震災が起こると、真っ先にバイクを飛ばして現地に駆けつけるというフットワークの軽さで、現代社会で起きる理不尽さと闘った。ジャーナリストとして、あるいは活動家として見津さんはいた。人々があまり目を向けない課題に「穴」を開け続けた、いわばドリルの先端である。一九九五年三月一八日未明、二八歳の誕生日を迎える直前に、バイク事故で急逝した。

見津さんが目を向けた在日外国人の課題には、一九九〇～九一年ごろの代々木・原宿のイラン人大量摘発事件、警察の留置所の中で不審死を遂げたアリジャングさん事件［見津 1995: 236-240; 西山 1994: 155-156; 入管問題調査会編 1996: 7］、タオさん殴打事件［見津 1994; 1995: 258-260］や、アムジャディさん暴行事件［見津 1995: 255-227］などがある。一九九〇年代初頭の入管収容施設、入管当局による摘発の問題をペンの力で書き残した数少ないジャーナリストの内のお一人である。遺稿集『終止符《ピリオド》からの出発』には彼が執筆した記事が収録されている。

見津さんのお別れ会は、村山首相(当時)の弔辞が読み上げられ、ホームレスの方々が参列するという中で行われた。号泣しながらシュプレヒコールを上げる見津さんの仲間達の様子を見ながら自分はなにができるか考えた。自分はドリルの先端になれなくても、見津さんが開けた穴を少し広げることぐらいはできるかもしれない。

3　入管問題調査会の発足

事例の収集、証言調査の開始

この時、入管収容施設に関心を持ち、何かできないかと考えていた人が幾人かいた。これらの人たちが集まって「入管問題調査会」をスタートさせた。代表は鬼束忠則弁護士。鬼束さんは急増する外国人労働者の状況に弁護士として対処するため活動していた「外国人労働者弁護団（ラフル）」の代表でもある。入管問題調査会のミッションは入管行政の摘発・収容・送還にいたる手続き、及び収容施設での処遇の実態の把握と提言をめざすことである。

私たちが真っ先にやったことは、次の取組みである。

① ホットライン＝「イラン人変死事件真相究明調査団」「外国人労働者弁護団（ラフル）」が共同で一九九四年一〇月一四日〜一六日実施。

② アンケート調査＝入管問題調査会が、一九九五年一月〜三月に実施した。全国で活動する外国人支援団体や、当事者団体、外国人事件を多く手がける弁護士に対して行われた。

③　直接インタビュー＝一九九五年〜一九九六年にかけて、多くの団体の協力を得ながら行われた。インタビュー調査は国内だけでなく、強制送還によって本国に帰国させられた人を追って、フィリピンと韓国でも行った。

④　新聞報道などの記録の収集。

私たちが入管問題調査会を始めたころの認識については、「外国人退去強制手続きの実態」〔鬼束1995〕及び「在日外国人アンケート結果」〔ラフル1995〕、ならびに「退去強制手続きと人権侵害」〔水野1995〕に詳しい。この三つの報告が入管収容問題の今日的な課題を弁護士の立場で整理した最初の文献になる。

さらに、ジャーナリストたちの取組み、弁護士からの報告、元入管職員の秋山さんの証言記録などを『密室の人権侵害』としてまとめた。入管収容施設を中心に摘発から退去強制に至る手続きの現状と問題点の全体像をたくさんの事例証言をもとにまとめ上げた最初の書籍である。

被収容女性への性的暴行

入管問題調査会の活動が知られてくると、色々な方から相談や、情報提供の連絡が入ってくる。あるとき、「入管収容施設の中でレイプされた女性がいる。現在再入国している。会って話を聞いてあげてほしい」という連絡が入った。そこでジェインさん（仮名）と直接お会いして体験を細かくお聞きすることになった。一九九四年、東京の十条に当時あった「東京入管第二庁舎」に収容されていた彼女は、ある日居室から呼び出され、別室で五時間にわたって六人の男性入管職員から暴行を受けたという。彼女はその直後の強制送還のさい、トランジットで降りた空港で診察を受け、体に受けた傷の診断書を取り証拠保全をしている。弁護士につないで相談したが、訴訟に踏み切る決心がつかず帰国していった。

ジェインさんは居室と暴行を受けた部屋の位置関係を示した図を私たちに残していった。同じ施設で働いていた秋山さんにその図を見てもらった。「よく覚えていましたね。どこの部屋かわかりますよ」というのが秋山さんの感想だった。

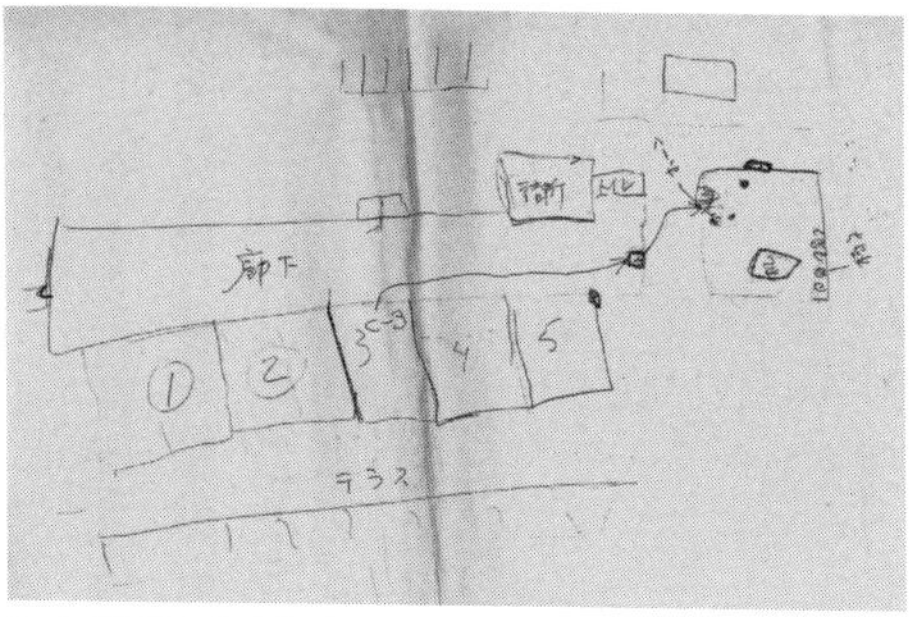

レイプ被害をうけたジェインさんが描いた、東京入管内部の見取り図。C-3はジェインさんがいた居室。女性職員に呼び出され、矢印の先の取調室に連れて行かれる。女性職員は敬礼して出ていき、その後6人の男性警備官によって、5時間にわたって暴行を受ける。

帰国直前の彼女の許可を得て、匿名で『密室の人権侵害』〔入管問題調査会編 1996: 53〕や「入管職員による女性収容者への暴行」〔高橋 1995〕に生々しい暴行の実相を記録した。

長野で活動されていた支援者から連絡があった。「支援しているタイ人の女性の話を聞いてあげてほしい」。さっそく長野に出向いて話を聞いた。彼女は一九九三年ごろ「東京入管第二庁舎」に収容されていた経験を話してくれた。入所時に裸で検査された経験や、収容施設から外に電話をかけるときの話を聞かせてくれた。「居室に電話はなく、電話をかけたいときはセンセイ（職員）にお願いしなければなりません。一つの居室に二四人の被収容者がいて、電話をかけられるのは、二人ぐらい。『おっぱいを触らせてよ。触らせてくれたら電話ＯＫだよ』。触らせないと電話をかけさせてもらえません。服の内側まで手を入れられました」［入管問題調査会編 1996: 54-55］。

こうして集めた証言を携え、入管へ被収容者の処遇改善を求める要請に行った。上記二つの証言を聞き及んだ入管側の担当官も驚きを隠せないようすであった。その後入管職員が何人か同じような事件で懲戒解雇されているが、私たちの働きかけなどをもとに内部調査をしたものと思われる。

4　被収容者の母国をたずねる

強制送還された方々の話を聞く

強制送還された人を本国に訪ね証言を集める方法は、まずフィリピン、韓国で実施し成果を上げた。韓国では大阪入管で職員から暴行を受けて帰国したソンさんと会うことができた。これらの証言は入管問題調査会編『密室の人権侵害』［1996: 36-37, 48-67］に記録されている。その後もこの帰国者調査は、タイ、ペルー、上海、イランで実施している。タイとペルーで行った調査は次の二冊の冊子（自費出版）に整理して記録した。なお「ソンさん暴行事件」については担当の内海和男弁護士より裁判の経過の報告がある［入管問題調査会編 1996: 32-37; 内海和男 2000］。

・入管問題調査会編『強制送還された外国人の証言'95〜'97（第1集）』一九九七年
・入管問題調査会編『強制送還された外国人の証言'95〜'97（第2集）』一九九九年

収容施設での日々の生活を綴ったペルーの方の日記や、人身売買ルートでタイから送られて日本でＨＩＶに感染後、強制送還された女性の体験〔入管問題調査会編 1999a: 31-33〕も記録されている。発行部数もわずかで、流通ルートで販売しなかったので、しばらく入手困難であったが、現在はＰＤＦ化したものが入手可能である。[1]

アムジャディさんに会いに行こう

強制送還された方を追跡する旅は続く。一九九八年及び翌一九九九年、鬼束弁護士をはじめとする数人の調査団を組織し、日本から帰国したイラン人の友人や、イランで暮らす日本人の友人を頼りにイランを訪問した。この時の調査の様子は、「イラン証言調査日記」〔鬼束 1998〕、「再びイランへ／イラン聞き取り調査報告」〔入管問題調査会編 1999c〕などに描かれている。この旅の大きな目的は、被収容経験の聞き取り調査はもちろん、アムジャディさん暴行事件や、ミールさん入管暴行致死事件の当事者、関係者・遺族とお会いすることにあった。

アムジャディさん事件については、このとき得られた当事者のアムジャディさんによる詳細な証言や、目撃者の証言から細かい事件の概要がわかっている。すでに鬼束忠則弁護士、水野彰子弁護士、入管問題調査会が裁判の経過ごとに発表した内容［入管問題調査会編 1996; 鬼束 1997; 高橋 2000a, 2001; 入管問題調査会編 1998］も含め、高裁判決の結果なども踏まえて以下に再構成した。

イラン人男性アムジャディさんは当時五一歳だった。一九九三年五月六日頃、東京入国管理局第二庁舎収容場において、収容中のイラン人男性十数人が入国警備官らから暴行を受けるという事件が発生した。その中の一人であるアムジャディさんは、暴行の結果、「第一腰椎圧迫骨折」等の重傷を負った。

アムジャディさんが暴行を受ける二日ほど前、同庁舎収容場はイラン人の抗議の声で騒然としていた。収容場の通路でイラン人男性一人が入国警備官から目をひどく殴られ怪我をするという事件があり、この事件を目撃した多数のイラン人男性被収容者がこれに抗議したのである。入管側は、第二庁舎全警備官を集め、制圧に乗り出し、首謀者と目されたアムジャディさんを含む三人のイラン人男性を居室から引きずり出した。そして後ろ手錠をかけると、通路を引きずるように連れて行きながら、頭、手、足、顔などに殴る蹴るの暴行を加えた。そして別室（控え室）に連れて行き、そこでさらに執拗な暴行を加えた。後ろ手錠をかけられ、もはや抵抗するすべも気力も失った者に、入管の職員らはなお暴力的な制裁を加えつづけた。アムジャディさんはこのとき第一腰椎を骨折した。アムジャディさんとともに連れ出されたナビディさんも含め三名のイラン人が首謀者として制裁を受けた。そしてパンツまで脱がされ、全裸にされて「隔離室」と呼ばれる狭い部屋に放り込まれた。

入管収容施設には被収容者から「スペシャルルーム」と呼ばれ、おそれられている隔離室がある。隔離室とは刑務所や留置場などで「保護室」と呼ばれている部屋と同じような構造と目的を持った部屋だ。自傷や自殺のおそれがあったり、あるいは他の収容者と雑居に置けない者で、二四時間の監視が必要な者を入れておくことが本来の目的の部屋だ。三畳ほどのひどく狭い部屋で、流しやトイレは埋め込まれていて、自傷行為を防ぐために壁や床は出っ張ったところがないように作られている。東京入管第二庁舎の場合、正面にガラス張りの看守職員がいる部屋があり、文字どおり二四時間監視下に置かれている。部屋に埋め込まれたトイレや流しは、自分で水を流すことはできない。用をたしたら看守に合図をして、外からコックをひねって水を流してもらう。本来は懲罰目的で使う部屋ではないのだが、実際には懲罰を目的として利用されている。

この時のイランでの調査では、ナビディさんともお会いしインタビューすることができた。ナビディさんは元入管職員の秋山さんが目撃していた「片足のイラン人」である。アムジャディさん、ナビディさんたち三人は激しい暴行を受けた後、全裸に手錠をされた状態で同じ隔離室にいっしょに放り込まれた。アムジャディさんは特に暴行による傷がひどく、顔は腫れ上がり、鼻はつぶれ、腰をひどく打って身動きできない状態だった。アムジャディさんはこのとき腰椎を骨折していることが後にわかる。ナビディさんはアムジャディさんの様子を見て、入管の職員に、手当てをするように、医者に連れて行くようにと訴える。

しかし職員はそれに応じようとしない。業を煮やしたナビディさんはさらに執拗に抗議を続けた。職員はナビディさんの訴えに耳をかすどころか、騒ぎ立てるナビディさんを再び引きずり出し、さらに暴行を加え、ついに隔離室の鉄格子に手錠でつり下げてしまった。ナビディさんはイラン・イラク戦争で片足を失っていた。そんな彼を、片足でやっと支えられるか支えられないかの状態で、長時間つり下げた。ナビディさんはこのあと数日のうちに退去強制されることになるが、アムジャディさんはこのあとも引き続き隔離室に収容され続けた。その期間は一五日間にも及んだ。

入管側は制圧にあたった職員を証人に出廷させてはいるが、肝心の「控え室で説諭に当たった職員」すなわち暴行を実行した職員の証人出廷については、「人物が特定できない」として一貫して拒否し続けた。

二〇〇一年六月二六日東京地裁判決。内容は「被告（国）は原告に対し、金一〇〇万円を支払え。内訳は三〇万円は弁護士費用。七〇万円が慰謝料」。上記の慰謝料は「手錠の三日間の使用」「隔離室への長期収容の違法性」を認めてのものである。しかし暴行の事実については「有形力の行使はあったものの、暴行があったとはいえない」と被告（国）側の主張を採用した。また入管収容施設内での劣悪な処遇（汚れた毛布や洗面所シャワー室などの不衛生な環境）について、裁判所は「原告の主張を認めるに足る証拠はない」として切り捨てた。

争点のひとつになっていた相互主義（国家賠償法第六条＝外国人が被害者である場合には、相互の保証があるときに限り、これを適用する）については、イランに「国家賠償」に相当する救済システムが認められる、とした弁護団の調査に対して、国側が有効な反論をしなかったので、相互主義はクリアしていると裁判所は判断を示した。

判決は「被告・原告のどちらからも控訴させない」という「バランス」に配慮した結果であるようにみえる。本件が提起している、入管収容施設の有様の真実を見極めようとする姿勢が欠如したものであると言わざるをえない。二〇〇三年東京高等裁判所は、本件控訴を棄却した。

入管収容施設で殺されたミールさんの遺族と会う

一九九八年のイランにおける調査の旅のもう一つの目的は、重要な事件の関係者と面会することにあった。収容施設内で死亡したミールさんの遺族との面会だ。三月二九日にミールさんのお宅を訪ねた。そのとき遺族から受けた説明は以下の通り。

ミールさんのご家族は、ご両親と兄弟姉妹一〇人という大家族である。ミールさんは一九六九年生まれ、中学校卒業後一八歳から二〇歳まで兵役に就いている。一九九一年二二歳の時に日本に入国。日本では本屋や印刷関係の仕事につき、月二四万円ほど稼いでいたという。

ミールさんのご遺体は死後四、五日経ってイランに「帰国」した。すぐに医師による検死を行った。遺体の状況は、右額のところに手の平大の黒い内出血の痕、右脇に警棒の痕のような細長い（幅五センチ、長さ一〇ないし一五センチ）内出血、右腕外側にも右脇腹と同様の痕、右足腿、両膝、右脚、右足甲に紫色の内出血。日本政府から英文の報告書が送られてきた。イラン外務省の依頼を受けてイラン人弁護士二名が日本に調査に行ったが、その報告を遺族は受けていない。私たちは父母に、国家賠償請求のための委任状二通を書いてもらった。

「ミールさん暴行致死事件」。一九九七年八月に東京入管第二庁舎の収容場で、イラン人男性ミールさん（当時二八歳）が死亡した事件をこう呼ぶ。事件発生直後に赤羽警察署が捜査し、傷害致死容疑で入管職員八名を送検したが、東京地検はこれを不起訴処分とした。搬送された病院で撮られた遺体の写真を見ると、体には無数のアザや傷跡が生々しく残っていた。一九九八年一〇月、遺族によって国家賠償を求める訴訟が起こされた。以下は裁判で明らかにされた現場にいた入管職員の証言の要旨である。

「職員らは夜中にライターを使用したという規則違反を説諭するために、深夜ミールを居室から出し、別室に連れて行った。この件に立ち会っていた警備官は五人。別室で金属手錠を後ろ手にかけ、皮手錠で固定し、足は捕縄で縛り付けた。足を縛った捕縄を手錠に回し、引き絞って、エビぞりにした。次に毛布でくるみ、さらに縄を巻き付け、す巻き状態にした。その状態で隔離室に連れて行き、横たえた。隔離室で上半身を起こそうとしたところ、ミール自ら飛び跳ねて、頭を打って死亡した」

せまい隔離室にす巻きにされたミールさんを囲んで五人の警備官がいたのに、だれひとり彼が頭を打った瞬間を見ていないと入管側が主張しているのは極めて不可解である。また、死因は頭頂部から垂直方向の力が加わっての頸椎脱臼とのことであったが、誰がどう考えても上記のようにぐるぐる巻きにされた状態で、自らエビぞりのようにして頭頂部を垂直に打って死ぬなどということは不可能なことである。原告弁護団は、ミールさんが入管職員の暴行によって死に至らしめられたこと、仮に入管職員による暴行が認められないとしても、国には安全配慮義務違反があるとした。

二〇〇二年二月一六日東京地裁の判決では、入管側の「入管職員による死に至らしめるような暴行は認められない。自損行為によって死亡したものである」という言い分をそのまま採用した。また、安全配慮義務違反についての判決では、ミールさんが取った「自損行為は通常の予測の範囲を超えている」ということを根拠に、安全義務違反の主張を排斥した。原告は東京高裁に控訴した。

その後、弁護団は、同じ収容場にいた別のイラン人男性（三六歳）から、ミールさんが暴行を受けた様子を目撃した新たな証言を得た。弁護団の聞き取りに対し、男性は次のように証言している。「二人の職員が背中に乗ってミールさんに後ろ手錠をかけた。一人は太っていてひげを生やし、もう一人は身長一七五センチぐらいでがっしりしていた」。皮手錠の使用の様子も詳細に証言。暴行の模様も具体的で、弁護団は「当時ミールさんが着ていた洋服や職員の動き方などの細部の証言が客観状況に一致しており信憑性が高い」と判断した。

さらに、弁護団はす巻きにされたミールさんを職員が共同で抱え上げ、壁に頭からぶつけ死亡させたという推定のもと、二〇〇三年三月、職員八人を不起訴とした東京地検の処分を不服として、東京第二検察審査会に審査を申し立てた。審査会は、「不起訴不相当」の結論を出した。しかしその後、検察は再び不起訴の決定を出した。

国家賠償請求の控訴審で、弁護団は入管側の主張通りに手足を拘束され、エビぞりにした状態で、入管側の主張通り頭頂部を打ち付けられるか、体育学部の学生の協力を得た実験も行っている。筆者はそのときの実験のビデオを閲覧させてもらったが、入管側の主張がいかに非現実的かを実感させる内容であった。

遺族による国家賠償請求裁判、控訴審判決（二〇〇五年一〇月一二日）は再び遺族側が敗訴し、その後上告も棄却された。日本の公務員の手によってなされたとしか考えられない一人のイラン人の死の真相を、司法は稚拙な論理で隠蔽したのだ。最初に電話口で聞いた秋山さんの言葉がよみがえってくる。「殺したっていいんだって先輩たちは言うんです」。このあと筆者は次のように補足しよう。「裁判官が握りつぶしてくれるんだって」。

右記、「ミールさん入管暴行致死事件」については、裁判の経過ごとの報告［アムネスティ編2000;「壁の涙」製作実行委員会編2007;部落解放・人権研究所編2005, 2007、入管問題調査会編1998］などを基にまとめ、担当された鬼束忠則弁護士にご一読いただき、児玉晃一弁護士に加筆・訂正をいただいた。

なお、ミールさんが使われた「皮手錠」は、刑務所など刑事施設で使われていた「革手錠」と同じ。入管の『被収容者処遇規則』（当時）では「皮手錠」と表記されていた。いずれも刑事施設の処遇の改善に伴って、二〇〇三年に廃止され現在は使われていない［高橋2005］。

イラン人の渡日の背景にイラン・イラク戦争

イランでの調査で私たちの通訳・運転手・食事の世話までしてくれたのはイラン人男性のアリさん（仮名）である。

アリさんは九八年一月ごろまで日本で超過滞在の状態で働いていた労働者である。私はアリさんと寝起きをともにしながら、アリさんがなぜ日本で働くことになったのか、その理由を聞いてみた。アリさんは一九六七年にテヘランで生まれた。一一歳のときにイラン革命（一九七九年）を経験した。一二歳のころからイラン・イラク戦争が始まり、八年間続いた。彼は一五歳のときと一九歳のときの二回、志願兵として戦場に行っている。車の運転が好きだった彼は、戦地では兵士を運ぶトラックの運転をしたという。二三歳のとき（一九九一年）、彼は日本に就労目的で渡ってきた。当時、革命に続く戦争を経て、イランの経済はガタガタで、誰しもが「日本へ働きに行こう」と沸き返っていたという。

「なぜ日本への出稼ぎが急にブームになったの？」と私はアリさんに質問してみた。「たぶん誰か日本に行って成功した人がいたんでしょう。それに当時日本へはビザなしで渡航できたからね」。こうしてアリさんは一九九一年からの「あの時期」の七年間、日本に滞在し、町工場の職人や土方などをして働いた。

アリさんは日本滞在中の七年間に、日本人の若者に路上で襲撃されたことがあり、職場では行く先々五回の賃金未払いに遭い、日本人にお金をだまし取られたこともある。大病で苦しんだこともあった。「お金がかかるので病院に行かなかった。脱腸になり、国からコルセットを取り寄せて、痛いのをこらえて働いた。日本での生活は寂しくてつらくて、戦争より大変だった」とアリさんは語る。そう、銃や戦車や戦闘機もなかったけれど「アリさんが日本にいた七年間、イラン人と日本社会は静かに戦争をしていたんだ」と私は思った。

5　信じがたい蛮行の数々

過剰収容となった入管収容施設

先に述べたように一九八〇年代、増え続けた外国人労働者（オーバーステイ）はバブル経済の崩壊とともに「用済み」になった。その後始末を任されたのが警察・入管当局だったと見ることができる。外国人＝犯罪者のレッテルを貼りながら摘発を強化したのだ。その結果、入管収容施設がその許容定員をはるかに超えた過剰収容状態となった。法務省入管局警備課長の加澤正樹は九四年一二月一三日に行った記者会見で、当時の東京入管の収容人数を次のように語っている。

「平成二年（九〇年）の東京入管第二庁舎の収容人員はそれまでの三四人から二〇〇人に急増した。さらに平成五年（九三年）には四五〇人に増えている」［入管問題調査会編 1996: 128-137］。

私たちのインタビュー調査の記録を見ても当時（一九九三年）の入管は過剰収容状態となっている。たとえば東京入管第二庁舎で収容された複数の元収容者は「一五畳ぐらいの居室に二五名が詰め込んで収容された」と語っている。九三年四〜七月、東京入管第二庁舎に勤務していた元入管職員の秋山さんも、このころの東京入管での労働条件について次のように語っている。

「労働時間については、就職前に聞いていた話と大きく違っていた。正規の勤務時間は午前九時から午後五時までだ。しかし収容者からの『手紙を出したい』だとか『これを届けてほしい』だとかの要望を聞いていると、どうしても帰りが遅くなる。どんなに早くても午後七時、帰りが一〇時半を回ることもしょっちゅうだった。収容者への暴行は職員のストレスのはけ口になっているかもしれない。仕事量のわりには職員数は足りなすぎる。警備官の労働条件が改善されなければ、当然収容者への処遇も改善されないだろう」

このような背景の中で、職員による被収容者へのリンチ事件や女性被収容者への性的な嫌がらせ、レイプなどが多発した形跡がある。

元入管職員の証言が伝えた入管職員の外国人観

元入管職員の秋山さんは「スペシャルルーム」と呼ばれる隔離室の中で、後ろ手の手錠のまま転がされて放置されたり、手錠で吊されたりした片足のイラン人や、頭から血を流したり、殴られて鼻がつぶれたりした被収容者を目撃している。「あなたなぜパンチ、あなた、そんな権利ない！」と叫ぶ声や、人を殴りつける音、うめき声や悲鳴を壁越しに何回となく聞いた。

「正座させた状態で胸を蹴る。当然倒れる。そこのところを『誰が寝ていいと言った！』とどなりつけ、蹴りつける。ニヤニヤ笑いながら蹴りつけたり、殴りつけたりする職員もいます。まったく変態的な感じがします。このように別室で暴行することを『しめる』と言っています。『しめる』ときは四～五人の警備官が、収容者一人を相手にやることが多い。一対一でやることはない。自分の暴行した『成果』を、自慢する職員もいる。『殺すぞ！』『骨になって帰るか？』などと言いながら暴行を加えています。腹を蹴りつけられて、『糞を漏らした』収容者もいて、この話は後々まで蹴りつけた職員の自慢話でした」

問題は、以上のような暴行が日常的に行われていたことにとどまらない。暴行が入管という職場の職員集団の中でどう位置付けられていたかを見ていく必要がある。まず上司は現場の警備官のこうした暴行を基本的には見てみぬふりをしていたということである。被収容者を居室から連れ出すには、上司の許可が必要なはずである。被収容者を居室から連れ出し、しばしば暴行を加えていたことは職員の間で周知の事実であったから、上司は現場警備官が何をしようとしているかは十分承知のうえで許可を出したということになる。

上司は、あまり暴行が度を過ぎる場合は「やりすぎるな」とたしなめていたこともあったという。また現場警備官は「なめられるとこっちがやられてしまう」という恐怖感をつねに持ち続けていた。したがって、自分は暴行を加えない者も、こうした暴行を実行できる一部の仲間に「頼っている」構造が見えてくる。「外国人は皮膚病などの病気を持っているから、彼らと接触したら、手で目をこするな！」と現場警備官は先輩職員から指導されていたという。仕事で被収容者と接触した後は、手を消毒するように言われていて、収容施設の中に職員用の消毒薬が常設されていた。「恐怖感」と「不潔感」、これが職員が持っていた（持たされていた）外国人観だった。

「入管職員の誰も彼もが、暴力を振るっているとか、そうした暴力を支持しているとは思わないでくださいね」と秋山さんは言う。「勤め始めた職員は、次の三つのうちの一つを選ぶことになる。『暴行には一切無関心、自分には関係のないこと。仕事は仕事として割り切って続ける。こういう人は外国人に暴行を加えることはしない』。『異常な世界にはまり込んでいく。自ら暴行を加えるように変わっていく』。『耐えられなくなって退職する』」［入管問題調査会編 1996: 140］。

当時（九四年）、在留資格のない人々は三〇万人以上いたと言われている。対する警備官の全国数は当時七八二名。一握りの入管職員が、簡単に追い帰せる数ではなかった。

壁の中で生まれた――親子三代収容事件

もう一つ事例を紹介したい。中国人の親子三代が収容され、生まれたばかりの子どもまで施設内に囚われ続けたという事件である。逮捕・勾留・収容の全期間は一九九六年一月一八日〜九八年一月一六日である。実際には拘置所の中で産まれたわけではなく、正確には出産のため母親の勾留が停止され、彼女は病院に入院し、そこで出産した。一九九七年裁判判決後、入管に移され祖母・母・新生児の収容は続いた。

この事件については担当の関聡介弁護士が、「中国人親子3代収容事件」［関 1997］、とその続報［関 1998］ならびに「国際人権規約B規約カウンターレポート」［入管問題調査会編 1998］に詳細に記載している。筆者は仮放免後、母親から入管収容施設の体験部分の聞き取りを行い記録した［高橋 1998］。

左の文章はこの筆者の聞き取り記録の抜粋である。

名古屋入管で、子どもが皮膚病になる

名古屋入管に移された。その日の夜、私は自殺しようと思った。次の日弁護士さんが面会に来てくれた。「私たちを助けて下さい。この場所は子どものいるところではない」とお願いした。ここに私たちは三六日間いた。もし子どもがいなかったら、私は自殺していたかもしれない。私たちが収容された雑居房は八畳か九畳以内の広さで、八人用の部屋だったと思う。私たちがいた時は、とても混んでいて、そこに一二～一三人収容されていた。

トイレの前は板の床だったが、そこに寝る人もいた。テレビもクーラーもついていなかった。五月だったが、窓を開けることもできず、非常に暑かった。朝八時から夜の九時までタバコが吸い放題で、換気も悪くいやだった。居室には換気扇はついていなかった。窓は開けられない。誰かがいたずらして窓を開けると、警報が鳴って、看守のセンセイ（警備官）が飛んでくる。シャワーを浴びる時間に子どもの時間を配慮してくれなかったのは、名古屋入管だけであった。名古屋入管に行ってから赤ん坊の皮膚病がひどくなった。沐浴もさせてもらえず、お湯がもらえなかったので、赤ちゃんを水で洗ったりした。六月四日に娘の体温が異常に高くなり、軀の赤い斑点に気づいたので、娘の健康診断と予防注射を受けさせたいという申請をした。「自分でお金を払うなら認められる」と言われた。「子どもの健康がなによりも大事なので、早く病院に連れていってほしい。私がお金を払う」と頼んだ。ところが、六月一〇日に担当官から、「子どもが病院に行くことは弁護士を待たなければならない、弁護士は六月一七日に来る」という返事を告知された。何度もお願いしやっと病院に行けたの

郵便はがき

料金受取人払郵便

神田局
承認

7846

差出有効期間
2024年6月
30日まで

切手を貼らずに
お出し下さい。

1 0 1 - 8 7 9 6

5 3 7

【受 取 人】

東京都千代田区外神田6-9-5

株式会社 **明石書店** 読者通信係 行

お買い上げ、ありがとうございました。
今後の出版物の参考といたしたく、ご記入、ご投函いただければ幸いに存じます。

ふりがな お 名 前	年齢	性別

ご 住 所 〒 -

TEL ( ) FAX ( )

メールアドレス	ご職業（または学校名）

*図書目録のご希望 □ある □ない	*ジャンル別などのご案内（不定期）のご希望 □ある：ジャンル（ □ない

籍のタイトル

本書を何でお知りになりましたか？

□新聞・雑誌の広告…掲載紙誌名[ ]
□書評・紹介記事……掲載紙誌名[ ]
□店頭で □知人のすすめ □弊社からの案内 □弊社ホームページ
□ネット書店 [ ] □その他[ ]

本書についてのご意見・ご感想

■定　価 □安い（満足） □ほどほど □高い（不満）
■カバーデザイン □良い □ふつう □悪い・ふさわしくない
■内　容 □良い □ふつう □期待はずれ
■その他お気づきの点、ご質問、ご感想など、ご自由にお書き下さい。

◆本書をお買い上げの書店
[市・区・町・村 書店 店]

◆今後どのような書籍をお望みですか？
今関心をお持ちのテーマ・人・ジャンル、また翻訳希望の本など、何でもお書き下さい。

◆ご購読紙 (1)朝日 (2)読売 (3)毎日 (4)日経 (5)その他[新聞]
◆定期ご購読の雑誌 [ ]

ご協力ありがとうございました。

ご意見などを弊社ホームページなどでご紹介させていただくことがあります。 □諾 □否

◆ご 注 文 書◆ このハガキで弊社刊行物をご注文いただけます。
□ご指定の書店でお受取り……下欄に書店名と所在地域、わかれば電話番号をご記入下さい。
□代金引換郵便にてお受取り…送料＋手数料として500円かかります(表記ご住所宛のみ)。

	冊
	冊

ご指定の書店・支店名	書店の所在地域 都・道 府・県 市・区 町・村
	書店の電話番号 （ ）

は六月一二日になってからだった。

東京入管で大やけどを負う

東京入管に移送後、接見を行った弁護士は次のように語っている。

「一時間に及ぶ接見の間中、子どもは泣くことも、また笑うこともせず、静かにしていた。それはあまりに子どもらしくない姿だった。収容場の居室で熱湯の入ったポットを倒して、彼女（子ども）の足に熱湯がかかってひどいやけどを負った。それでもその子どもは泣くことはなかったという。そのやけどの跡は今もあの子の足に残っている」

空港で上陸拒否のうえ暴行を受ける

成田空港など空港での入国審査で上陸拒否された場合、その人の身柄を本国に送り返す責任は航空会社が持つことになっている。日本の国内でありながら、上陸が許可されていないので入管の管轄外となり、代わりに「連れてきた航空会社が責任を持て」というわけである。直接的な送還業務は、航空会社と契約している警備会社が受け持ち、その際「被上陸拒否者」の身体拘束をする施設を当時「上陸防止施設」（現在の「出国待機施設」）と呼んだ。

二〇〇〇年六月二〇日、観光目的で来日した二〇歳代のチュニジア人男性二名が成田空港に到着した。入国目的を疑われ上陸拒否をされ、退去命令を出された。送還まで五日間留め置かれることになり、第二ターミナルビル内にある上陸防止施設に移されることになった。移送の途中この警備会社から「警備料」「食費」名目の金員を請求され、これを拒否したところ、警備会社職員は二人を外に連れ出し、警備会社の事務室に連行し、そこで殴る蹴るの暴行を加え六〇〇米ドルを喝取したのである。

私たちはこの事件をきっかけに上陸拒否・上陸防止施設の問題を知ることになる。チュニジア人事件の顚末や、上陸拒否に関わる手続き、上陸防止施設については、担当された関聡介弁護士が詳細に記されているので、参照されたい［入管問題調査会編 2001］。

上陸段階の審査・上陸拒否は、日本に庇護を求める難民申請者にとって深刻な問題である。右記事件に先立って、一九九八年には難民申請者が九カ月間、上陸防止施設に留め置かれる事件も発生している。難民申請者との面会のため上陸防止施設に行った渡邉彰悟弁護士は、「入国時に庇護を求める人たちを収容するというのは国際的なスタンダードに違反します」とし、日本の難民制度の概要を述べ、日本を「難民がさらに難民になる国」と断じている［渡邉 1998］。

また上陸施設の人権状況について、アムネスティ・インターナショナルより勧告が出されていて、当時の出来事も含め詳しく解説されている［アムネスティ・インターナショナル編 2002］。

6　強制収容される子どもたち

移民社会への歩みと強制収容・強制送還される子どもたち

一九七〇年代の後半から受入れの始まったインドシナ難民はその後、日本への家族呼び寄せも進んでいった。八〇~九〇年ごろ「観光」や「留学」で入国、超過滞在で働き続けた外国人労働者たちも、二〇〇〇年代の初頭にかけてさまざまな方法で在留資格を取得していった。一九八九年の入管法改定（翌九〇年施行）で、政策的に労働力として呼び寄せられた日系人とその家族、すでに帰国の始まっていた中国残留邦人は、九四年に施行された「中国残留邦人支援法」[2]により国費での帰国や子どもたちを含む家族の呼び寄せが促された。

こうしてこの頃、八〇年代後半から九〇年代に入ると、私の本業（高校教師）である学校現場にも、さまざまな文化的背景を持った子どもたちが、日本人の子どもたちと机を並べて学ぶようになっていった。子どもたちの中には、生まれながらオーバーステイで在留資格を持たなかったり、在留資格が取り消されたりする子などがいて、家族ごと摘発され、収容され、強制送還されることが一九九〇年代後半には起き始めていた。

そして一九九九年、外国人支援団体のＡＰＦＳ（Asian People's Friendship Society）により、オーバーステイ家族の一斉出頭により在留特別許可を求める取組みも開始された［渡戸ほか編 2007; 筑波 2000］。当時、摘発された家族の子どもたちは入管収容施設に収容されるのが当たり前だったこともあり、「在留特別許可」を求める取組みは、入管収容問題の取組みとつながりながら発展していった［外国人の子どもたちの「在留資格問題」連絡会編 2004; 全国在日外国人教育研究協議会 2002］。

子どもたちの摘発、収容、強制送還を止める取組み――とよなか国際交流協会

一九九九年一二月一五日、大阪の「財団法人とよなか国際交流協会」は、特筆すべきユニー

クな事業を提案した。それは入管による子どもの摘発・収容・強制送還に焦点を当てたもので、周到に準備され、全国のさまざまな団体への働きかけも行われた。

事業名は「すべての子どもの発達および教育を受ける権利を守るためのネットワーク」である。この事業名を見ただけでは、なにを目的とした事業かわからない。以下、呼びかけ文の「趣旨・背景」の骨子を要約する。

「学校教育現場で、多文化な子どもたちが受け入れられるようになっています。しかし最近こうした子どもたちの悲痛な声を聞いています。それは、在留資格違反の疑いにより、入国管理局が一斉に調査し、有無を言わさずに一家全員を着の身着のままで入管収容施設に収容し、違反審査をするというものです。そして多くの場合は、異議申し立てをするいとまもなく退去強制手続きを執り、数日後には帰国させるというものです」。そしてこの趣旨のもと、次の①と②の事業を提案し、各方面へのネットワーク参加の署名を集めた。

① 私たち子どもの教育に関わる者（地域市民）は、地域でくらすすべての子どもがその国籍や合法性を問わず、その生存と発達を最大限に確保され、その成長過程のあらゆる場面において、最大の配慮と裁量をともなった教育的処遇がされる社会の実現のために働きかけていきます。

＊「子どもの権利条約　第二条（差別の禁止）　第三条（子どもの最善の利益の考慮）　第六条（生命・生存・発達の保障）　第二八条（教育への権利）　第二九条（教育の目的）」

②　私たち子どもの教育に関わる者（地域市民）は、地域でくらすすべての子どもが一人の人間として尊重されるため、特に社会的に弱い立場に置かれた子どもに対する国家権力による処遇については、その人格が傷つけられることがないよう、完全な情報公開がされること、または第三者が立ち会うことができるように求めます。

＊「子どもの権利条約　第一二条（意見表明権）　第三七条（自由を奪われた子どもの適正な扱い）、自由を奪われた少年の保護のための国際規則（自由規則）国際人権規約第四回日本政府報告書審査」

署名の呼びかけは二〇〇〇年三月三一日まで行われ、集約された署名は一万一三八〇名、一二三の後援機関・団体に及んだ。署名簿と団体名簿を持って、主催者は外務省、文部省、法務省、厚生省を訪問し（二〇〇〇年三月二八日）、各担当者に「三〇～六〇分お話をさせていただきました」［とよなか国際交流協会 2000: 15］。

この時の各省庁とのやりとりは、大変興味深いので協会のまとめた報告を参照されたい［とよなか国際交流協会 2000］。賛同した後援機関・団体のリストは圧巻で、協会がこの事業にかなりの精力で取り組んだ意気込みを感じることができる。一種の「嘆願署名集め」といえるかもしれないが、事業の企画自体は「嘆願署名」の形態をとっていないところがユニークなところで、そのインパクトは単なる署名集めをはるかにしのいでいた［榎井ほか 2000］。

榎井縁さんはコラム「『すべての子どもの発達および教育を受ける権利』を守るためのネットワーク事業」［榎井 2007］を書かれているので参照されたい。

子どもたちがいなくなったその日

摘発された子どもたちが、入管収容施設に収容されている。子どもたちが収容施設の中でどのように扱われているかを知りたい。こう考えているとき、ある支援者から二〇〇一年末ごろ子どもたち四人を含む家族が収容された事件を支援しているとの発信があった。二〇〇二年七月ごろ支援者と連絡を取り、子どもたちや、担任の先生たちから聞き取りを行った。

二〇〇二年八月、学校の教員より筆者聞き取り

月曜日の朝。小学校と中学校の担任や日本語指導担当の先生は、学校に子どもたちが来ていないことに気づき、自宅はもちろん、母親の職場や、身元保証人である祖父宅にも連絡をいれた。しかし、すでに不在で、所在がつかめなかった。親戚の家に電話したところ、はっきりしたことは分からないが、どうも入管に連れて行かれたらしい、とのこと。学校の日本語指導担当教師が、地元の入管出張所に駆けつけた。そこで、祖父母とも会う。入管出張所の職員も分からない。地方入管本局に駆けつけた。入管につくも、身元保証人である祖父母さえも面会できず、もちろん通訳の措置もなかった。結局、学校への連絡もなかった。毎日面会を求めて入管に行くが、水曜日の午後やっと弁護士が面会できただけだった。それまでは「取り調べ」を理由に、一切誰とも会わせてくれなかった。それどころか、弁護士が面会した時点で、すでに、「放棄書」(どういう書類か未確認、筆者)にサインさせられていた。

二〇〇二年八月、子どもたちから筆者聞き取り

二〇〇一年収容当時の年齢は一二歳、一六歳、一七歳、一七歳である。うち、一六歳と一七歳の三人は指紋を採られ身体検査をされた。指紋採取をいやがって抵抗したが、手を引っ張って、一〇指とも指紋を採られた。女児に対する身体検査は女性の職員によって行われた。着ている物を脱ぐように言われた。ブラジャーとパンツの着用は許された。身体のあちこちを丹念に見て、傷がないか調べて記録していた。身体の検査があった後、顔写真を撮られた。特に収容生活について口頭で注意事項はなかった。

居室の壁に「逃げてはいけない」「何時に起きる」「掃除の時間」「ご飯の時間」「運動について」などが書かれた紙が貼ってあった。その紙には、権利については書かれていなかった。電話をかけられるとか、手紙を書くことができるとか、大使館の人を呼ぶことができるとか、弁護士を呼ぶことができるとか、説明されたり、紙に書いてあったりすることはなかった。何か収容生活で不満があったら、所長に直接会って、申し立てができる、ということについて説明されることもなかった。

シャワーは週三回。月・水・金曜日。時間は五分～一〇分だけ。とても体を洗うことができない時間だ。職員によってシャワーを使わせてもらえる時間が違った。生理用品は施設内でも買えたが、小さくて使い物にならなかった。トイレットペーパーを代用に使ったりすることもあったが、その後支援者から差し入れてもらった。最年少一二歳の子は、収容から二～三日目ごろに熱を出した。

表1　年齢別子ども（18歳未満）の収容状況

<table>
<tr><th></th><th>1999年</th><th>2000年</th><th>2001年</th><th>2002年</th><th>2003年</th><th>2004年</th></tr>
<tr><td>6歳未満</td><td>117</td><td>133</td><td>216</td><td>148</td><td>118</td><td>187</td></tr>
<tr><td>～12歳未満</td><td>38</td><td>44</td><td>124</td><td rowspan="2">52</td><td rowspan="2">47</td><td rowspan="2">94</td></tr>
<tr><td>～15歳未満</td><td>24</td><td>22</td><td>27</td></tr>
<tr><td>～18歳未満</td><td>119</td><td>74</td><td>122</td><td>69</td><td>59</td><td>63</td></tr>
<tr><td>計</td><td>298</td><td>273</td><td>489</td><td>269</td><td>224</td><td>344</td></tr>
</table>

出所：2002年北川れん子衆議院議員、2005年福島みずほ参議院議員の資料請求によって開示された法務省入国管理局資料

表2　収容期間別子ども（18歳未満）の収容状況

	1999年	2000年	2001年	2002年	2003年	2004年
～10日未満	192	203	311	230	195	312
～50日未満	55	64	138	30	24	26
～100日未満	36	5	18	6	5	4
～150日未満	9	1	19	2	-	1
～200日未満	6	-	2	1	-	-
200日以上	-	-	1	-	-	1
計	298	273	489	269	224	344

出所：2002年北川れん子衆議院議員、2005年福島みずほ参議院議員の資料請求によって開示された法務省入国管理局資料

摘発・取り調べ・収容――犯罪者扱いされる子どもたち

右記の事例を含め、摘発時の様子がわかっている事例から、子どもたちが摘発と収容時点でどういう扱いをされたかを整理する。

摘発にあたって入管は、通訳を同行しない場合が少なくない。多くの家庭では、親よりも子どもの方が日本語に堪能になっており、摘発の場面で子どもが通訳の代わりをさせられる。つまり親の入管法違反について、子どもの口から語らせる。一方、入管は摘発時点で学校や親戚などには連絡をさせない。だから学校側は、突然家族ぐるみの行方不明に大あわてになる場合もある。事態が知られてくると、学校のクラスメイトは当該の子どもが犯罪者として摘発されたとの印象を強く持つようになる。

摘発後、入管の警備官はただちに違反調査を行う。一八歳以下の子どもも違反調査の対象である。つまりこのことは、子どもも入管手続き上「入管法違反者」として取り扱われていることを意味する。収容にあたって、子どもたちも男女問わず下着一枚になって身体の傷跡等の記録がとられる。また一六歳未満を除き、指紋の採取や、写真撮影もされる。収容は大人たちといっしょに雑居房に収容されることが多い〔外国人の子どもたちの「在留資格問題」連絡会編 2004〕。

二〇〇〇年代の後半以降、家族ぐるみの在留特別許可が進み、また摘発後も入管は子どもを入管収容施設に収容する代替として、仮放免、児童相談所への「収容」という運用がとられるようになっていった。子どもの収容は止まったのだろうか？　入管収容問題はいまだ改善されることなく、入管は現在も「全件収容」を建前としている点は変わっていない。

7　解決への糸口

自由権規約第四回日本審査へカウンターレポート（一九九八年）

一九九八年一〇月二八・二九日の両日、「市民的及び政治的権利に関する国際規約（自由権規約）第四回日本政府報告審査」が行われることになった。

日本の人権状況が「自由権規約」という世界的な基準をもとに審査される。これまで、死刑、代用監獄、差別問題など日本における多くの人権侵害に光を当ててきたこの審査に、私たちは今まで一度も話題にあがらなかった「ニューカン」問題を持ち込みたい、と考えた。そして、入管問題についてはほとんど言及のない政府報告書に対する「カウンターレポート」を作成し、これをもとにロビー活動を行った。

入管問題調査会からは石井宏明さん、西村吉世江さん、石川えりさんが私たちの作成したカウンターレポートを携えて、現地に入り精力的にロビー活動を行った。その結果、同年一一月五日に採択された最終所見に、初めて具体的に入管問題が取り上げられることとなった。

石川えりさんが帰国後、私たちにしてくれた報告会は印象深いものだった。入管問題調査会のニュースレターのために書き起こしてくれた彼女の当時の報告文も生き生きとして臨場感があふれている。この最終所見の成果を踏まえ、私たちに入管問題調査会の政策提言をまとめていこうという気概が生まれた。

以下、『入管問題調査会ニュースレター』に掲載された石川さんの報告〔石川 1999a〕と、最終所見の入管に言及した部分を記した。なお、石川さんの報告「ジュネーブでの発見」は、「規約人権委員会の見解紹介」にも記されている〔国際人権NGOネットワーク編 1999; 石川 1999b, 1999c〕。

石川えりさんの報告

まず、日本から来たNGOは、一〇月一三日の会期前作業部会の「NGOからの口頭情報提供」の場にて、それぞれの問題を発表した。参加委員は二人というかなり寂しい状況であったが、アムネスティ・インターナショナル、ベルギー人権連盟の参加もあり、まさに国際機関でロビイングをしている、という緊張感があった。入管問題調査会は五分間の時間をもらって、「日本の入管問題と自由権規約」という法的な分析ではなく、「ミール氏に対する暴行事件」という具体的事例を中心に発言した。また、ミール氏への暴行と思われる生々しい傷跡が残る検死写真のカラーコピーも配った。委員の一人はかなり関心を示してくれたようだった。

ここでの議論も取り入れた質問リストが一〇月一九日に採択され、審査を控えた各国政府に送付された。委員の一人が関心を示してくれたにもかかわらず、入管問題は日本の質問リストの中にはほとんど盛り込まれず、最後の最後に「入管」という言葉を委員から聞くまで、かなりやきもきすることとなった。また、他の国の審査と並行してマスコミ各社にアポイントをとり、入管について話を聞いてもらう、ということを毎日のように繰り返した。

次に一〇月二三日、日本のNGOでお昼休みを利用し、規約人権委員を招いて共同ロビイング（ランチ・ミーティング）を行った。各団体プレゼンテーションは五分間という限られた時間ではあったが、全体的には「非常にまとまっている」（アムネスティ・インターナショナル国連担当ダグマー・ウォーカー氏）会を持つことができた。入管問題調査会からは、日本の入管制度の閉鎖性、独立の監視機構の欠如に絞って説明を行った。

そしていよいよ、一〇月二八・二九日に日本政府の審査となった。全体で六省庁より二〇人を派遣した大政府代表団と、会議場を埋め尽くすほどの大NGO団（ほとんどが日本から）が審議を見守った。開会が宣言され、一八人の委員の口火を切って発言されたインドのバグワティ委員によって、日本の入管収容施設における虐待が問題にされた。その後もフィンランドのシャイネン委員によって収容の合理性、相当性を判断しない恣意的収容が問題にされた。日本の入管問題が、国際的な場で言及された瞬間だった。しかし、それで日本政府の態度が一変するわけもなく、「論点をずらしているのではないか」と疑われる国会答弁のような返答にいらいらさせられた。また、「私もNGO（入管問題調査会）のレポートは読みましたが、事実と異なることばかりで……」という返答には、驚いて飛び上がりそうになった。と同時に「やっぱりなあ」という気もした。しかし、国内とは違った反応、結論が出てきたことも確かで、入管問題に関しても暴行事件の存在を少しは認める発言がみられたことに尺度の違いを実感することができた。日本の審査で口答の指摘を受けた後は、やはり最後の審査のまとめである「最終見解」に「ニューカン」を入れてほしい、と思う。そこで、入管問題に関して「最終所見案」を作り、とりまとめをしている委員に提出した。

最終所見

日本の審査を終えて、文書にて採択された最終所見。入管問題については、二カ所で以下のように直接言及されている。

- そのなかでも特に委員会は、警察や入国管理官による虐待に関する苦情申し立てが調査や是正を求めて持ち込まれるような独立した機関が存在しないことを懸念する。委員会は、締約国によってそのような独立した組織または担当者が遅滞なく設置されることを勧告する。

・委員会は、入国管理手続き（訳注＝退去強制手続き）の決定が出るまでの間に収容されている人々への暴行やセクシャルハラスメントに関する苦情申し立てに関して懸念を有する。これには苛酷な収容状態、手錠の使用、隔離室への収容が含まれる。入国管理施設に収容された人々は六カ月まで、いくつかのケースでは二年間にもわたって収容期間が延長されている。委員会は、締約国が収容の状態を再調査し、必要ならば規約第七条及び第九条に沿った状態とするような措置をとることを勧告する。

（国際人権ＮＧＯネットワーク訳）

入管問題調査会の政策提言

入管問題調査会では一九九九年二月六～七日に合宿を行い、右記規約人権委員会の見解を踏まえ、政策提言の作成に本格的に着手した。合宿に参加した弁護士は現在も入管収容問題や、難民問題、外国人問題に取り組んでいる方々である。また、難民問題に取り組んでいるアムネスティ・インターナショナルの方、滞日外国人と連帯する会（ＳＯＬ）など外国人支援に携わってくださっている方たちも参加した。

合宿一日目ではまず当会代表の鬼束弁護士から、退去強制手続きの概要、入管収容施設での処遇の現状と問題点などの整理が行われ、提言の骨子として、①第三者機関の早急な設置、②本人記録の開示請求権の創設、③処遇細則、通達（被収容者に影響を及ぼす通達が多数ある）などの内部規則の原則公開、④処遇規則の法制化などが確認された。

事務局の石井宏明さんからは、難民に関しての問題点が整理された。①上陸防止施設における収容、②難民申請者の収容、③ＵＮＨＣＲ認定者の収容問題。

さらに難民に関してアムネスティ・インターナショナル大阪支部の筒井志保さんから、難民に対してどのようにアクセスすべきか、審査の問題と認定手続きの適正化、最初の申請の担保（申請後の一時上陸許可）などについて、諸外国を事例とした意見が述べられた。

また合宿の二日目には、石井さんと筒井さんから難民支援の新団体「難民支援協会」についての紹介。児玉晃一弁護士からは東京弁護士会の外国人人権救済センター運営委員会作成の入管法一部改正試案についての説明があった。その後「情報公開」「収容」「収容施設内での処遇」の三つのグループに分かれて討議をした。

以上二日間の検討をまとめたものをもとに、入管問題調査会定例会で検討の上「入管行政の改善に向けた提言」としてとりまとめた〔入管問題調査会編 1999b〕。なおこの提言は、「外国人・定住と排斥、この10年」〔高橋 1999〕にも掲載されている。[3]

8　おわりに

以上が二〇〇四年ごろまでの入管施設の状況、密室を外からガラス張りにしていく入管問題調査会の活動と、政策提言のとりまとめまでの概要である。ふれることができなかった報告も多く心残りだが、そろそろ私に与えられた紙面はつきた。筆者の入管問題調査会での活動は二〇〇七年ごろまで続く。二〇〇〇〜〇七年ごろの状況については次の書籍を参照されたい。『壁の涙』［「壁の涙」製作実行委員会編 2007］、『人権年鑑』［高橋 2003b-2008］。またこのころから、多くの方が入管収容施設のウォッチングと提言を重ねているが、残念ながら現状の解決に到っていない。しかし、解決に向けてのたくさんの材料、ヒントはすでに明らかになっている。

［参考文献］
アムネスティ・インターナショナル編（2002）『日本へようこそ？——成田空港上陸防止施設における虐待の実態』日本語訳（オリジナルタイトル *Japan: Welcome to Japan?*）
石川えり（1999a）「国連規約人権委員会における日本の締約国報告書 第4回審査とＮＧＯ」『法学セミナー』五三〇号、六五〜六七頁
——（1999b）「ジュネーブでの発見——第64回自由権規約人権委員会を傍聴して」『入管問題調査会ニュースレター』一五、一月号
——（1999c）「規約人権委員会の見解紹介」『入管問題調査会ニュースレター』一六、四月号
内海和男（2000）「大阪入管暴行事件で原告側勝訴」『入管問題調査会ニュースレター』一九、五月号
榎井縁（2007）「『すべての子どもの発達および教育を受ける権利』を守るためのネットワーク事業」渡戸一郎・

鈴木江理子・ＡＰＦＳ編『在留特別許可と日本の移民政策――「移民選別」時代の到来』明石書店、一七四~一七五頁
榎井縁・中津美和（2000）「子どもの収容についての報告」『入管問題調査会ニュースレター』一九、五月号
鬼束忠則（1995）「外国人退去強制手続きの実態」『法学セミナー』四三六号、日本評論社、四六~五〇頁
――（1997）「アムジャディ裁判報告」『入管問題調査会ニュースレター』七、三月号
――（1998）「イラン証言調査日記」『入管問題調査会ニュースレター』一三、七月号
外国人差別ウォッチ・ネットワーク編（2004）『外国人包囲網――「治安悪化」のスケープゴート』現代人文社
――（2008）『外国人包囲網ＰＡＲＴ２――強化される管理システム』現代人文社
外国人の子どもたちの「在留資格問題」連絡会編（2004）『先生！日本《ここ》で学ばせて！――強制送還される子どもたち』現代人文社
「壁の涙」製作実行委員会編（2007）『壁の涙――法務省「外国人収容所」の実態』現代企画室
カラバオの会編（1990）『仲間じゃないか外国人労働者――取り組みの現場から』明石書店
国際人権ＮＧＯネットワーク編（1999）『ウォッチ！規約人権委員会――どこがずれてる？人権の国際基準と日本の現状』日本評論社
関聡介（1997）「中国人親子3代収容事件」『入管問題調査会ニュースレター』一〇、一一月号
――（1998）「中国人母子3代収容事件・続報」『入管問題調査会ニュースレター』一二、四月号
――（1999）「入管手続と国際人権法」『法学セミナー』五三〇号、三三~三五頁
全国在日外国人教育研究協議会（2002）『ストップ！子どもの強制収容・強制送還』
高橋徹（1995）「入管職員による女性収容者への暴行」女性移住労働者リサーチ&アクション編『日本における女性移住労働者の実態と取り組み――ＮＧＯがまとめた北京女性会議への報告書』アジア人労働者問題懇談会、四八~五三頁
――（1998）「親子3代収容事件――名古屋入管収容中1歳誕生日」『入管問題調査会ニュースレター』一三、七月号
――（1999）「外国人・定住と排斥、この10年」『月刊むすぶ』五巻三四一号、三一~四〇頁

――――（2000a）「入管収容所内リンチ事件アムジャディさん国賠裁判」『入管問題調査会ニュースレター』一八、一月号
――――（2000b）「入管施設における拷問――その手口」（社）アムネスティ・インターナショナル日本『アムネスティ人権報告⑨　拷問廃止』明石書店、一七～二二頁
――――（2001）「アムジャディ国賠――また一つ歴史が消されようとしている」『月刊むすぶ』七巻三六七号、一七～一九頁
――――（2002）「入管収容施設での人権侵害」『法学セミナー』五六五号、五六～五七頁
――――（2003a）「入管・難民改定法案をめぐって」『インパクション』一三六号、四三～五〇頁
――――（2003b）「入管収容施設での人権侵害」部落解放・人権研究所編『人権年鑑２００２』解放出版社、一〇三～一〇五頁
――――（2004）「入管収容施設での人権侵害」部落解放・人権研究所編『人権年鑑２００３』解放出版社、五六～五九頁
――――（2005）「入管収容施設での人権侵害」部落解放・人権研究所編『人権年鑑２００４』解放出版社、四二～四五頁
――――（2006）「入管収容施設の被収容者」（社）部落解放・人権研究所編『人権年鑑２００５－２００６』解放出版社、五七～六一頁
――――（2007）「入管収容施設の被収容者」（社）部落解放・人権研究所編『人権年鑑２００７』解放出版社、四五～四九頁
――――（2008）「入管収容施設の被収容者」（社）部落解放・人権研究所編『人権年鑑２００８』解放出版社、五三～五六頁
筑波君枝（2000）「在特申請一斉行動」『入管問題調査会ニュースレター』一九、五月号
とよなか国際交流協会（2000）『すべての子どもの発達および教育を受ける権利を守るためのネットワーク作り事業・最終報告会――参考資料』
西山毅（1994）『東京のキャバブのけむり』径書房

入管問題調査会編（1996）『密室の人権侵害――入国管理局収容施設の実態』現代人文社
――（1997）『強制送還された外国人の証言'95〜'97（第1集）摘発と入管での収容』
――（1998）『自由権規約第4回日本審査における入管問題に関しての報告書』
――（1999a）『強制送還された外国人の証言'95〜'97（第2集）入管・警察・拘置所・裁判』
――（1999b）「入管行政の改善に向けた提言」『入管問題調査会ニュースレター』一六、四月号
――（1999c）「再びイランへ／イラン聞き取り調査報告」『入管問題調査会ニュースレター』一七、七月号
――（2001）『入管収容施設――スウェーデン、オーストリア、連合王国、そして日本』現代人文社
水野彰子（1995）「退去強制手続きと人権侵害――東京入管・中国人女性暴行事件」海渡雄一編『監獄と人権――制度化された隔離と暴力　その改革をめざして』明石書店、一五三〜一七二頁
――（1996）「陶亜萍《タオヤーピン》さん事件報告」『入管問題調査会ニュースレター』五、一〇月号
見津毅（1994）「入管収容所はいま」『社会新報』九月一三日
――（1995）『終止符《ピリオド》からの出発』インパクト出版会
ラフル（1995）「在日外国人アンケート結果――外国人は入管をどうみているか」『法学セミナー』四三六号、三八〜四五頁
渡邉彰悟（1998）「上陸防止施設と日本の難民問題」『入管問題調査会ニュースレター』一四、一〇月号
＊右記以外に「NPO法人移住者と連帯する全国ネットワーク」が発行する情報誌「Migrants Network（Mネット）」には入管関係の情報が多数あるので、参照されたい。

［註］

1　関心のある方は、https://note.com/irtf/n/nf3902703fc5c にアクセスされたい。

2　正式名称は「中国残留邦人等の円滑な帰国促進及び永住帰国後の自立支援に関する法律」。

3　一九九九年四月にとりまとめた入管問題調査会の「入管行政の改善に向けた提言」は、https://note.com/irtf/n/n0b1a5f058b3 からも入手可能である。

Column 3

入管収容で奪われた「もの」

井上晴子

私は、一九八七年八月に中国の黒龍江省で生まれた。一九九八年一〇月、中国残留孤児の祖父に呼び寄せられ、両親と兄の四人で来日し、在留資格「定住者（三年）」を得て、日本での生活を始めた。

二〇〇一年九月、熊本入国管理局に在留期間更新申請の手続きを提出し、その結果を待っていた私たち家族のもとに届いたのは、更新通知ではなく退去強制命令だった。

初めての収容

あの日から既に二一年経過しているが、いまだに忘れることなく鮮明に覚えている。当時私は一四歳、中学校二年生だった。

二〇〇一年一一月五日早朝五時頃、家族みんながまだ熟睡しているとき、突如玄関のチャイムが鳴り響いた。祖母が朝早く来たのかと思った母が、何の疑いもなく外の様子も確認せず玄関のドアを開けると、四〜五人の見知らぬ人が部屋に押し入ってきた。

熟睡中の家族みんなが起こされ、いきなり「退去強制命令が出た。荷物をまとめてついて来なさい」と言われた。日本語を十分理解できない両親が何事だ？ と兄と私に聞いてくるが、私たち兄妹もあまりにも突然の出来事に頭が真っ白になり呆然と立ち尽くしていた。

その間も何度も荷物をまとめるよう催促された。「学校の先生に一言言わなければならないため、電話をさせてください」とお願いするも許されず、「子どもたちは着替えなければならないため、いったん部屋から出て行ってもらえますか」と言っても「このまま着替えなさい」と目の前で着替えさせられ、外部と一切連絡を取り合えないようにつねに見張られていた。

どうすることもできず、言われたままに荷物をまとめ見知らぬ人たちについて行った。家の下に待機していたシャトルバスに乗せられ、そこにはおばさん家族もいた。

こうして私の家族四人とおばさん家族三人計七人はそのまま入管に連れて行かれた。入管に到着後、一人ひとり全身検査を受けることとなった。複数の職員（男女混同）の前で洋服を脱がされ細かくチェックを受けた。何のためにどういう目的で検査を受けなければならないのか理解はできなかったが、抵抗することもできず、ひたすら言われたまま動いた。

その後、私たちはそれぞれ個室に入り十数時間にわたる尋問が始まった。日本に入国した経緯を聞かれ、そして、偽装入国したのだから退去強制命令に従うよう誘導尋問が繰り返された。

長時間の尋問によって、私たちの心身は疲れ果て、それを見計らい日本から退去しますといった文面の書類にサインを書かされた。日本での生活はこれでおしまいだ。私たちの人生もこれで終わりだ。何もかも考えられなくなった状態で収容生活が始まった。

収容期間中の生活

入管収容施設の中はどんな風になっているのか。収容されている人々はどんな生活をしているのか。皆さんはイメージできるだろうか？

かつて収容生活を経験した当事者である私

に言わせると、入管収容施設は「監獄」と変わらないような場所である。施設の中にはたくさんの部屋がある。一つの部屋はおよそ一〇名前後の被収容者たちがいる。その被収容者たちは同じ国籍ではなく、いろんな国籍の人がいる。

部屋から覗くと両側に長い廊下があり、廊下には監視カメラが設置されている。部屋の中はとても簡素で、寝泊まり用の大部屋にトイレだけが併設されている。窓やドアは鉄格子になっており、それまでテレビドラマや映画でしか観たことがない「監獄」と同じというのが第一印象だった。

収容中は自由に行動できず、ご飯の時間や就寝時間、入浴の時間、日光を浴びる日時も細かく決められている。決められた入浴時間を少しでも過ぎると大きな声で怒鳴られ早く出るようにと催促される。もちろん外部と連絡を取り合うことは許されず、多くの時間はボーっと過ごすしかなかった。

時間が経つにつれて精神的なストレスが倍増する。本を読んだり、日記を書いたり、工夫して何かをやり始めないとおかしくなってしまいそうな感じだった。収容から一七日が経ち、二〇〇一年一一月二二日、父を除いた六人に対して仮放免の許可がおり、私たちはいったん帰宅することができた。

二度目の収容

二〇〇一年一二月一四日、仮放免許可の延長のため、私たち六人は入管に出頭した。話を聞かなければならないと言われ、私たちは再度入管の内部に呼ばれた。危険がすぐそばまで来ていることにも気づかず、私たちは親族と学校の先生方に見守られ入管の内部へ入っていった。

その時、背後から十数名の職員（男性）が一気に私たちを捕まえにきた。私は二名の男性職員に両脇を引っ張られ、そのまま収容された。兄と従兄が抵抗しようとすると二〜三名の男性職員が抑え、首を曲げた状態にした。息が徐々にできなくなった兄を見た母がショックで倒れた。

このような職員による「暴力」を受け、私たちの二度目の収容が始まった。再びの収容は私たちから希望の光をすべて奪っていった。もう二度と外に出ることはないと思っていた。再収容から一二日後の一二月二六日、再び仮放免許可が下り、入管収容施設から出ることができた。

けれども残念ながら、今回も父だけ仮放免不許可になった。収容開始から既に一カ月半以上も経っていた。そして、翌二七日、父は長崎県の大村入国管理センターに移送され、一年九カ月にわたる長期収容が始まった。長期収容で、元気だった父は体を壊した。

仮放免後の生活

仮放免の後、兄と私は再び学校に通った。しかし、仮放免の期間中は定期的に入管に出頭しなければならなかった。また県外に行く予定がある場合は、あらかじめ申請し許可を得なければならなかった。

そして入管の出頭日は平日のため、学校を休まなければならないことも多々あった。収容期間中に学習が遅れていることに加え、学校を休むことも増え、学習の遅れを取り戻すのにも一苦労だった。

父が不在の間、母の負担が少しでも減るようにと思い、兄と私は普通高校への進学を諦め、夜間定時制高校に進学することを決めた。そうすれば、日中はアルバイトをして、夜間は勉強を続けることもできると思ったのだ。

中学校卒業式の当日、学校の先生と一緒にアルバイト探しを始めた。簡単にバイト先は見つからないと分かりつつも、たとえ一パーセントの可能性もあればという信念でバイトを探し続けた。時間はかかったものの、幸い雇ってくれるバイト先が見つかり、計画通りに午前中はバイト先で勤務し、夜間は勉強する生活が始まった。でも、それは思ったよりはるかに大変な生活だった。

兄と私は二人とも高校生で一番お金がかかる年頃。父が不在期間中、母一人分の給料で一家の生活を支えなければならなかった。母がどんなに仕事を頑張っても限界があったから、兄と私の学費はなるべく母に負担をかけないように自分たちで頑張ってバイトをして稼いだ。そうしたら、バイトを頑張りすぎてしまい、学校に行くことも疎かになってしまうなど、本末転倒な生活が続いた。

複数のバイトを掛け持ちし、学校を終えた深夜の時間帯もバイトして、みんなで協力しながら家計を支えた。不規則な食生活が続き体調も次第に悪化した。自律神経失調症を患い、眩暈や吐き気など、さまざまな症状が不意に現れるようになった。自由に過ごし遊んでいる周囲の同年代の知人や友人たちを見ると羨ましい限りだった。

失った宝物

収容生活は私たちから多くの「もの」を奪った。私たちの生活、夢、自由、健康、青春、笑顔、人生……。一人の人間として生きていく中でどれもなくてはならない大事なものを、理由もなく強制的に奪われてしまった。

入管は何のために、だれのためにある組織でしょうか？　外国人排除のためにあるのでしょうか？　どんな目的や理由であれ、私たちは犯罪者でもなければ、奴隷でもない。動物でもありません！　尊厳のある生身の人間です！

差別や暴力をなくし人間として平等に接してほしいと切に願う。

第4章　支援者としていかに向き合ってきたか
――始まりは偶然から

周香織

1　難民問題との出会い

難民支援というと難しく思うかもしれない。私は難民問題の専門家でもなければ国際情勢に精通しているわけでもない。父方の祖父母が台湾から来ているため、外国にルーツはあるが、母は日本人で、私の国籍も日本。言葉は日本語しか話せない。自分のルーツへの理解や国際感覚などを持たないまま育った台湾系日本人である。

そんな私が日本で暮らすクルド人難民と偶然出会い、支援活動を始めて一八年が経とうとしている。

始まりは二〇〇四年夏だった。私は三〇歳になっていたが、世界情勢はおろか、日本の社会問題にも関心がなかった。新聞やテレビもまったく見ないばかりか、海外旅行にも行ったことがなかった。

外国には戦争から逃れた難民がいる。難民キャンプで暮らし、苦しい生活を余儀なくされている。それぐらいの知識は何となくあり、お腹をすかせた子どもたちが栄養失調で苦しんでいる写真を見て心が痛み、国連児童基金（ユニセフ）に寄付したこともあった。けれど、難民を助ける活動というものは、国際情勢に精通している研究者や国際機関で働く職員、海外に留学に行くような学生など、特別なスキルを持った志の高い人たちのすることだと考えていた。

私は大学卒業後、東京・秋葉原のパソコンショップに就職し、デジタルカメラ売り場の販売員になった。毎日仕事に行き、週二日の休日は映画館などで過ごす。一生懸命働いてはいたが、社会問題にはまったく無知で、二〇〇一年九月一一日の米中枢同時テロやその後米国が始めたアフガン戦争などで世間が騒いでも、それがどのぐらい大変なことなのか見当もつかなかった。私の日常生活には、一切変化がなかったからである。

東京・青山の国連大学。炎天のもと、クルド人難民の二家族とイラン人青年が難民認定を求めて座り込みをしていた。（撮影2004年9月1日）

一方で、知るべきことを知らないで人生を過ごすことは、後になって「こんなはずではなかった」と後悔するのではないか、誰かこの社会のことや世界のことを自分に分かるように教えてくれないだろうか、といつも心の片隅では思っていた。

そんな折、家の近所の青山の国連大学前で、トルコから来たクルド人難民の二家族とイラン人難民の青年と偶然出会ったのである。これが私の難民支援の始まりである。

2　クルド人難民家族とイラン人難民との出会い

郵便受けにあったチラシ

二〇〇四年夏、東京・青山。ある夜、家の近所にある国連大学の前を歩いていると、広場で座り談笑する外国人たちの姿が目に入った。周囲にはコップや皿が散らばり、テントまである。もう夜一〇時を過ぎているのに子どもたちの遊ぶ姿も見える。どうやらここに住んでいるようだ。

「外国人のホームレスだ」

私はとっさに思った。だが、それ以上気に留めることはなく、そのまま帰宅した。東京・大手町では観測史上最高の三九・五度が記録され、真夏日が連続四〇日。全国的にうだるような酷暑が続き、夏の暑さが話題の年だった。

数日後、自宅の郵便受けを見ると、一枚のチラシが入っていた。B四判を二つ折りにしたチラシ。そこには、今まで見たことのない言葉が並んでいた。

「難民認定を求め　7／13から連続座り込み中　クルド人の2家族12人」

と大きく書いてあり、その下に国連大学前に並ぶ外国人の家族の写真が載っていた。そしていくつかの新聞や雑誌の切り抜き。見出しにはこのような文字が並んでいた。

「座り込み20日　一人入院。幼児二人も不調」

はっとした。この前、見かけた人たちではないか？　チラシには、幼い子どもも座り込みに参加していることや、水も食料も足りないことが書かれていた。自分の家の近所で酷暑の中、辛い思いをしている子どもたちがいる。何もしなくてよいだろうか。子どもたちに取り返しの付かないことが起きたらどうしよう。居ても立ってもいられなくなった。私は翌日、国連大学へ向かった。

「アリガトウゴザイマス」。国連大学前に行き、初めて署名をすると、若い女性が差し迫った表情でそうお礼を言ってくれた。たった一筆だが、少しは役に立てたのかと思うと、嬉しさがこみ上げてきた。もっと何かできるのではないか。そんな思いに駆られた。チラシにあった「水や食べ物が不足している」という一文を思い出し、毎朝おにぎりを握り、凍らせた麦茶と共に差し入れをしようと決めた。

クルド人の二家族とイラン人青年

毎日、おにぎりと麦茶を届けるうち、クルドの家族は私の顔を覚えてくれるようになった。私もたくさんいる家族の顔と名前を徐々に憶えていった。

二家族はトルコから来た「クルド人」という民族で、日本政府に助けを求め難民申請をしているという。

カザンキランさん一家は七人家族。父アフメットさんは「カザンキランさん」と呼ばれ、座り込みの中心的な役割を担っていたので、ここでもそう呼ばせていただく。一家はほかに母サフィエさんと長女ゼリハさん、長男ラマザンさん、次男ムスタファさん、次女ハティジェさん、三女メルジャンさん。

もう一つのドーガンさん一家は、父親、母親、幼い長女と長男、父親の弟の五人家族だった。単身で来ていたイラン人青年は二家族が座り込みをしていると聞き、合流したという。

驚きの連続だった。まず、ほとんどの人が日本語を話していた。私との会話にも問題がなかった。特にカザンキランさんは、日本語、トルコ語、クルド語だけでなく英語も話すことができ、トルコでは大学も卒業していた。長男のラマザンさんは非常に流暢な日本語を話し、たくさんの日本人の友達がいた。ハティジェさんとメルジャンさんは埼玉県の定時制の公立高校に通う高校生で、学校が夏休みなので座り込みに参加。難民が同年代の日本の子どもと同じように日本の公立学校に通い、学校生活を送っていることに、私はとても驚いた。

イラン人青年は最初に話したとき、日本人と思ったほどに日本語が堪能だった。一〇年以上日本で暮らし、建設現場や道路工事などをしながら生計を立てていた。

私の中で「難民」のイメージが崩れていった。アフリカの砂漠や難民キャンプ、粗末な衣服、乏しい食事……。目の前にいる外国人たちはユニセフの写真や支援の街頭募金のパンフレットで見る難民たちとはまるで違っていた。遠い国から来た言葉の通じない未知の人たち。そんな難民像は消え、近いイメージとして代わりに浮かんだのは近所で暮らす多くの外国人や、フランスにルーツを持つ小学校の同級生だった。彼らと同じように、この人たちはすでに長期間日本社会で暮らし、母語に加え、日本語で日本人と交流しながら日常生活を送っているのだと感じた。

この人たちが日本で暮らすことに何の問題があるのだろう。素朴な疑問が湧いた。なぜこのような座り込み抗議行動までしなければならないのか。外国人が日本で暮らすことは別に珍しいことではないのに。実際、家の近所にはたくさんの外国人が住んでいる。だからきっとこの人たちも、私たちのように日本で暮らせるはずだ。そんな風に感じていた。

クルド人という民族

「クルド人」とは一体どういう人たちなのだろう。なぜトルコから遠く離れた日本の都会の真ん中にいるのだろう。無知な自分が恥ずかしかったが、尋ねるとカザンキランさんたちは丁寧に説明してくれた。

自分たちはトルコから来た「クルド人」という少数民族で、クルド人は世界に四千万人ほどいる。トルコ、イラン、イラク、シリア、アルメニアなどにまたがる国境地帯に暮らしている。四千万人もいるのに国を持たない民族は自分たちだけで、長年、クルド人の国を持ちたいと願っている。しかし、クルド人が住む土地は石油などの天然資源が豊富で、どの国も手放したがらない。そのため、クルド人の土地は各国に分割され、それぞれの国の国民として暮らすことを余儀なくされている。

特にトルコではクルド人への差別が激しく、迫害や弾圧を受けている。それらから逃れるために私たちは日本に来た。私たちは日本政府に難民として保護してもらいたい。そういったクルド人が今、日本に四〇〇人ほど来ている。

日本政府は国連の難民条約に加入しているから、難民が日本に来て助けを求めていたら保護する義務があるが、実際にはトルコ国籍のクルド人難民を一人として認めていない。トルコ政府と友好関係にあるためだ。難民として認めると、トルコ政府がクルド人にしている行為が迫害や弾圧だと認めることになる。

国連大学の中に国連難民高等弁務官事務所（ＵＮＨＣＲ）という難民を守るための事務所があるので、ＵＮＨＣＲから日本政府に自分たちを難民認定するよう働きかけてもらうためにここで座り込んで訴えている。

カザンキランさんたちの話はこんな内容だった。ＵＮＨＣＲは敷地内での座り込みのために、二家族にテントを二張り提供したという。

初めて知ることばかりで、一度聞いただけでは到底、理解できなかった。話のスケールが大き過ぎて、私は何をすればいいのかまったく分からなくなった。

「あの、お金が必要なんですか？　寄付をすればいいのでしょうか？」

恐る恐る尋ねるとカザンキランさんはきっぱりと答えた。

国連がクルド人の2家族に提供したテント。（撮影 2004年9月1日）

「周さん、私たちがほしいのは署名。日本に難民としての権利を認めてもらいたいの。お金じゃないの」

難民としての権利？　私はとても驚いた。それは一体何なのだろう？　まったく理解できなかったが、この人たちが求めていることは、お金では解決できないことなのだと分かった。そしてそれは、私が毎日、持ってきているおにぎりや麦茶では解決できないことも。

自分にできることは何だろう。思い付いたのが写真を撮ることだった。ちょうど勤務する店でデジタル一眼レフカメラを買ったばかりだった。いま、ここで起きていることを撮ってウェブサイトに載せればよいのではないか。記録にも広報にもなる。そう思った。

広場の散水用の水が座り込みの生活を支えていた。（撮影2004年9月1日）

東京入管への出頭

「今から子どもたちとその母親が仮放免手続きのために出頭する！　我々はここで彼女の帰りを待つ。入国管理局！　彼女と子どもたちを必ず我々のもとに返しなさい!!」

二〇〇四年九月一日、東京港区の東京入国管理局（現東京出入国在留管理局、以下「東京入管」）。カザンキランさんが建物に向かい、メガホンで怒鳴った。ドーガン家の母親と

「国際法の正義を難民に」と書かれた横断幕が広げられた。（撮影 2004年9月1日）

幼い子どもたちが仮放免の延長手続きのため、東京入管を訪れたときだった。

　仮放免の期限（通常一～二カ月程度、二家族は一カ月）の日には入管当局を訪れ、その間何をしていたのか生活の様子を当局に報告する。仮放免の延長が認められないと、その場で入管の収容施設に拘束され、外に出て来られない。

「私たちは国連前で座り込みをして、日本の入管のシステムを批判している。だから入管は怒っているだろう」。カザンキランさんたちは自分たちの抗議行動が仮放免の取消しにつながるのではないかと恐れていた。

「日本人が一緒だと入管の対応が変わるから」

　カザンキランさんに依頼され、彼らの出頭に付き添った。

　東京入管は仮放免手続きをする窓口のほかに外国人を収容する施設もあって、仮放免延長の手続きが許可されなければ、そのまま上層階にある収容施設に連れていかれ、いつ出られるか分からないという。まさかそんなことが。私は半信半疑だった。

　カザンキランさんたちと共に東京入管前に来た。だが、公共施設の前でメガホンを使い、大音量で怒鳴り散らすクルド人家族たちに私は度肝を抜かれた。この人たちは一体何をしているのだ。平和的な活動をボランティアとして手伝うつもりだったのに。この人たちはじつは過激派なのだろうか。強硬なやり方に私は腰が引けた。警察官やパトカーが次々とやって来た。逮捕されたらどうしよう。不安感が募った。

カザンキラン家の次女ハティジェさんがマイクを握った。収容されている友人の名前を挙げながら叫び始めた。

「大丈夫ー？　病気してない？　聞いている？　絶対にそこから出すからねー」

突然、頭上から声が響いた。

「シュウヨウ、ヲ、ヤメロ！」

たどたどしい日本語だったが、その声は確かにそう言っていた。入管の建物の中から誰かが叫んでいる。私は、凄まじい衝撃を受けた。

「シュウヨウ、ヲ、ヤメロ！　シュウヨウ、ヲ、ヤメロ！」

声は、何度も響いた。

東京入管に抗議するカザンキランさん。（撮影2004年9月1日）

ハティジェさんもそれに呼応し、何度も何度も呼び掛けた。

「しっかりねー！　絶対、すぐに出してあげるからねー！　諦めないでー！」

私はこのとき、ようやく事態を飲み込んだ。ハティジェさんは、入管に収容されている仲間の外国人が酷い目に遭わされ、苦しんでいるから助け出そうとしているのだ。

続いて、織田朝日さんという日本人の支援者がマイクを取った。ロングヘアに上品なスーツ姿。だがそんな姿と裏腹に、その人は入管に向かってあらん限りの声で叫んだのだった。

「入国管理局！　よく聞けよ！　今、中に入っているのは私の友達だ。小さな子ども二人のお母さんだ。私の大事な友達を収容してみろ！　私は、私は、絶対にお前たちを許さないからなー!!」

激しい言葉でアピールする織田さんの目には涙が溢れていた。この人はお母さんと子どもたちを心配して、怒り、そして泣いているのだ。苦しむ人のためにこんな風に泣く人がいるなんて。その姿は光り輝いて見えた。参加者の中から大きな拍手が巻き起こった。

炎天下の中、二時間以上待ち続けると、ドーガン家の母親と子どもたちが建物から出てきた。母親の目には、安堵からか涙が溢れている。仮放免の延長が認められたのだ。

涙を流すほど強い不安を抱えながら、仮放免延長の手続きをしていたなんて。しかも毎月、この手続きがあるのだという。難民申請者の苦悩を垣間見た瞬間だった。

帰宅しても、ハティジェさんから聞いた言葉が心に残っていた。

「抗議を続けても私は疲れないし、それに、死んだって構わない。だって、今のままなら、生きていても死んでいても変わらないから。今のまま、何年も収容され、仮放免され、数年経ったらまた収容される。そんな人生だったら、生きていても仕方がない」

胸が詰まった。一六歳の女子高生にこんな思いをさせる日本の制度は本当に正しいのだろうか。今まで感じたことのない思いが私の中に生まれていた。

募る焦燥感

七月一二日から始まった座り込みは九月中旬になっても続いていた。私はおにぎりを届け、洗濯物を引き受けた。携帯電話を充電し、時には自宅のお風呂も使ってもらった。毎日、国連大学前に通い続けた。クルド人二家族の目的は、日本政府に自分たちを難民認定するよう、国連から働き掛けてもらうことだった。だが、UNHCRは話し合いに応じるどころか、座り込みをただちに終了させ、敷地内から退去するよう通告してきた。座り込み現場で緊張が高まった。

一方で支援の輪はどんどん広がる。続々と集まるカザンキランさんたちの難民認定を求める署名。国連大学前を訪れる学生や主婦、子ども、市民運動家。テレビ、新聞、雑誌などのマスコミ。「クルド人難民二家族を支援する会」という支援会も発足し、私もメンバーに加わった。だが、どうすれば座り込みを終了できるのか。誰も答えを見出せなかった。座り込み現場では苛立ちと焦りが徐々に募っていった。

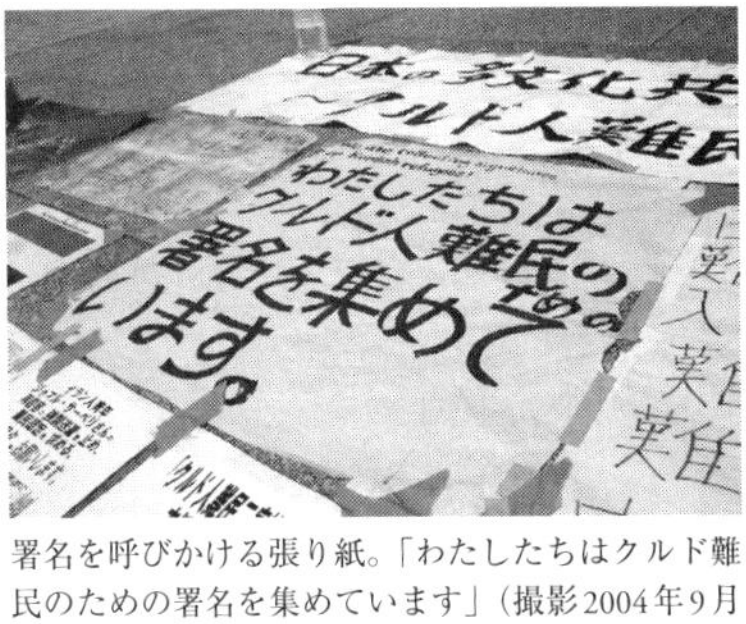

署名を呼びかける張り紙。「わたしたちはクルド難民のための署名を集めています」（撮影2004年9月21日）

終わりの始まり

「なぜ剃がすんですか？　誰の命令ですか？　国連の仕事

は難民を守ることじゃないんですか？」カザンキランさんやイラン人青年が、国連の警備の責任者の男性に向かって厳しく問い詰めた。

九月二一日。朝八時のことだった。国連の警備員と清掃員が二〇人ほどやってきて、壁や柱に貼ってある座り込みの訴えを書いたプラカードを剥がし始めた。そして告げた。

「軒下から出ていってください」

強烈な日中の日差しを避けるため、クルドの家族はいつも軒下の日陰で暑さをしのぎ、毎日の食事もそこでしていたのである。猛然と抗議をしていると、そこへ白髪の小柄な老人が現れた。状況を理解すると、大きな声で警備員らを叱責し始めた。

座り込み現場に貼られていたプラカード「私達は人間です。虫じゃありません」（撮影2004年9月21日）

「国連の警備員ともあろうものが、難民を守るどころか、彼らの生活場所を奪うなんて」

老人は国連大学の向かいにある青山学院大学の雨宮剛名誉教授だった。カザンキランさんたちに大学で特別授業をしてもらおうと、依頼状を持って来たのだという。雨宮さんの轟くような声と気迫に、警備員たちは気圧され、たじたじだった。そして「食事だけなら」と言って、軒下に入ることを認めた。

私は分からなくなってしまった。国連や難民を保護するＵＮＨＣＲがなぜ彼らを追い出そうとするのか。座り込みという行為は違法行為なのだろうか。それなら、なぜ今まで継続できたのか。支援者の一人に尋ねると、こんな答えが返ってきた。

「日本の法律上は彼らがしていることは不法占拠に当たるだろうね。ただ、その日本の法律よりも、もっと上に位置する国連の難民条約に照らせば、難民を保護しない日本政府は条約違反に当たるだろう」

私はなるほど、と思った。

警備員に剥がされてしまったプラカードや横断幕は再び壁や柱、そして地面に貼り付けられた。クルドの家族とイラン人青年は座り込みを続ける決意を固めていた。

座り込み最後の日――イラン人青年の逮捕

翌日九月二二日午前一〇時、事態が急転した。昨日と同様、二〇人ほどの警備員と清掃員が続々と出てきてプラカードを剥がし始めた。静かな排除が再び始まった。そこかしこで抗議の声が飛び交った。混沌とした状況の中、地面に貼られた横断幕を剥がそうとする警備員を阻止するため、イラン人青年が近寄り、横断幕を足で押さえつけた。すると屈んでいた警備員がバランスを崩し、転倒した。その警備員は意識があって手や顔などを動かしていたのだが、起き上がらず地面に横たわり続けた。一方、カザンキラン家の次女ハティジェさんがストレスから過呼吸となり突然倒れ込んだ。救急車二台がサイレンを鳴らし到着した。広場は騒然となった。

一〇時五八分、突然、警察官約三〇人が国連大学前の広場に入ってきた。そしてイラン人青年を取り囲み、両腕を掴むと、あっという間に警察車両に押し込み連れ去った。私は近くにいたが、逮捕理由は分からない。後で支援者から、警備員に「全治三日の怪我」を負わせた傷害容疑だと聞いた。数分前まで隣で話していた青年が事情も聞かれずに逮捕されたことに驚愕した。

救急車が倒れた警備員とハティジェさんを搬送すると、警察官は引き上げ、カザンキランさんたちと支援者、警備員や清掃員が残った。警備員は再び、地面に貼られているプラカードを乱暴に剝がし、破った。

私はたまらなくなってプラカードを手で押さえ、警備員に言った。

「やめてください。剝がさないでください。お願いです」。涙がぽたぽたプラカードの上にこぼれ落ちた。剝がされまいと私は地面の上にうずくまった。

どうしてこんなことが起こるのだろう。国際平和を守る国連とは？ 治安を守る警察とは？ そして日本とは？ 私の中で信じていたものが音を立てて崩れ落ちていった。私が今まで見ていたものは、幻想でしかなかった。深く知ろうとしない自分が見せられていた、表面的なものでしかなかったのだ。「平和で豊かな日本」という幻は、この時私の中から消し飛んでしまった。

押さえていた最後のプラカードも剝がされ、ごみ袋に入れられた。必死の訴えは跡形もなく消され、何もない白い地面だけが広がっていた。

国連大学の敷地に突然30人もの警察官がやってきて、イラン人青年を逮捕した。（撮影2004年9月22日）

座り込みの終わり

「夜七時までに退去しないと、私たちを追い出すと国連が言っています。すぐに来てください」

いったん、家に戻り休んでいると、クルド人家族から電話がかかってきた。夕方になっていた。行くべきかどうか一瞬迷った。疲労と恐怖感。だが、今ここで行かずに家に隠れていたら、私が今までしてきたことは何だったのだろうか。子どもを助けたいなどと言って毎日通ったのに、怖いからという理由でこの一番大事なときに行かなかったら、自分は逃げたことになる。きっと一生後悔するに違いない。イラン人青年のように逮捕されるかもしれない。でも命までは取られまい。何があっても最後まで見届けなければいけない。そうした思いの方が強かった。

国連大学前に着くと、そこは異様な雰囲気に包まれていた。パトカーや消防車が一〇台以上、国連前の道路に連なり、赤色灯をぐるぐると回していた。目の前の歩道橋には、野次馬が鈴なりに群がっていた。黄色い立ち入り禁止のテープが張られ、人が入れないようにされていた。

私はテープを跨ぐと、クルドの家族のほうへ駆けて行った。カザンキランさんたちや日本人支援者に加え、カメラを担いだテレビのクルー。それに警備員や救急隊員、警察官。国連大学前広場は混沌としていた。

「周さん！　来てくれたの？」

カザンキラン家の次女ハティジェさんが私を迎えてくれた。救急搬送されたが、大事はなかったようで私は安堵した。しかし、なぜか皆、ぐっしょりと頭のてっぺんからつま先まで濡れていた。理由を聞くと、国連大学から退去を通告された後に、排除される絶望からクルド人家族は自らガソリンを被り、焼身自殺を図ろうとした。家族を止めなくてはと、そばにいた新聞記者がとっさに判断し、家族が手にしたライターを取り上げ、支援者たちは家族にしがみつき、水を掛け、必死で説得することで、どうにか止めたのだという。クルドの家族はそこまで追い詰められていたのだ。辺りにはまだガソリンの刺激臭が漂っていた。

退去期限の午後七時が近づいてきた。約三〇人の警備員が整列し、無言の圧力をかけていた。クルド人家族たちが声をからして訴えを続けていた。

「どうして私たちを追い出すんですか！　私たちは好きで難民になったんじゃないんですよ！」

国連や日本政府、圧倒的な力の差がある相手に、クルドの家族は「あなたたちがやっていることは間違いだ」と真っ向から抗議している。そんなことをすれば入管に収容されるかもしれないのに。トルコに強制送還されてしまうかもしれないのに。そこには拷問や死が待っているかもしれないのに。命懸けの訴えをするその姿に私の心は揺さぶられた。

どうすれば、この絶望的な状況を打開できるのか。いくら考えても思い浮かばず、自分の非力さが悔しかった。

その時、一緒に支援をしていた織田朝日さんが警備員たちの前に進み出ると、臆した様子も無く大声で抗議し始めた。

「こんなことして恥ずかしいと思わないの？　昼間は難民一人を捕まえるのに、三〇人も警察を呼んで取り囲んで!!　今度は自分たちがあげたテントのくせに、そこからこの難民たちを追い出そうっていうの？　恥を知りなさいよ!!」

これだ！と思った。

守るべき難民を、国連は力で追い出そうとしている。このことを説明すれば、誰でもおかしいと思うはず。今まさに、テレビ局のクルーが目の前にいる。テレビ局や周囲で見ている人たちに伝えればいいのだ。やるべきことが見つかり、希望の光が差したように感じた。勇気をもらった私も織田さんの横に並び、無我夢中で訴え始めた。

「難民を守るのが国連の仕事なんじゃないんですか！　この人たちは難民ですよ！　トルコから日本に逃げてきて、日本政府が守ってくれないから、最後の希望で国連を頼ってきたんじゃないですか！　どうして追い出すんですか？　やめて下さいよ！　お願いですから！」

どうしてこんな当たり前のことを、声を大にして訴えないといけないのだろうと、悔しくて、悲しくて、涙が溢れ出てきた。警備員たちは、相変わらず身じろぎもせずにそこに並んでいたが、肩を震わせ涙を流している警備員もいた。それは、昼間、剝がされまいと私が押さえていたプラカードを、最後まで執拗に剝がそうとしたあの警備員だった。

午後六時五〇分。退去期限まであと一〇分と迫る中、国会議員の福島瑞穂さん、そしてクルド難民弁護団の大橋毅弁護士が国連大学前に現れた。強制排除を阻止するため、国連と協議するために来たという。私たちには救いの神だった。

約三〇分の協議の後、福島議員と大橋弁護士が外に出てきた。国連はクルド人二家族との話し合いに応じる。一方、クルド人家族は、強制ではなく自主的に午後一〇時までに敷地から退去する。それが協議の結論だった。

ついに、国連が話し合いに応じる約束をしたのだ。

その場にいた全員から歓声が上がった。

カザンキランさんが、右手の人差し指を高々と揚げて歩いてきた。

「さあ、皆さん、記念撮影をしましょう！　これは私たちと皆さんの勝利です！」

法務省に提出された二家族の難民認定を求める署名。6万筆も集まった。（撮影2004年12月10日）

国連のマークがある壁の前に、クルド人二家族、福島瑞穂さん、支援者たちがずらりと並んだ。撮影後、握手や抱擁が続いた。支援者が急ぎ用意したレンタカーが到着すると、クルド人二家族は興奮冷めやらぬまま、笑顔で元々暮らしていた埼玉県のアパートへと帰っていった。

カザンキランさん父子の突然の収容と強制送還

座り込み終了後、記者会見を開き、法務省に難民認定を求める六万筆の署名を提出した。UNHCRはその年の一二月にカザンキランさん一家に「マンデート難民認定」を発給した。国連の基準で難民だと認める証明書だった。日本は国連の難民条約に加入している。だから国連の難民保護機関であるUNHCRが難民と認めた人たちには、日本政府も難民認定をするはずで、カザンキランさん一家に対しても難民認定がされるだろう。本人たちにも、支援者たちにも安堵感が漂っていた。

だが、予想をはるかに超えた出来事が起きた。

「ニュウカン　ヤー！」

叫び声が響く。カザンキラン家の母サフィエさんが東京入管の一室から追い出されるように出てきた。

「アフメット、ラマザン、捕まった」

二〇〇五年一月一七日、カザンキランさんと長男ラマザンさんは、東京入管に仮放免の延長手続きに訪れたが、「仮放免を延長する理由がない」として、突然収容された。

大変なことが起きたと思った。とにかく二人の収容をほかの人たちに伝えなければならない。一緒に付き添っていた織田さんと手分けをして他の支援者や大橋毅弁護士、いつも取材に来てくれる新聞記者に電話をかけた。

「明日、記者会見を開こう。弁護士会館に会場を取るから」。大橋弁護士が提案した。

翌一八日の弁護士会館には、多くのメディアや支援者が集まり、立錐《りっすい》の余地もない。大橋弁

夫と息子を突然収容され、涙を流す妻のサフィエさん。（2005年1月17日）

護士がカザンキランさん一家の背景や、今回の収容の問題点を説明した。

昨日収容されたカザンキランさんとラマザンさんに、今朝、家族が面会に行ったところ、東京入管から連れ出され、空港に向かっているという。

「お父さんと弟を助けてほしい」

カザンキラン家の長女ゼリハさんが懸命に訴える。大橋弁護士は裁判所に「執行停止の申し立て」をして強制送還を止めるつもりだと語った。

そこに最悪の知らせが飛び込んできた。大橋弁護士に一枚のメモが渡され、そこには強制送還が執行されたと書かれていた。カザンキランさんとラマザンさんを乗せたトルコ航空の直行便が、今、まさに飛び立ったということだった。

「乗っていたんですか?」

ゼリハさんの問いかけに頷く大橋弁護士。その瞬間、会場は家族と支援者の号泣で覆い尽くされた。ゼリハさんは怒りと悲しみを堪え切れずに報道陣の前で叫んだ。

「この法律で一体どうやって幸せになるんですか! どうやって私たち一家が幸せになるんですか!」

国連が難民として認定した人たちを、日本政府は難民として認めず、迫害の恐れのある出身国に送り返した。前代未聞の出来事は大ニュースになった。主要テレビのすべてのニュース番組でこの事件は報道され、号泣する家族の映像が流れた。翌朝のほとんどの大手新聞の一面に、強制送還のニュースが載った。

難民を追い出す国。その事実が日本中を駆け巡った日だった。

カザンキランさん一家の残された五人の家族も、六日後に仮放免延長手続きのために東京入管に行かなければならなかった。残された家族も収容され、強制送還される恐れがあると容易に予想された。支援者たちは家族を守るため必死に活動した。インターネットで署名を呼び掛け、院内集会を開催。入管を管轄している法務省にも申し入れをした。私はその様子を支援会のホームページに逐一、掲載した。

一月二四日の出頭日。東京入管に着くと、緊急で集めた九〇〇〇筆の署名を提出した。家族が仮放免延長手続きのために中に入るのを支援者やメディアが固唾を飲んで見守った。結果、五人の家族は無事に仮放免を延長できた。テレビや新聞で、多くの人が強制送還や家族の慟哭する姿を知り、法務省や入管に批判が殺到したのだという。市民の声が、日本政府や法務省、入管を動かしたと感じた。

父と弟を強制送還され、泣きながら訴える長女ゼリハさん。（撮影2005年1月18日）

難民を追い出す日本、受け入れるニュージーランドとカナダ

有無を言わせぬ強制送還。それは日本政府にカザンキランさん一家を難民認定し、日本に住まわせる意思が皆無であることの表れだった。一方でＵＮＨＣＲは一家を難民として認めており、「マンデート難民認定」というＵＮＨＣＲ独自の認定を

行っていた。ＵＮＨＣＲは「カザンキランさん一家は私たちが責任を持って受入れ国を探します」と言い、一年以内に日本から出国させること約束した。

強制送還されたカザンキランさんとラマザンさんは、トルコに到着すると同行していた日本の入管職員からトルコ当局に引き渡された。入管職員は「くれぐれも手荒なことはしないで下さいね」などと何度も念押ししながら二人を引き渡したと言う。二人の身にもしものことがあれば、日本政府の責任が問われることになるからだ。

二人はすぐにトルコの警察署に連れて行かれ、取り調べを受けた。その後、カザンキランさんは解放されたものの、トルコ当局から常に監視されていたという。ラマザンさんはそのままトルコ軍に入隊させられた。トルコには男性には兵役の義務があり、ラマザンさんはまだそれを行っていないことが理由だった。

ドーガンさん一家は、日本政府が自分たちも難民認定するつもりがないこと痛感しており、強制送還されるのではないかと恐怖を感じていた。彼らにはＵＮＨＣＲのサポートがなかったため、支援者たちが出国先を探す必要があった。カナダには「グループ・オブ・ファイブ」という難民の受入れ制度があった。受入れの条件として、カナダの社会保障に頼らず生活できるための半年分の生活費、そして移住先の地区に生活の面倒を見る資金力のある保証人五人、もしくは資金力のある団体のサポート、それらがあれば、カナダ当局の審査を経て移住ができる。雨宮剛先生が寄付を募り、多くの方が協力してくれたおかげで、出国費用をどうにか工面できた。キリスト教団体のサポートも受けられることになり、カナダへの受け入れ申請に何とか漕ぎ付けることができた。

だがそれは平坦な道のりではなかった。日本での難民認定を諦め、カナダに出国手続きを進めているにもかかわらず、二〇〇五年三月一八日、ドーガンさんは入管に収容された。多くの支援者が抗議したことで、どうにか一か月ほどで仮放免が認められた。しかしトルコに強制送還されるのではないかと、収容中にドーガンさんが味わった恐怖は計り知れなかった。

二〇〇六年一月、UNHCRが調整した結果、カザンキランさん一家はニュージーランドが難民として受け入れることが決まった。まず日本から五人の家族が出国、続いてカザンキランさんも出国し、ニュージーランドで再会を果たした。ラマザンさんは〇六年四月に兵役を終えたものの、なかなかトルコ政府から出国許可が出ず、〇七年三月にようやく出国できた。強制送還から二年二か月、バラバラになってしまった家族はようやくニュージーランドで一つになることができた。

二〇〇七年七月、カナダ政府がドーガンさん一家の受け入れを決定したため、一家は多くの支援者やメディアに見送られながらカナダに旅立っていった。飛行機に乗る前の最後の挨拶で、目を潤ませながらドーガンさんは言った。

「たくさんの人たちに助けてもらって、私たちドーガン一家はカナダで幸せになるんです。本当にありがとうございました！」

慣れない新天地での二家族の生活が非常に気になり、その後、私はニュージーランドには二

お店を切り盛りするカザンキランさんと長男ラマザンさん。（撮影2013年1月27日）

カザンキランさん一家がニュージーランドで開いたクルド料理のレストランJaan。（Facebookより）

回、カナダには一回、様子を見に行った。驚くことにどちらの家族にも身近にクルド人が居て、トルコ語で生活の手助けをしていた。

　ニュージーランドやカナダは難民を多く受け入れ、受け入れられた難民が、さらに後からやってくる難民のサポートをしていることを知った。今ではどちらの家族もそれぞれの国の国籍を取得し、さまざまな苦労があったようだが、ともにクルド料理レストランを営む。カザンキランさんは「ニュージーランド政府に毎月たくさんの税金を納めているよ」と胸を張った。

　国連大学前で逮捕されてしまったイラン人青年は、茨城県牛久市にある東日本入国管理センターに移送され、その後仮放免された。最終的には二〇一四年一一月にカナダに向け出国した。

　この文章をお読みになっている方の中には、日本で難民認定されるのが難しいのであれば、他国で受け入れてもらえばいいのではないかとお思いの方もいらっしゃるかもしれない。しかし、日本で不認定になった難民申請者が、他国に受け入れてもらうことは、現在、極めて難しくなっている。

カザンキランさん父子の強制送還の後、ＵＮＨＣＲは日本に滞留していた三〇人ほどのマンデート難民を他国に出国させた。その後、日本ではマンデート難民認定を出さなくなった。

これについてＵＮＨＣＲは公式見解を出していない。しかし、日本政府の難民認定審査と並行する形でＵＮＨＣＲが独自の判断を続けることは、日本政府との間に対立関係や混乱を生じることになり、結果的に難民の保護に繋がらなくなる、といったＵＮＨＣＲの判断が背後にあったとみる関係者もいる[1]。

また、ドーガンさん一家のように、ＵＮＨＣＲのサポートなしに他国に出国する場合も、大きなハードルがある。まず、自国の外にいる難民を受け入れる制度がある国は、カナダとオーストラリアの二国だけである。それ以外の国は、自国の中まで逃れてきた難民のみを保護の対象としており、日本にいる難民は申請自体を受け付けてもらえない。

また、カナダの受入れ制度「グループ・オブ・ファイブ」についても、カナダの規定により、当面の生活費と、居住する地域での資力を有する五人の保証人、もしくは資力を有する団体のサポートが必要とされ、その審査は厳しく、時間がかかる。

現状、日本で難民認定されることを諦め、他国に保護を求めることは極めて狭き門となっている。

日本のあるべき姿とは

二家族は日本を出国し安住の地に辿り着いた。日本での暮らしと違って、入管収容施設に長期間収容されたり、トルコへの送還に怯えたりすることもない。初めて知り合ったクルド人難民の家族を、たくさんの人たちと力を合わせて守り切り、私は嬉しさでいっぱいだった。

しかし、ある日、長年入管や難民の問題に尽力してきた児玉晃一弁護士から意外な言葉を言われた。「ひどいよね。日本政府は。カナダに難民を押しつけて」

よく支援したね、と褒めてもらえるかと思っていたので、面食らったのを覚えている。カナダへの出国はドーガンさん一家を強制送還から守ろうと、支援者たちで考えた。私たちの活動は間違いだったのだろうか。私は悩んだ。

確かに、二家族は日本で暮らしたいと言っていた。文化や言葉の違う日本に逃れ、日本語と仕事を覚えた。多くの人と知り合い、生活の基盤を築いた。だが、外国に行けば在留資格は得られるが「またすべてを一からやり直さないといけない。それは非常に大変なことなんです」とカナダに出国する前にドーガンさんは言った。

本来は日本が受け入れるべき人たちだったのである。

難民は、受け入れたとしても、その国の負担になるような人たちではないはずだ。最初の手助けさえすれば、自分の力で生活し、やがてはその国を支える存在になることを私は確かにこの目で見た。難民の側に問題があるのではなく、私たち日本の側に問題があるのだ。日本が難民を受け入れるようになるにはどうすればいいのか。私はこの経験から考え続けることになる。

3　クルド人難民Mさんとその家族

私は現在、「クルド人難民Mさんを支援する会」の事務局員として、カナダに受け入れられたドーガンさん一家の親戚筋に当たるMさんと彼の家族の支援をしている。

Mさんは迫害を逃れて一九九七年に来日後、一度トルコに強制送還されたが、身の危険を感じ一九九九年に再び来日して難民申請をした。その後、妻と長女、次女を呼び寄せ一緒に生活。男の子二人が生まれ、家族六人で埼玉県川口市のアパートに暮らしていた。

二〇〇九年の夏、住んでいたアパートを大家から追い出されそうになっていたことをきっかけに、私は他の支援者と共に支援を始めた。Mさん一家が日本で安心して暮らせるように在留特別許可を求める署名も集め始めた。

原発震災で家族が離ればなれに!
……クルド難民Mさんにご支援を：カンパと取材のお願い……

クルド人難民Mさん一家の支援を呼び掛けるチラシ。

Mさんの収容

Mさんは二〇一〇年一月、仮放免の延長手続きのため東京入管を訪れた。七年にわたり仮放免を許可されていたが、この日は延長が認められず、収容施設に拘束されてしまった。理由は、難民認定の審査結果が「不認定」と出たためだった。父親を突然収容されてしまった家族は大混乱に陥った。「何も悪いことをしていないのに、なぜお父さんは捕まえられなければならないのか」。子どもたちにはまったく理解できず、怒っていた。

東京入管に家族と共に面会に行った。面会者と収容者を隔てるアクリル板越しに涙を流しながら手を合わせる家族。あどけない表情でアクリル板を開けようとする一歳の次男。胸が締め付けられるような光景だった。

生活苦が家族を襲った。Mさんの収容で、一家の収入が途絶えてしまった。仮放免中の外国人には、就労が認められていないが、家族を養うためには働く必要がある。Mさんも同様で、建物の解体などの日雇いアルバイトで一家を支えていた。奥さんは子どもが幼い上に病気がちのため、働くことができない。家賃も光熱費もすぐに払えなくなり、食費もままならない。仮放免中は生活保護や健康保険などの社会保障制度も使えない。私は、難民支援協会（JAR）や難民事業本部（RHQ）などの支援団体に奥さんと子どもたちと共に行き、支援金の支給をお願いした。

父親の収容は金銭問題だけでなく、子どもたちの精神にも大きな影響を及ぼした。五歳の長男がストレスから強い腹痛を訴え、私は彼を病院に連れて行った。幸い大事ではなかったが、その診察だけで二万円もかかった。在留資格のない難民申請者は健康保険に加入できないため、医療費の負担が重くのしかかる。家族の体調不良が続き、病院に行くたびに未納分の医療費の支払いが督促される。払う余裕がなく、体調が悪くても一家は病院に行くのをためらうようになった。

一刻も早くMさんを仮放免させなければならない。支援者と家族で国会議員に陳情に行き、入管や法務省にも申し入れをした。子どもたちは日本語で入管に手紙を書き、Mさんの解放を訴えた。三カ月後の二〇一〇年四月二二日、Mさんは何とか入管収容施設から解放された。

どうにかもとの生活に戻りつつあった二〇一一年三月、東日本大震災が発生した。福島第一原発事故も起き、放射性物質が放出されているかもしれないというニュースが流れる。一家は恐怖に陥った。仮放免という立場では、移動制限が課せられているため、居住する埼玉県から入管当局に事前に行き、一時旅行許可というものをもらう必要がある。自由に自主避難できる状況ではなかった。

「私たちは日本人のように自由に県外避難できないし、癌などの病気になっても保険もなく、お金もない」。Mさんと奥さんは子どもたちの健康被害を心配した。苦渋の選択だった。Mさんは迫害される危険があるため日本に残り、残る五人はトルコに帰国する。二〇一一年四月、五人は難民申請を取り下げ、トルコへ帰った。

Mさんと家族の長い別離が始まった。

収容の長期化

変化が起き始めたのは二〇一五年ごろだった。入管施設に収容されず、長年、仮放免で社会生活を送っていた外国人に対し、入管当局が仮放免の延長を認めず収容するケースが急増したのである。

収容の理由は、仮放免の条件である「就労禁止」を破り仕事をして収入を得た、入管の許可無く居住地域から外出した、などが挙げられたが、入管当局からまったく理由も告げられずに収容される場合もあった。収容された人は一様に驚いた。入管当局は仮放免の許可条件についてこれまでも事前に公表していた。しかし、お金がなければ生活できないため、入管当局は就労を黙認していたのが実態だった。その他の条件も柔軟に運用され、違反したからといって突然、拘束されることは稀だった。それ以上に驚いたのは、被収容者が職員から告げられた言葉だった。

「お前たち東京オリンピックまでに全員送り返してやる」

私たちは困惑した。東京オリンピックなどまだ四～五年先のイベント。そもそも、難民申請者を強制送還することと東京オリンピックの開催に一体、何の関係があるのだろうか。事態が飲み込めないまま、クルド人難民をはじめ在留資格を持たない外国人が次々と収容された。

しばらくすると、法務省入国管理局長（当時）から二〇一六年四月七日に出された文書「安心・安全な社会の実現のための取組について（通知）」の存在が明らかになった。「入管が目指す二〇二〇」と題し「東京オリンピック・パラリンピックの年までに安全・安心な社会の実現を図るために『不法滞在者』など我が国に不安を与える外国人を大幅に縮減することは当局にとって喫緊の課題」と書かれてあった。東京オリンピックの開催決定を契機に、入管当局が難民申請者を含めた正規の在留資格を持たない外国人の排除を始めた事実が浮かび上がった。

Mさんは二〇一〇年一月に収容され、三カ月後に仮放免が許可された。その後は七年間にわたり仮放免延長が認められていたが、二〇一七年八月、再び収容された。「就労禁止に違反したため」と口頭で理由を告げられた。心当たりはあった。二カ月ほど前にMさんがアルバイトをしていた建設会社の事務所に東京入管の職員が来て、外国人を雇っていないかを調べていた。入管当局はMさんの就労を把握し、仮放免を取り消した。だが、働かずにどのように生活すればよいのか。入管の課す条件は生存権の侵害といえる。入管当局も就労を長年黙認していたはずだが、東京オリンピックの開催決定を機に、仮放免者を取り巻く状況は一変した。

Mさんの収容に対し、支援会は声明文を作り、Mさんが難民であること、帰国すれば迫害の恐れがあること、心臓病や高血圧、パニック障害、頸椎ヘルニア、十二指腸潰瘍など多くの病気を患い、収容で通院が中断されれば著しく健康を損なうことなどを記した。なぜ難民が収容されるのかなどを解説したニュースレターも緊急で発行し、支援してくれる人たちやメディア関係者に送った。J-WAVEに出演し、写真展を開催。新聞の取材も受けた。思い付く限りのことすべてを実行した。

東京入管にMさんの仮放免を求める署名を提出しに行った際、職員は事務的に対応したが、私は「写真展を開いて、Mさんの今の状況を多くの人に見てもらっています」と言い、写真展の様子を撮影した写真を見せた。会場にはMさんの顔写真が大きく掲示されていた。職員の視線が釘付けになる。つねに事務的な対応しかしない職員の意外な反応だった。不特定多数の人に知ってもらうことが、被収容者を解放することに繋がるのではないか。そう感じた瞬間だった。

4か月後に東京入管からついに仮放免されたMさんと出迎えた支援者。（撮影2017年12月19日）

クルド人難民を支援するということ

「夫は病気よ。助けて。周さんお願い」

トルコにいるMさんの家族から何度も電話やメールで懇願された。日本の制度が難民を苦しめている申し訳なさや無力感。さまざまな思いを抱えながら支援を続けた。収容から四カ月近くたった二〇一七年一二月、Mさんに仮放免が許可されることになった。しかし、実際に仮放免されるためには、住居の確保や入管に預ける保証金などさまざまな準備が必要だった。住居はそれまで住んでいたアパートの家賃を支援会で払っていたので何とかなったが、問題は保証金だった。東京入管は七〇万円を要求した。とても支援会で賄える金額ではない。しかし、Mさんの窮状を知った多くの方々がカンパを寄せ、何とか工面できた。

支援会のメンバーと東京入管にMさんを迎えに行った。収容のストレスと体調不良で頬がげっそりと削げ落ちており、髪は真っ白になっていた。体重は六キロも減少。顔面は蒼白で、生気が無く、まるで死に向かっている顔だった。

自宅に戻った後もMさんは一カ月ほど平衡感覚がおかしくなり、まっすぐに歩けなかった。不眠や体調不良にも悩まされた。入管収容施設の過酷な生活は人間を心身共に破壊してしまうと感じた。

Mさんは現在、入管施設に収容されることなく仮放免の生活を続けており、また家族と一緒に日本で暮らしたいと願っている。しかし、入管当局は自主的に難民申請を取り下げ帰国した家族を「難民性がない」とし、Mさんについても同様の判断をしている。

入管は難民申請者を「難民認定制度の濫用者」「経済的な活動（就労）が目的」「不法滞在者」と非難する。だが、この捉え方に支援者は強い違和感を覚えている。Mさんはすでに二〇年以上、日本に暮らしている。日本語は堪能な上、長年工事現場で解体の仕事に従事し、現場監督並みの知識とパワーショベルの操縦免許や中型トラックの運転免許など、仕事に必要な資格や専門技術を身に付けている。迫害から逃れ言葉も文化も違う国で、自分の力で懸命に生きるMさんやクルドの人々。その姿を見る度に、尊敬の念を覚える。

人手不足を解消するために外国人労働者を大量に受け入れ、東京オリンピックの開催を機に、さらに多くの外国人観光客を呼び込もうとした日本。一方で、在留資格はないものの、すでに一〇年も二〇年も日本に暮らし、日本社会が必要とする仕事を続ける外国人労働者や難民申請者たち。入管はそんな外国人たちを「在留資格がない」という理由のみで収容施設に拘束し、劣悪な環境と無期限収容によって苦しめ、自ら帰国を選ぶように陰湿に追い詰めている。

果たしてこれが私たちが望むこの国のあり方なのだろうか。

Mさんと家族が安心して日本で暮らせるようになるには、一体どうすればいいのか。どうすれば政府の方針を変えられるのか。私たちには今、果てしない難題が突き付けられている。

4　深刻化する入管の長期収容問題と「入管法改正案」

クルド人を知ってもらうということ

クルド難民や入管の問題を多くの人に知ってもらうためには、難民制度や法律の専門的な知識が必要だと感じていた。しっかり学ぼうと、長年、難民や移民の支援に携わってきた専門家たちが再開させた「入管問題調査会」（第3章参照）の学習会に参加し、知識と交流を深めた。

Mさんのことだけを社会に伝えても、状況を打開できないという思いが募っていた。クルド難民を支援する民間団体「クルドを知る会」（現在は「クルドを知る会」と「在日クルド人と共に」に分離して活動）などからは、入管収容施設で命の危機に瀕している人たちの苦しむ声も次々と伝えられた。

今、入管収容施設で苦しんでいる人たちがいる。このことを一刻も早く多くの人に知ってもらわなければならない。クルドを知る会やクルドの人たちと協力して講演会や写真展を開き、社会に発信していくことにした。とくに「難民」という言葉が日本社会では正しく理解されていないと痛感していた。「昼食難民」など非常に軽い意味で使われているのである。迫害から逃れてきた人たちなのだと伝えるために、クルド人写真家レフィク・テキン氏に写真や映像を提供してもらい、トルコにおけるクルド人の弾圧がいかなるものか、なぜ帰国できないのかをイメージしやすいよう工夫した。

他団体と協力しながら二〇一八年から二〇二一年にかけて、東京・京都・広島で一一回の写真展を開催、講演会やオンライントークイベントを八回企画した。大きな反響を感じたいくつかを紹介する。

二〇一九年三月、講演会「外国から来た人とともに生きる～クルド難民はどこから、なぜ日本に来たのか～」を、在日クルド人コミュニティがある埼玉県蕨市で開催した。

幼少の頃から日本で育ち、日本の大学に進学したクルドの若者たちが厳しい現実を語った。東京入管に収容中の父親の仮放免を求める家族の声も聞いてもらった。家族が父親と面会した際、あまりにも衰弱した姿に命の危険を感じて救急車を呼んだものの、入管が二度にわたり救急搬送を拒否したことも伝えた。講演会には一三〇人を超す参加者があり、アンケート用紙には「この人たちを帰国させてはいけないと思った」などの感想が寄せられた。父親の早期解放を求める署名にも多くの人が協力してくれた。大きな手応えを感じ、こういった取組みを繰り返していけば、クルド難民についての理解が深まると確信した。

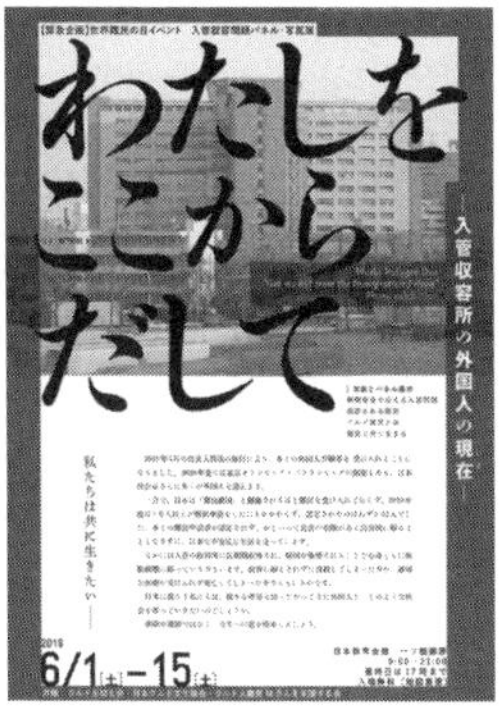

深刻化する長期収容問題を訴えるため写真展と緊急講演会を開催。（2019年6月東京・神保町、日本教育会館にて）

六月には「世界難民の日」に合わせ、パネル・写真展「わたしを ここから だして――入管収容所の外国人の現在《いま》」を、東京・神保町の日本教育会館一ツ橋画廊で開催した。

収容問題は一層深刻になっていた。前出の父親の収容は続き、別の男性も体力低下で食事もとれず命の危機にあったので、急遽、児玉晃一弁護士らの講演会を企画した。ちょうど同会場でＮＰＯ法人移住者と連帯する全国ネットワーク（移住連）の全国フォーラムが開催されていたこともあり、解放を求める署名に一〇〇人以上が協力してくれた。写真展も大反響だった。この企画が直接影響したかは分からないが、写真展期間中に一人、間を置かずもう一人にも仮放免が許可された。多くの人に知ってもらうことの重要性をあらためて痛感した。

餓死から生じた「入管法改正」方針

二〇一九年六月、長崎県の大村入国管理センターで、悲惨な事件が起きた。長期収容されていたナイジェリア人男性が餓死したのだ。入管施設からの解放を求め、何度も仮放免申請したが却下され、抗議のハンガーストライキを実施、死亡に至った。餓死というかつてない事件は、瞬く間に他の入管収容施設に広まった。死に至るまで収容を続ける残酷な扱いに多くの被収容者が怒り、各地の施設でハンストが急速に拡大、最大で二〇〇人がハンストをした。

被収容者の「餓死」という前代未聞の事態を受け、入管当局は有識者を集め長期収容問題の改善策を議論する「収容・送還に関する専門部会」を発足させた。入管もこれでようやく無理な収容をやめるのかと思ったが、専門部会の結論は逆で、難民申請者を速やかに送還するための提言がまとめられた。

難民申請中でも送還できるようにすること。それは、これまで長きにわたり難民認定された人が一人もおらず、難民申請を続けることで辛うじて送還を免れていたトルコ国籍のクルド人難民が次々と送還されることを意味する（二〇二二年七月二一日、「トルコ国籍クルド人　初めて難民認定へ／法務省が調整」という報道があり、初の認定例が出されることが期待されている。詳細は後述）。来るべき時に備え、私は仲間と話し合い、ひたすら発信を続けた。

ジャーナリストの堀潤さんの協力によりＪ－ＷＡＶＥに大橋毅弁護士と共に出演し、難民申請者や非正規滞在者にとって危険な法律が作られようとしていると訴えた。また、入管問題の解決には人権や国際的な視点が不可欠であると感じ、国連の特別報告者に情報提供を続ける藤田早苗さん（英国エセックス大学人権センターフェロー）に講演をお願いした。

二〇一九年一二月に、クルド難民デニスさんが入管収容施設で暴行を受ける衝撃的な映像が公開された。代理人弁護士である大橋毅弁護士に映像を提供してもらい、写真展会場でも上映した。初めて公開された入管収容施設内での暴行映像。それは来場者に大きな衝撃を与えた。見た人の反応がこれまでとは明らかに変わってきた。難民支援団体の学生たちが学食にデニスさんの事件を紹介するポスターを貼り、世界難民の日に収容問題をテーマにイベントを開催した。その他、デニスさんのドキュメンタリー映像の自主制作を始める学生団体もあった。この問題を「自分ごと」として考えてく

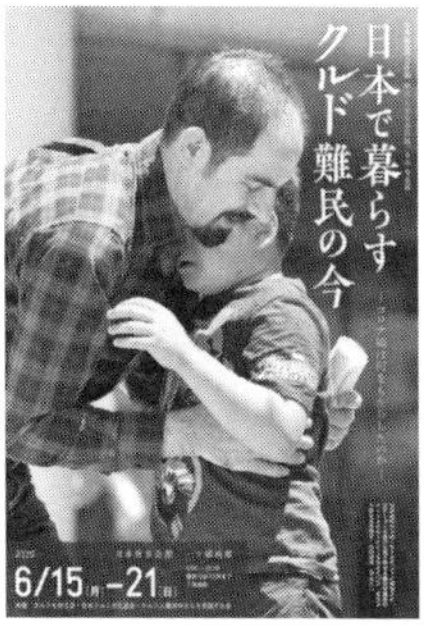

写真展チラシ「日本で暮らすクルド難民の今」（写真提供：泊宗之・共同通信）

写真展チラシ「長期収容の先にあるもの」（写真提供：樫田秀樹）

れたのだと実感した。

写真展に展示する作品は、初期の頃は支援者の写真が多かったが、何度も続けるうちに共同通信の泊宗之さん、写真家の齊藤幸子さん、ジャーナリストの樫田秀樹さんから写真を提供していただけるようになった。伝わる力が格段に上がり、反響も大きくなった。

過酷な長期収容が続いたことで、入管問題を取材してくれる記者が現れたことが何よりも嬉しかった。それまで入管や難民の問題はフリージャーナリストの志葉玲さん、西中誠一郎さんなどしか取材しておらず、ほとんど知られていなかったのである。

だが、写真展を見た共同通信の平野雄吾記者が入管問題の取材を始め、入管収容施設の内部で行われている被収容者への医療放置や職員による暴力行為までも、内部資料をもとに記事にしてくれた。日本に外国人の収容施設があることはほとんど知られていなかったし、よもや外国人が死の間際まで苦しめられ、帰国を迫られているとは、支援者が語ってもなかなか信じてもらえなかった。そのような閉塞した状況だったので、報道機関が報じてくれたことは何よりもありがたかった。

長期収容問題は、二〇二〇年初めから始まった世界的な新型コロナウイルスの感染拡大で、思わぬ展開になった。入管当局はやむなく仮放免を積極的に活用することに方針転換、多くの

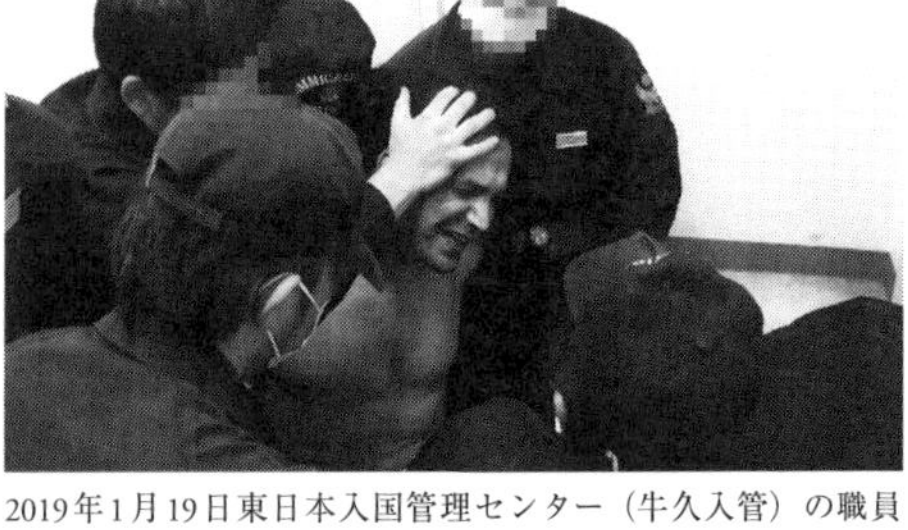
2019年1月19日東日本入国管理センター（牛久入管）の職員によるデニスさんへの集団暴行の様子。（提供：代理人弁護士）

被収容者に仮放免許可が出された。ただ、長期収容が継続される人もいた。

二〇二一年三月、元留学生のスリランカ人女性ウィシュマ・サンダマリさんが名古屋入管で非業の死を遂げた。毎日新聞や東京新聞が連日報道し、他社もそれに続いて報道を始めた。

分断されないために

二〇二一年四月一六日、通常国会でついに「入管法改正案」が審議入りする。それまで外国人支援の市民団体や弁護士、国会議員、メディア関係者、支援者などが一緒に活動することはあまりなかった。基本的には各自が個別に活動していた。しかし「入管法改正案」が成立すれば、在留資格を持たない外国人が次々と強制送還され、送還を拒否すれば刑事罰となり、刑務所に送られる事態に陥る。報道が増えたとはいえ、それでも入管・難民問題を知る人はまだ少ない。関係者が情報を共有して一緒に動かなければ、この法案は阻止できないと感じていた。

そこで、私はメーリングリストやツイッターで、これからの動き、つまり法案阻止に向けた取組みとしてデモやSNSアクションなどの情報発信に力を入れた。移住連がいち早く発信する国会の法案審議の日にちや、それに合わせて行われる国会前でのシットイン(座り込み)などの行動(コラム4参照)。私はそれらの情報を集め、関係者のメーリングリストに次々と流した。

ウィシュマさんの問題が次第にメディアで大きく取り上げられるようになり、入管法改定案の審議にも大きな注目が集まった。おびただしい量のニュースが流れるようになった。支援関係者もこれまでの知見を積極的に発信した。

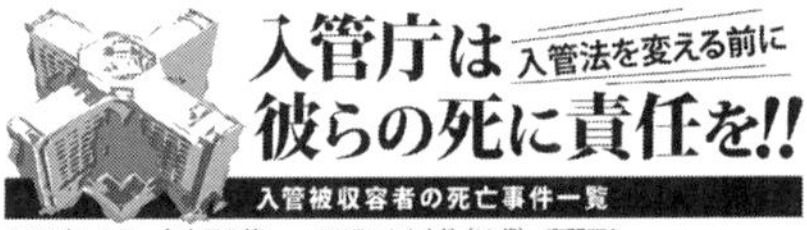

2021年 3月	名古屋入管	スリランカ人女性（30代）	衰弱死？
2020年10月	名古屋入管	インドネシア人男性（40代）	不明
2019年 6月	大村入管センター	ナイジェリア人男性（40代）	餓死
2018年11月	福岡入国管理局	中国人男性（50代）	多臓器不全
2018年 4月	東日本入管センター	インド人男性（30代）	自殺
2017年 3月	東日本入管センター	ベトナム人男性（40代）	くも膜下出血
2014年11月	東京入管	スリランカ人男性（50代）	急性心筋梗塞
2014年 3月	東日本入管センター	カメルーン人男性（40代）	病死
2014年 3月	東日本入管センター	イラン人男性（30代）	低酸素性脳症
2013年10月	東京入管	ミャンマー人男性（50代）	くも膜下出血
2010年12月	東京入管	フィリピン人女性（50代）	急性心筋梗塞
2010年 4月	東京入管	フィリピン人女性（50代）	不明
2010年 4月	東日本入管センター	韓国人男性（40代）	自殺
2010年 3月	送還中	ガーナ人男性（40代）	航空機内で拘束されて死亡
2010年 2月	東日本入管センター	ブラジル人男性（20代）	自殺
2009年 3月	東京入管	中国人男性（30代）	自殺
2008年 1月	西日本入管センター	インド人男性（20代）	自殺
2007年 2月	東京入管	ガーナ人男性（50代）	肺炎
2006年12月	東京入管	ナイジェリア人男性	エイズ
2001年10月	西日本入管センター	ベトナム人男性	自殺
1997年 8月	東京入管第二庁舎	イラン人男性	不明（職員による暴行致死の疑い）
日付不詳		ベトナム人男性	頭蓋骨骨折、外傷性くも膜下出血、ほか
日付不詳		ベトナム人乳児	誤嚥による窒息死
日付不詳		イラン人男性	動脈瘤破裂による脳内出血

＊資料は全難連のサイト（http://www.jlnr.jp/jlnr/）より転載

入管法改定案に反対するチラシ「入管庁は彼らの死に責任を」（デザイン：近藤正人）

毎日毎日、情報を集めては発信した。仕事、子育てをしながらの活動は、非常に大変だった。毎朝登る、最寄り駅の急な長い階段が辛くなった。ある日、とても登り切れないとたまらず上を見た。薄暗い階段の先に、抜けるような青空が広がっていた。

法案阻止の活動を鬼気迫る勢いで続ける駒井知会弁護士の「この酷い制度は自分たちの世代で終わらせないといけない。次世代に未来を渡さないといけない」という言葉が頭をよぎった。今は辛いけれども、この先には未来がある、その希望に私は心を奮い立たせた。

市民の間に共感を広げることも大切だと考えデモにも積極的に参加。東京五輪反対のデモに行くと、「入管法改悪反対」と大きく書かれた横断幕が掲げられており、非常に驚いた。デモ後の集会では、二〇人近いスピーカーのほぼすべての人がウィシュマさんの問題を話し、怒りを募らせていた。入管問題は急速に社会に浸透していると実感した。

関心のない人にも興味を持ってもらえればと、入管法改定阻止をテーマにしたメッセージフードや「廃案一択」と書いた鯛焼きプレート、「廃案一択」たくあんおにぎりなどを作ってSNSにアップした。食べ物を使ったアピールは好評で、普段とは違う層の人たちがリツイートやシェアをしてくれ嬉しかった。

五月一八日、政府はついに本国会での法案成立を断念した。

私たちの活動がどれくらい役に立ったかは正直分からない。だが、現状把握や情報、目的の共有は、私が思っていた以上に大切だと実感した。改定法が成立すればすでに六回目の難民申請中であるMさんをはじめ、在日クルド人難民たちが次々と強制送還されたはずで、阻止できたことに心から安堵した。

これからも続く支援の道のり

「日本でクルド人が難民として認定され、安心して暮らせるようになる」

これを実現するのには、あまりにも高い壁があることを私は痛いほど思い知った。どうすれば解決できるのか。分からず、無力感で苦しくなることもある。それでも、この難民や入管の問題を知ることができて良かったと思っている。

それは、どんなに困難な状況であっても、助けてくれる

自由と生存のメーデーで掲げられた入管法改悪反対の横断幕。長期収容の原因となった東京五輪開催反対の訴えも。（撮影2021年5月8日）

入管法改定案の強行採決阻止を訴えるホットサンドや蒸しパンのプレート。(撮影2021年5月4日)

人や手を差し伸べてくれる人たちが必ずいたからである。そうした人たちと力を合わせて共に行動した結果、絶望的な状況を少しでも変えられることを経験した。

政府が決めたからといって、絶対に変えられないことではなく、私たちの意志で変えられるという事実。それが今も支援を続けている理由である。支援していて感じるのは、日本社会では難民について、まだ誤解が多いということ。「難民を受け入れると日本の負担が増える」「治安が悪化する」など、実態とかけ離れたイメージが流布されている。

難民への誤解を解くには、クルド人とはどのような民族なのか、難民はどういうところから、なぜ来たのか、日本の難民問題とは何か、入管問題とは何か。一つひとつ丁寧に説明していくしかないと感じている。それが傍らに立つ支援者の役割だと信じ、地道に発信を続けている。二〇二二年二月から始まったロシアのウクライナへの侵攻によって、現地の惨状が大きく報道され、日本社会に難民に手を差し延べるべきという機運が高まった。それは思いがけない反応で、大きな励みとなった。

支援に携わり一八年が経つ。厳しい状況が続いているが、変化の兆しも見え始めている。トルコ国籍のクルド人難民は、長きにわたって一人も難民認定されていなかったが、画期的なニュースが飛び込んできた。二〇二二年七月一二日、報道によると、トルコ国籍のクルド人を初めて難民認定するため、法務省が調整中であるというのである。概要としては、トルコ国籍の二〇代クルド人男性が難民不認定処分の取り消しを求め、裁判を起こしていた。一審の札幌地裁では敗訴したが、二審の札幌高裁では「迫害の恐怖を抱く客観的事情がある」と指摘され、難民に当たると判断された。国が上告しなかったため、判決が確定した。

法務省入国管理局（現・出入国在留管理庁）は二〇一九年、難民不認定を取り消す判決が確定した場合、出身国の状況が改善されたなどの理由がない限り、難民認定するとの通知を出している。今回の判断はその通知に沿った三例目のケースとのこと。この原稿の執筆時点で、まだ難民認定はされていないものの、私たちの悲願がついに達成されるのかと思うと、感無量である。難民支援に携わる弁護士の方々や支援関係者の長年にわたる積み重ねが、こうして重い扉をこじ開けたのだと感じている。

一方、政府や入管庁は、今秋の臨時国会で再び「入管法改正案」を提出するとしている。今回のトルコ国籍のクルド人難民を難民認定する動きは、「入管は難民に寛容になった」と社会にアピールすることが目的であるのかもしれない。前出のクルド難民デニスさんからは「法案を通すために、今回だけ難民認定するつもりでは」と警戒の声が上がっている。

予断を許さない状況が続くが、支援者がすることはただ一つ。この認定例をもとに、日本に二〇〇〇人いると言われているトルコ国籍のクルド難民申請者を、より多く難民として認めるべきだと入管庁や社会に訴えることである。日本政府が難民を受け入れ、彼ら／彼女らが安心して暮らせるようになるには、まだ時間がかかるかもしれない。しかし、この長い道のりを一緒に歩いてくれる人は、これからも必ず現れると確信している。

私の文章を読んだ方が「こういう普通の人でも難民支援はできるのだな」と思ってくださり、支援に参加してみたいと感じていただけたらこれに勝る喜びはない。

［入管関係の記事のまとめアーカイブ］
クルド人難民Mさんを支援する会ブログ <https://kurd-m-san.hatenablog.com/>

［参考文献・映像］

織田朝日（2021）『ある日の入管――外国人収容施設は〝生き地獄〟』扶桑社
――（2019）『となりの難民――日本が認めない99％の人たちのSOS』旬報社
志葉玲（2022）『難民鎖国ニッポン――ウィシュマさん事件と入管の闇』かもがわ出版
中島京子（2021）『やさしい猫』中央公論新社
平野雄吾（2020）『ルポ 入管――絶望の外国人収容施設』筑摩書房
望月衣塑子（2021）『報道現場』角川新書
日向史有監督（2021）『東京クルド』（ドキュメンタリー映画）
川和田恵真監督（2022）『マイスモールランド』（映画）
高賛侑監督（2022）『ワタシタチハニンゲンダ！』（映画）

［註］

1 「難民支援協会と、日本の難民の10年　第4回後編　クルド難民強制送還事件――国、国連、市民はどう動いたのか」第二節「強制送還の余波――停止されたマンデート難民認定」<https://www.refugee.or.jp/10th/10th4-2/>

Column 4

弱くしなやかなつながりのなかで

安藤真起子

シットイン

「座り込もうかと思う」

二〇二一年四月初旬。収容問題の解決を目指す入管法案の審議入りが目前に迫る中、移住者と連帯する全国ネットワーク（移住連）の代表理事を務める鳥井一平がそう切り出した。入管法案を止めるために座り込むというのだ。

移住連として、ロビイングにはもう一年以上前から取り組んでいた。この法案の行方に関心を持ち、話を聞いてくれそうな議員にはできる限り会いに行った。SNSではさまざまなキャンペーンを展開した。発信した情報やメッセージは多くの人にシェアされた。入管法改悪反対を呼びかける署名も募った。署名は、ネット、紙、あわせて一〇万筆以上が集まった。二カ月足らずで一〇万筆超。快挙である。にもかかわらず、法務委員会での入管法案の審議入りを数日後に控え、私たちは焦っていた。

市民社会からも国会議員からもそれなりに共感も賛同も得られた。しかし、一度法案審議が始まってしまえば、数の力であっという間に通ってしまう。そうなれば、本来在留が認められるべき人たちが、この国から追放される。それは彼らにとってまるで死刑のようなものだ。

法案から影響を受けることになるであろう人びとの顔が頭に浮かぶ。難民として認められない難民。二〇年、三〇年、日本で働き暮らしてきた労働者。日本生まれの子どもや若者……。入管は、彼らを「送還忌避者」＝送還（退去強制）に応じない人びとと名指しし、収容問題は送還の促進によって解決できるというロジックを立て、法改定を狙っていた。

審議はまだ始まってもいないのにすでに負け戦を闘っているかのような気分——そのような重苦しさのなか示された案が「座り込み」だった。「座り込み」は、労働組合などによる運動では直接抵抗の意思を示す際の常套手段である。しかし、この昔ながらの抗議行動が打開策となりえるのか。そのとき、理事の一人である髙谷幸が口を開いた。「シットインと呼んではどうか」——使い慣れない表現だが、「座り込み」よりは軽やかで何かが起こりそうな響きだ。

かくして私たちは、入管法改悪阻止を目指して、国会前に「シットイン」することとなった。

被収容者たち

かつて法務大臣参事官が、外国人は「煮て食おうが焼いて食おうが自由」ということばを残した。それは植民地主義の歴史を背景に形成された入管の体質を端的に表すものとして、これまでも運動関係者の間などで暗澹たる思いとともに語り継がれてきた。

このことばは、二〇二一年三月に名古屋入管で発生したウィシュマ・サンダマリさんの死亡事件、そして、同じ頃に提出された入管法案をめぐって世の中の関心が高まるなか、半世紀以上の時を経て、リアリティをもって私たちの間で再び共有されることとなった。

日本に暮らす外国人の活動は在留資格の範

囲内でしか認められないとされている。外国人が入管に抗議したり、政治的な言動をとれば、「国家の安全を脅かす者」とみなされ、彼らの法的地位にまで影響しかねない。外国人が自分たちの権利に関して声をあげることは本人たちにとっては小さくないリスクなのである。

二〇一九年五月。全国の収容施設で、長期収容に抗議し、仮放免を求める被収容者たちによるハンガーストライキ（ハンスト）が開始された。同年九月までの約四カ月間で二〇〇名近くが参加したという。適切な医療も保障されない収容施設の中でハンストを起こすことに危険を感じていないはずはなかったであろうし、入管からの仕打ちも当然予想していたはずだ。それでも彼らは、命がけで抗議の意思を示した。

二〇一九年六月、九州の大村入管でハンストに参加していたナイジェリア出身の男性が亡くなった。のちに入管は死因が餓死であることを発表するが、男性が亡くなった直後、大村入管の被収容者たちはこの死亡事件の真相究明と再発防止を求め、申し入れをしている。

申し入れのなかで、彼らは、かつてある日本の首相が言った「人の命は地球より重い」ということばを引きつつ、「煮て食おうが」の精神に貫かれる入管に対し、長期収容のために一人の命が失われたことの責任を問いただした。

国会前の人びと

「シットイン」は二〇二一年四月一六日から始まり、法案見送りとなる五月一八日まで、法務委員会の開催にあわせて九回にわたって行われた。運営には、半年以上前からSNSの発信面で一緒に取り組んでいた入管法や人種差別の問題に取り組む市民グループ

#FREEUSHIKU、Save Immigrants Osaka、Voice Up Japan有志のメンバーが協力してくれた。

シットイン開催日には、毎回衆議院第二議員会館前の舗道沿いの壁に「入管法改悪反対!!」の黄色い立て看板とピンクの横断幕、移民たちのメッセージが書き込まれた"MIGRANTS RIGHTS"の旗が立てかけられ、足元にはカラフルなミニ折りたたみチェアとプラカードが並んだ。立て看は後ろから吹き付けるビル風で倒れそうになるので、毎回誰かがその前に重石代わりに座り込んだ。

参加者は回を追うごとに増え、中盤に差しかかった頃からは毎回数百人が入れ替わり来るようになった。人の並びは、舗道の両側に広がり、さらに衆議院第二議員会館の区域を越えて、参議院議員会館のほうまで伸びた。ピークはいつも昼のリレートークの時間帯。集まった人びとはマイクを握る人びとの話に聞き入った。

法案のターゲットとされていた難民申請者たちも、その中心に立ち、声をあげた。「差別をやめて」「人間として扱え」「真実を明らかに」。

発言が入管を刺激すれば、不利な扱いを受けるかもしれない。しかし、彼らはリスクを覚悟の上で、自分の足でそこに立った。

人びとの声は、拡声器を通して、道路を挟んで立つ衆議院の建物に向けて放たれた。衆議院ではちょうどコロナ対策で窓が開放されていた。法務委員会の部屋までよく聞こえていたと、国会とシットインの現場を行き来していた新聞記者が教えてくれた。

五月一八日午前一一時を過ぎた頃、シットインの現場にいた何名かの携帯に、法案見送りの知らせが入った。半信半疑な気持ちでLINEを閉じ、ニュースを探すとNHKの速報が目に飛び込んできた。驚きと安堵の感情に包まれ、立ち尽くす。人びとの間にニュースが伝わり、喜びが伝播していく。

ニュースを知った児玉晃一弁護士、まだそれを知らないエリザベスさんから、今からそちらに向かうと電話が入った。それぞれに現場の様子を伝え、到着を待った。

「よそ者」たち

入管法案の取組みを経て、もたらされた変化がある。国家権力から「いないことになっている人」「いてはいけない人」とされていた非正規滞在者の存在が可視化されはじめたことだ。

入管は、二〇一九年一二月に、法案への布石として「送還忌避者の実態」という資料を発表していた。その内容は、非正規滞在の外国人をまるでみな犯罪者のように印象づけ、恐怖心や偏見を煽るものだった。それゆえに、彼らが等身大の姿で現れたり、メッセージを発したりすることを入管は忌々しく思ったことだろう。

そして、人びともまた気づきはじめた。入管体制こそが社会を混乱させ、人びとを分断するのだと。

入管体制は、「よそ者」を排除する、国民国家による国民国家のためのシステムだ。一方で、私たちの社会は、もっと多様で複雑で繊細で、弱いゆえにしなやかな人と人との有機的なつながりでできている。「よそ者」もその一部である。そして彼らはその中心に立つことができる。国会前で展開されたシットインの風景はまさにそうした私たちの社会を体現していたように思う。

第5章　誰がどのように苦しんでいるのか
――人間像をめぐって

木村友祐

1　晴佳さんとサイさん、その子どもたち

二〇二一年の四月下旬、当時の菅政権が閣議決定した改定入管法案が審議入りした。よくもまぁこんな極悪な法案を出してきたなと半ば呆れたが、これはでもマジでシャレにならないという思いから、「移住者と連帯する全国ネットワーク」（移住連）が開催した抗議のシットイン（座り込み）にぼくも参加した。生まれて初めて自作したプラカードを地面に置いて、歩道の端にじかに腰を下ろす。道路を挟んで真向かいに、淡いベージュ色の国会議事堂が見えていた。

この頃は、まさか法案が廃案に追い込まれる展開になるとは思っていなかった。結論ありきで与党が採決に持ち込んだら、与党議員が多数を占めるため一発でアウトになる。そしてそうなるような予感があった。のどかな春の昼下がりの光景とは裏腹に、胸の底にヒヤリと冷たいものを浮かべたような心地で座っていると、ふと、視界の端にちいさな女の子が映った。褐色の肌色をした女の子。黄色のワンピースを着て、髪を頭の両側で結ってもらって、片手でおも

ちゃを振って遊んでいた。

歩道にはシットインに参加した人たちが距離を置きつつ腰を下ろしていたのだけど、女の子はそんな事情など知るよしもなく、ちいさいスニーカーを履いた足でトコトコ歩いては立ち止まり、無心におもちゃを振っている。パタパタパタと鳴る音と振動がおもしろい様子。もう一人、ミントグリーンのワンピースを着た、背丈も顔立ちも同じ女の子が後をついていく。そばには二人の女の子よりも黒い肌色のお父さんが立っていて、赤ん坊を体の前で抱っこしながら二人を見守っていた。そのとなりには、眼鏡をかけた、肌色の白い東アジア系の顔立ちをしたお母さんが寄り添っている。

その家族のことをぼくは知っていた。以前、NHKで放映されたドキュメンタリー「エリザベス この世界に愛を」に出ていた家族だった。ナイジェリア出身のエリザベスさんは、自らも難民認定されない仮放免という立場でありながら、非正規滞在とみなされ入管に収容された外国人を精力的に励まし続けている方だ。そのエリザベスさんが番組の最後のほうで訪ねたのは、政情不安定なコンゴ民主共和国（今も外務省から退避勧告が出ている地域がある）から来日したムセンブラ・サイさん（三七歳／本書の取材時の二〇二一年時点）と、日本人の妻であるムセンブラ晴佳さん（四五歳／同じく二〇二一年時点。番組では「はるか」と紹介）の家だった。

サイさんは仮放免なので仕事に就くことができない。そのため晴佳さんが一家の家計を一人で働いて支えなくてはならないところに、生まれたばかりの三女はダウン症であり、完全型房室中隔欠損症という身体の障がいを抱えていた。まだ胸の真ん中に開胸した手術跡が痛々しく残っている三女を、エリザベスさんは歌うような祈りの言葉で力強く励ます。エリザベスさんに手を握られながら隣でその祝福を聞いていた晴佳さんは、これまでずっと抱え込んできた苦労や不安がほどけたのか、言葉を発さずに涙を流していた。

困難がありながらもお互いを思い、家族を思う。そんなムセンブラ夫妻の姿が、ずっと心の中に残っていた。「入管法改悪」と言われていた改定入管法案は、難民申請を三回以上行った者は強制送還の対象とし、逆らえば罰則を加えるという、難民と認めてもらえない人々を問答無用で排除する内容になっていた。つまり、その法案が通ってしまえば、今でさえつらい境遇に耐えているムセンブラ夫妻のような家族をさらに追いつめることになるのだった。家族から夫だけが引き剥がされ、強制的に出国させられる。強制送還されたら最低でも一年間入国できない。三人の子どもを抱えて妻だけが残される。家族のつながりをズタズタにされてしまう。ムセンブラ夫妻が子どもたちを連れてシットインの場に来たのは、そうした切実な不安を抱え、何かせずにはいられないという気持ちからだった。

この夫妻にいつかお話を聞く機会が持てればと思っていたところ、本書の編者である弁護士の児玉晃一さんが晴佳さんとフェイスブックでつながっているとのことで、連絡をとってくださった。どんな思いで、どのように暮らしているのか、メッセンジャーアプリのビデオ通話で晴佳さんにお話をうかがった。

晴佳さんによれば、政治活動をしていて身の危険を感じて来日したサイさんは、独身のときに難民認定における不認定取消しを求める裁判を起こしていて、結婚後も裁判は続いていた。そばで見ていた晴佳さんは「裁判するのも、すごくストレスだったんですよね」と語った。サイさんはそのとき仮放免の状態で、収入がなかったため「法テラス」を利用して弁護士を紹介してもらったが、担当した弁護士は、コンゴ民主共和国の公用語であるフランス語も英語もできなかった。裁判の言葉は一つひとつが難解なのに、それをふつうに日本語で伝えられるから、何がなんだかよくわからない。しかも、お互いに言葉が通じなくてコミュニケーションしづらいという理由があったためか、弁護士が勝手に物事を進めてしまう。結果、裁判は敗訴となり、サイさんは控訴することにした。が、そのあとに弁護士からまったく打ち合わせの連絡がなかった。

「夫は連絡があると思ってずっと待ってたらしいんですけど、来なかったというのがあって。こんなにストレスがかかるんだったらやめようというので、やめてしまったという経緯があります。ほかのみなさんは控訴して続けていらっしゃるんですが、同じコンゴの方で、七年ぐらいかけて難民認定をとったケースもあるらしくて。でも七年て、すごい大変じゃないですか、労力とか色々と。それを考えると、ちょっともういいんじゃない、みたいな気になってしまいますよね」

なんということだろう。難民のケースにかかわる弁護士はみんな専門知識があり、正義感と使命感に燃えた方々だとぼくは思っていたが、サイさんは不遇にもそのような弁護士に恵まれなかったのだ。

「だから、もう在留特別許可を早く出してほしいと思っていて。私たちみたいな立場の人はみんなそう思っていると思うんですけど、難民認定は出ないのはもうわかったと。難民認定を出さないという日本のやり方はもうわかったから、難民認定の審査でものすごく時間をかけられちゃってるから。それはもうわかったから、一日でも早く在特を出してほしいと思っているんです」

サイさんは現在、三回目の難民認定の申請をしている。難民として認定されるか、たとえ不認定であっても在留特別許可さえ出れば生活再建のスタート地点に立てるのに、どちらもまだ与えられない。晴佳さんもサイさんも、結婚当初、在留特別許可が出るとすれば一年か二年くらい、最悪二年もすれば出るだろうと思っていたという。ぼくがシットインのときに見かけた双子の娘たちはもう四歳。つまり四年たっても在留特別許可は出されず、サイさんは仮放免のまま健康保険に入れず、就労も県外移動も禁じられた状態で放っておかれていたのだった。

「結婚して間もないころに、難民支援協会に相談してみたんですね。そしたら『一年ぐらいはかかってますよね』と言われて、それを信じて待ってみたものの、なかなか返事がこないので『あれ?』となって。二年目、三年目と、ずっと不安の中にいました」

このまま我慢していても現状が変わることは見込めないと、晴佳さんは当時の安倍首相に手紙を書いて窮状を訴えた。案の定というか、本人からの返事はなかったが、半年以上たったころ、入管の職員から「安倍首相に手紙を書きましたか」と確認の電話がかかってきた。入管から自分あてに直接電話がかかってきたのは初めてである。しかもあきらめかけていた手紙について聞かれたので、気づいたときには涙があふれていた。晴佳さんは、今、三女を妊娠中なので早く夫に在留資格を与えてほしいと、すがりつく思いで電話口の職員に懇願した。だが、それから現在まで、事態は何も変わっていない。

当時、そうした出口の見えない状況について相談できる相手は、当事者である夫のサイさんしかいなかったという。そんな中、NHKのドキュメンタリーの取材を受けることになった。全国放送であるNHKの番組で、自分たちの顔を出し、名前を出す。それはひどく勇気と覚悟のいることだったが、そこまでしなければこの状況は変わらないのではないかという思いのほうが強かった。

番組の放映後、フェイスブックを通じて声をかけてくれた人がいた。晴佳さんと同じように仮放免者のパートナーがいる、Mさんという女性だった。晴佳さんはそのとき初めて、自分と同じ境遇にいる人と出会う。うれしさのあまり、まだ会ったことのないMさんと二時間も電話で言葉を交わしていた。そこでわかったのは、Mさんは結婚してもう一〇年にもなるのに、夫にまだ在留資格が与えられていないということだった。自分よりもさらに厳しい境遇の人がいたことに晴佳さんはショックを受けたものの、誰よりも自分の気持ちをわかってくれるMさんと話していると、疑問に思っていたことが半分は解決したように心が軽くなるのだった。

その経験から、同じような境遇にいる人同士で話し合う場としての配偶者の会をつくりたいと晴佳さんは思った。つくったら何か変わるのではないかとMさんに伝えると、Mさんを介してすぐに仲間が集まってきた。晴佳さんは、夫に在留資格が与えられずに苦悩している妻が、世間には知られないところでまだまだいることに気づかされたのだった。

　一方で、入管には、安倍前首相に宛てた手紙とは別に、上申書として手紙を出していた。三女を妊娠中で、胎児の心臓に障がいがあること、難民調査のインタビューを早めてほしいことを伝えていた。するとひと月後くらいに難民調査部門から連絡があり、サイさんは二回立て続けにインタビューに応じたが、三女が生まれて一年以上たってもその結果はまだ届いていない。入管には、仮放免者の家族が感じている切迫感とはまったく無縁の時間が流れているようだ。

　難民認定されないために生活に困難を強いられるのは、このようにサイさん本人ばかりではない。家族としてともに暮らす晴佳さんや三人の子どもたちも先行きが見通せない不安定な状態に置かれるということでもある。双子の娘たちは、両親が働いていることが条件とされる保育園には入れられなかった。金額が安い幼稚園も探したが、双子の娘たちには言葉の発達の遅れがあったため、現在は発達にサポートが必要な子や障がいのある子を受け入れる自治体の「療育センター」に通わせている。

　ただ、療育センターの通所決定までは時間がかかり、通所できるのかどうかわからなかった。慌てて地域で自主保育しているグループにもコンタクトをとり、サイさんを含め家族五人で見学に行ったところ、そこでも受け入れてもらうことができた。娘たちが通える場所がまず決まったことで、晴佳さんは心底ホッとしたという。

　子どもたちの居場所も晴佳さんが探し、養育費を含む五人家族の家計も晴佳さんがたった一人で担っている状態。それで果たして暮らしていけるのだろうか。ためらいながら聞くと、去年の夏から生活保護を受給しているのだという。

「夫と結婚する前から働き始めていたので、結婚当初は少し貯金があったんですけど、やっぱり最初の双子の出産でだいぶ貯金も減ってしまって。双子のときは生後七カ月のときに仕事に復帰したんですけど、私一人の稼ぎで全部やってるから、生活もギリギリの感じで。去年の夏の三女の出産のときは、子どもに障がいがあるから専門の病院でしか産めなくて。世田谷に『国立成育医療研究センター』というところがあるんですけど、そこで産むのがいちばん安心だということになって。そしたら、出産費用がふつうの保険でまかなえなくて、プラス三〇万円かかるってなっちゃって。この三〇万どうしようとなったときに、色々調べたら、生活保護になると助産制度というのが使えて、三〇万出さなくてもよくなるということで、三女の出産を機に生活保護になったんです」

「今は完全に育休です。というのも、七月に三女の手術だったんですよね。三女の二回目の心臓の手術があって、それで八月の復帰は無理だということになって、来年二月の中旬まで育児休業を伸ばしてます。なので今は育休手当(育児休業給付金)と、最低生活費に足りない分を生活保護費で補ってるかたちです。手術は、生後二週間のときが一回目だとすると、こないだの一一カ月のときが二回目、こっちがほんとの手術という感じで。一回めは血管を縛って、肺に血流がいくのを遅らせるっていう血管の狭窄手術だったんですけど、二回めは完全に心臓の壁をつくるっていう。これで成功すれば、一生手術しなくていいだろうということです」

術後は今のところ順調だということで、テレビ画面に映しだされていた三女の胸の手術痕が痛々しく記憶に残っていたぼくは、ひとまずよかったと大きく安堵した。しかし、やはりここでも心配になるのは、手術費用だった。晴佳さんによれば、手術が必要なほどの障がいには手術費用を補助する制度があり、所得に応じた負担はあったとしても生活保護世帯なので、費用はそれほど心配しないで済んだという。制度をやりくりしてどうにか子どもを施設に通わせ、手術費用も工面している姿がうかがえる。

晴佳さんは、困難を抱えた自分をそのように支えてくれる日本はすばらしい国だと感じただけに、改定入管法案をはじめ、外国人に対する人権意識の希薄さが残念でたまらない。そのあまりのギャップに「同じ国なのか?」という大きな違和感を感じている。

三女を出産して育児休業に入る前の晴佳さんは、家計を賄うために派遣でフルタイム・残業ありの仕事を選んだ。晴佳さんが出勤している間は、サイさんが双子の娘たちの面倒をみた。仕事復帰は生後七カ月のときというから、そのとき娘たちはまだ赤ん坊。哺乳瓶での授乳やおむつ交換もすぐに相談できる相手のいない中でサイさんが一人で担うこととなり、サイさんにとってても重圧だったろうと晴佳さんは思いやる。

二人の出会いは、山手線の電車の中だった。サイさんの方から声をかけてきて、新宿駅から渋谷駅までの短時間、「なんかふつうに少し話をして」、たまたま二人とも渋谷駅で降りた。そのときにサイさんにラインの連絡先を交換したいと言われ、ふだんならそんなことはしなかったのに、連絡先を交換した。初めてなのにどこかで会ったような懐かしさを感じたせいもある。

それからサイさんとラインや電話でやりとりを交わすようになり、やがて明るくて元気な人柄のサイさんが心の拠り所となっていった。

「でも、めちゃくちゃ悩みました」

晴佳さんがそう打ち明けるのは、当時、晴佳さんにはすでに家庭があったからだ。ただ、夫とうまくいっていないことから結婚生活を解消したい思いがあり、離婚後も自活していけるようフルタイムの仕事についていた。そうした時期にサイさんと出会う。サイさんは晴佳さんから結婚していることを伝えられても動じることはなく、自分の思いでどんどん押していったが、それでも夫と別れてほしいと言ったわけではない。晴佳さんは激しい葛藤の末、サイさんとの新たな生活のほうを選ぶ。困難が待ち受けていると知りながらの選択だった。

晴佳さんはやがてサイさんが仮放免の状態であることを知るが、「仮放免」という立場がどのようなものか、初めはよくわかっていなかった。この社会がオーバーステイ＝犯罪者と短絡的にみなすことは目にしたことがあったため、漠然とした不安はあったものの、「まぁ、しょうがないよね」という感じで受け入れていた。

「人間性が良ければいいっていう、どちらかというとそっちの方が大きかったです。だから、助けなきゃいけない人だなっていうのはありますよね。とはいえ、苦労する結婚になるなっていうのはすごい思っていて。明らかに大変になるっていうのはわかってましたから。まぁでも、こういう人と苦労していくのなら、頑張れるかなっていう気持ちですよね」

それを聞いたぼくは、たとえ周囲から非難を受けたとしても、苦難を引き受け、自分のほんとうの気持ちに正直に生きる晴佳さんの強さ、たくましさを思う。

……ただ、やや戸惑う自分もいた。ぼくの頭の中になんとなくできあがっていたストーリーからやや外れた、大人の事情をはらんだ結婚の経緯だったからだ。ぼんやりと、このまま書いて読者が同情・共感できるだろうかという考えが浮かんでしまった。

それはいわゆる取材者としての打算的な思考であり、世論は同情や共感があってようやく動くことが頭の隅にあったからだが、しかし、そのように最初に「同情・共感できるかどうか」を考えたぼくの反応自体に、当事者を置き去りにした厄介な問題が隠されているようにも思う。ここには支援する側の問題がからんでくると思われるので、晴佳さんのお話からそれるが、少しそのことを書く。

人権が尊重されず困り果てている人にかかわろうとする局面で、同情と共感が必要だろうか。そもそも、仮放免者や難民（及び難民認定申請者）とその家族は、誰もが同情・共感を寄せる「かわいそうな人たち」あるいは「無力で従順な人たち」でなければならないのだろうか。故国での悲惨な経験の説明も尽くされていて難民性も充分、おとなしく無垢な二人が恋に落ちて結婚したものの国から放置されているという、そんな「かわいそうな人たち」の像から少しでもずれていたら、何か問題があるのだろうか（まずはぼく自身に対して言っている）。

さらにいえば、ぼくの中にはすでに、サイさん本人からも話を聴いて、その難民性を判断したい心が動いていた。しかも、彼らが「ほんとうの家族かどうか」も心のどこかで確認したい気持ちもあったように思う。疑ってはいないけど納得したい、そんな気持ちである。

相手の現状を把握したいのは自然な心の動きだし、特に弁護士なら、裁判で闘うために厳密に確認するだろう。ここで言いたいのは、入管が難民認定申請者の難民性や家族の正当性をあたかも裁判官のように（でも明確な基準もなく恣意的に）判定するように、このぼく自身も、専門家でもないのに彼らが「ほんとうかどうか」を無意識に判定しようとしていなかったか、ということだ。

サイさんの難民性や家族の正当性を確認したい、さらに「同情・共感できる」「かわいそうな人たち」かどうかを見極めたいと欲望したぼくも、じつは入管や世間の人々と同じ視線をなぞろうとしていたのかもしれない。今、現に、そこに、在留資格が与えられなくて四年間も困っている家族がいる。在留資格が与えられないかぎり、彼らの苦しみは続く。見るべきは、ただそれだけのはずなのに――。

家庭におけるサイさんは、子どもたちの面倒見がよく、料理もよく作ってくれるという。ピザを作ったり、チキンを焼いたり、野菜や鶏肉にピーナッツソースがかかった料理も作る。サイさん自身は、トウモロコシの粉を練ったものを主食として食べている。

「アフリカの地域によって名前は色々違うんだろうけど、あれってセモリナ粉なんですよね。夫は『セモリナ』って言ってますけど、それを彼が食べてることが多くて。私たちも少しもらったり、それメインで食べてるときもあるかな。それが日本人でいうご飯ですよね。トウモロコシの粉を練るけど、焼かないんです。すごい練って、空気をたくさん混ぜて、ふわっとさせるんですよね。見た目ちょっと、パンケーキみたいな。ふわふわしてる、なんていうのかな、日本の食べ物の何に似てるかというと、蕎麦がき？　夫はそれが好きですね。でも、コメがあればコメも食べます」

検索すると、それは「フフ」などの名前で呼ばれている食べ物のようだ。キャッサバやヤムイモ、トウモロコシといったでんぷん質の粉をお湯に入れて練った料理で、アフリカではコンゴ民主共和国以外でも広く普及しているらしい。

サイさんはまた、子どもたちに歯磨きをうながすために、歯磨きの歌も歌ってあげているという。

「なんか、英語で『Wash a teeth, Wash a teeth, every day』（ウォッシュアティース、ウォッシュアティース、エービーデー）って歌ってますね。それをあたしは『Wash a hand, Wash a hand, every day』って、色々応用してやってます」

サイさん、晴佳さんが洗面台の前で、娘たちに向かって歌っている光景が目に浮かぶようだ。そして、陽気なサイさんの人柄がうかがえる。

「そうですね、夫は明るいですし、しっかりしてて、色々頼りがいのある方ですね。お仕事したら、ほんとになんでもできるだろうなって。今はただ援助される側ですが、ほんとうならサポートに回れる人だと思うんです」

たしかにそうだろうと思う。それでもこの国は、サイさんをはじめ、難民として来日した多くの人々の魅力的な人柄も才能も発揮できないようにしている。この状態は、本人にとってはもちろん、社会にとっても大きな損失なのではないか。そんなことを考え、思わず「もったいないですね」という言葉がもれた。

「そうそう、ふつうに考えたらもったいないし、最初の生活保護の担当者からも、すごい言われて。『なんで入管はそんななんですか』みたいなことを。あたしも『わかんないんですよ』って言って。同じ公務員でも、生活保護の担当者には、入管職員の対応の意図がどういう感じなのか、わかんないみたいで。日本のために働いてもらうほうがよほど得策だろうと思うんですけど、入管の上のほうにいる政治家は、それに気づかないんでしょうか」

夫妻の双子の娘たちを受け入れている療育センターや、彼らに対応した生活保護課の職員など、行政の下部では彼らの存在を認め、受け入れ、その暮らしの一端を支えているように思える。しかし、行政の最上部である政府レベルでは、人間を外国人か日本人かで峻別して、基本的人権や必要最低限度の暮らしを保障することを頑なに回避しているかのようだ。そうした外国人に対する上層部の意向が入管行政に反映されているということだろう（つまり、入管問題のおもとは政府の問題なのである）。

人はどんな状況であれ、日々の暮らしの中で小さな幸せを感じることはできる。けれども、サイさんに「この国にいてもよい」という在留資格がないということは、その幸せを支えている足元が、つねに底が抜けている状態にあるということだ。サイさんは結婚してからは入管施設に収容されていないということだが、それだっていつまでもその状態が続くという保証はない。突然前ぶれもなく収容されてしまうことだって起こりえる。

そのような不安定な暮らしを送る中、晴佳さんが日常生活で自分たちの置かれた立場を気にするのは、自分たちの状況を開示するかしないかを考えなければならないときだという。

「ご近所付き合いもそうなんですけど、なかなかそういうことを言えないじゃないですか。変に疑われるというか、ちゃんと伝わるかがわからないから。私はある程度わかってくれる方にはすぐ言ったほうがいいと思っているけど、夫はそう思わないときもありますし。その辺がすごく、気にしだすと大変ていうか。たとえば幼稚園に見学に行くとしても、『お父さんは何してるんですか』みたいな、そういうところで、話してすぐに『そういう状況知ってる』っていう場合と、『知らない』っていう場合とでは違うし、知らないときが結構大変。説明するのも大変だし、思いきって説明して、じゃあどこまでわかるかっていうと、その時にわかんなかったら、なんか、ちょっと大変な感じですよね」

そのため、晴佳さんは職場の人たちにはまだ伝えていない。それは晴佳さんがMさんと出会うことでつくった配偶者の会――「仮放免者等の在留資格を求める日本人配偶者の会」の人たちも同様だという。

「結構みなさん言ってないですね、誤解を招くのを恐れて言ってないっていう人がほとんどで。あとは、もっと大変な方になると、旦那さんに口止めされて友達にも言えないっていう方もいました。『誤解を招きたくないから言わないでくれ』って言われて、それで言えなくて、孤立して。そんな悩みを言いたいから私たちのグループに入りたいっていう方もいます。そういう、社会から孤立せざるをえなくなるみたいなところが、いちばん私は心配です。なぜかというと、そうなってくると、気持ちが病んでくるんですね。友達にも言えないっていう方は、精神科に行こうかなって言ってました。ちょっと状況がきついからって」

夫が仮放免中であること、そのために自分たちの生活が苦しい状態に置かれていることを友人にも言えない。仮放免者の夫の「誤解を招きたくない」という言葉には、仮放免者をはじめとする非正規滞在者への無理解や偏見がまだまだ厚いと感じ取っていることがうかがえる。この国の人々にわかってもらえないという無念や孤立をサイさんをはじめ夫の側は感じているはずだが、日本人である妻もまた、将来に対する見通しが立たないうえに、自分が抱え込んだ不安や悩みを誰にも打ち明けられないでいる。その出口のなさから心を病んでいく。このような女性たちがいることは、今までほとんど知られてこなかったのではないか。

「うちの特徴というのは、結婚してから夫が収容されてないことなんですよね。今、配偶者の会には九人くらいいるんですけど、結婚を機に旦那さんが収容されたりしてるんですよね。結婚届を入管に持っていったら、そのときに、旦那さんが働いてるという情報を向こうが握っていて収容されたりとか。そういうキツい経験をされてる方がいらっしゃいます。うちの場合はそれがないから、そういう傷が逆にない。なくていいんですけど、ほかの家庭のほうが、もっとつらい目にあってると感じます。収容されてるときに結婚したという方もいますし。付き合ってたときに収容されてしまって、それがきっかけになって結婚したという。収容されても結婚はできるそうです」

「あと、収容が長ければ長いほど、精神的にダメージを受けて精神科にかかってる旦那さんもいますし。だから、配偶者の会のメンバーの中には、そういう方を支えながら、しかもお子さんを育てていたり、なのにビザが出ないということで、ほんとに精神的にキツいっていう方もいらっしゃる。それと、頑張って自分が働かないとビザが出ないと思って、もともと体が弱いからパートで仕事をしてた方が、結婚を機に無理をして正社員になって働いてたりとか。それはやっぱり入管が、額面でしか見ないから。奥さんがどれだけ税金を納めてるかとか、奥さんの年収でしか見ないっていうのが通説になってって。それで奥さんたちは、頑張って働かなきゃって追いつめられてる方が多いですね。だからうちなんかは、出産と同時に収入が下がってるから、もしそういうところをチェックされてるとしたら、ビザが出るのがまたどんどん延びてしまうのかなっていう不安もあります」

晴佳さんは、まずはこのような自分たちがいることを知ってもらわなければと思っている。そのため、改定入管法案に反対するシットインにも参加したし、先だって行われた総選挙に関連する集会「未来を選ぶための市民街宣二〇一六　WE WANT OUR FUTURE」にも配偶者の会のメンバー一人とともに参加して、ステージ上で三女を抱きながら「ふつうの家庭なら用意できる幼稚園の入園金も用意できない。この社会からどんどん追いやられ、貧困に陥るしかない生活です」と、時折声をつまらせながら自分たちの苦境を伝えた。また、署名サイト「Change.org」でサイさんに在留資格を与えるよう首相に求めるための署名ページも開設した。そして、こうしてぼくの取材にも答えてくれている。これらはもちろんサイさんの了解があってのことで、晴佳さんによれば、罪を犯したわけでもないのにいつまでも犯罪者扱いされたくないという思いがサイさんの中にあるようだ。

ふつうなら誰だって、自分の実名を出し、顔を出し、自分たち家族の内情や苦しい経済状況を世間に公開したいとは思わないだろう。本来であれば避けたいことのはずだ。事情に迫られて公開したとしても、共感ばかりが集まるとは限らない。ほんとうに難民なのか、ほんとうに家族なのかと、他人から無遠慮な視線にさらされてしまう。そうした疑いの目を理不尽なまでに向けるのが入管だとしても、理解があるはずの者にさえ、どこかにそういう目がある。在留資格のない仮放免者とその家族は、おそらくそのように、つねに「ほんとうかどうか」を周囲から判断される境遇に立たされてしまうのだろう。さらに、名前を出して目立つ活動をすれば、入管に報復される恐れもある（実際、過去にそのような事例があった）。それでもあえて公開せざるをえない切実な状況がある。

仮放免者とその家族の置かれた苦境を訴える今の晴佳さんの心の中には、配偶者の会を一緒に立ち上げたMさんの面影がある。誰よりも晴佳さんの気持ちをわかってくれたMさんは、二〇二一年の夏に、心臓病を抱えていたところに新型コロナウイルスに感染して亡くなってしまったのだった。夫に在留特別許可が出る日を夢見て一人でがんばって夫を支え続け、しかしその望みがかなわないまま人生を終えた人がいる。その事実を一体どれだけの人が知っているだろう。「Mさんの一〇年間のことを思うと、胸が痛くてたまりません」と晴佳さんは打ち明ける。親身になって相談に乗ってくれたMさんの心を引き継いで、配偶者の会を運営していくつもりである。

ただ晴佳さんとしては、入管問題に費やしている時間とお金は、本来であれば子どもたちの発達のことを調べたり、学費が必要になる今後のために使えたはずなのに、どちらもどんどんなくなっていくという焦りもある。入管の狭量な姿勢の犠牲になっているのは大人ばかりではなく、まだ何も事情を知らない子どもたちも確実に影響を被っているのだった。

スタート地点にすら立てないムセンブラ夫妻と子どもたちの先行きの見えない状況は、今の入管行政のままではいつまでも続いてしまう。しかも、廃案になったはずの改定入管法案を再び提出しようとする動きもある。だから晴佳さんのお話は、入管行政に翻弄される人々の〝ケース〟とか〝事例〟ではない。今この瞬間も、そして今後も不安定な暮らしを強いられる人の、〝いのちの片鱗〟を預けてくれたものとして受けとるべきものだと思う。

2　トルコ国籍のクルド人チェリクさん

前節で、ムセンブラ夫妻と子どもたちの今後について「先行きの見えない状況は、今の入管行政のままではいつまでも続いてしまう」と書いた。もしそんなことになったらと想像しただけで気が遠くなるが、しかし実際に、なんともう三〇年近くも仮放免の状態に置かれた方がいたのだった。関東圏で暮らすトルコ国籍のクルド人男性、チェリクさん（仮名、五〇代）である。

なお、この名前はウィキペディアに出ていた「メルバン・チェリク」という、両親がトルコ出身のクルド人だというスウェーデンのサッカー選手の名前から借りたもので、この取材のご本人の名前とはなんら関わりがない。「メルバンさん」と書くと、入管で自分が飲んでいたパニック障がいの薬を服用させてもらえず問題となったクルド人女性のメルバンさんと混同するので、「チェリクさん」とする。また、彼には子どもがいるが、その性別も明示せずに「上の子ども」「下の子ども」とだけ書く。さらに、彼の国籍国であるトルコでの居住地がわかるような地名も書かない。彼が誰であるかを入管に特定された場合、話の内容が問題視され、収容の口実を与えてしまう恐れがあるからである。

そのチェリクさんを長年支援している大橋毅弁護士を通じてこの取材のことを伝えていただき、承諾してもらった。電話でご本人と会う約束をして、後日、待ち合わせの駅の近くの喫茶店で時間が来るのを待っていたときだった。チェリクさんからショートメールが届いた。

「Koniçiwa kawaguçhi eki şuita matte imaşu yoroşuku onagaişimaşu」

下にオタマジャクシのシッポのようなものがついた「ç」と「ş」。トルコ語と思われ、チェリクさんのスマートフォンの言語設定がトルコ語になっていることをうかがわせるが、そうか、日本語は話せてもさすがに文字までは書けない、でもこうやって日本語の音をアルファベットで書けば、日本語話者にも言いたいことが伝えられるんだと感心した。そして何より、わざわざこうして連絡をくれるチェリクさんの律儀な性格にも軽い驚きをおぼえる。彼は数日前にも、待ち合わせの日にちと曜日を確認するために電話をくれたのだった。

チェリクさんは駅の改札を出たところにちょこんと立っていた。やや小柄で、温和な顔つき。初めて仮放免のクルド人に会って話を聞くという緊張は先ほどのメールでだいぶほぐれていたが、チェリクさんの雰囲気に親しみを感じ、一層安堵する自分がいた。

お昼どきだったので、取材をはじめる前に一緒に昼食をとった。どこか行きつけの店はありますかと聞いてみる。このときのぼくの頭の中には、クルドの人々が情報交換をかねて集まるレストランみたいなところという勝手なイメージがあったのだが、チェリクさんが案内してくれたのは、駅前まで出てきたときに寄るという「天丼てんや」だった。チェリクさんは牡蠣と舞茸の天ぷらの丼とうどんのセットを選び、ぼくも同じものにした。

チェリクさんは箸を不自由なく使ってうどんをすする。しかも、家では自分でうどんやそばの乾麺を茹でて食べているという。濃縮つゆを薄めてそばつゆもつくるそうだ。外国の食べ物はほとんど食べず、日本の料理のほうをよく食べる。また、お茶もあまり飲まないと聞き、ここでもぼくの頭の中にあった、クルドの人たちは羊肉を使ったクルド料理を食べていて、よくお茶を飲むというネット仕込みの先入観は軽く吹き飛ばされていた。

もっと驚いたのはその後だった。食べ終えて伝票を持ってレジに向かおうとすると、チェリクさんがお金を払おうとするのである。働くことを禁じられてお金に困っているはずの仮放免の状態なのに、まさか払ってもらうわけにはいかない。でもチェリクさんは「ちゃんと用意してきたから」と言って払おうとする。ひとしきり、ぼくの郷里で酔ったオヤジたちが会計前に自分が払うと揉み合う光景を思わせるやりとりがあり、「いやいや、ホントに大丈夫ですから。だって、ぼくがチェリクさんにお話を聞きに来たんですから」と言って、渋々ながらも納得してもらった。

律儀で誠実な人柄がすでにここで全開になっていたのだが、その後に話を聞けば聞くほど、チェリクさんは、なるべく人を頼らず、借りもつくりたがらないことがわかってきたのだった。その姿勢は、見方を変えれば、就労も移動の自由も奪われたチェリクさんが、自己の尊厳をギリギリで保つための方法でもあったのかもしれない。

「てんや」を出て、近くのカラオケボックスに向かった。誰かに話を聞かれる心配がない個室のほうが話しやすいだろうと思ったから。歩きながらチェリクさんは、寝る前に睡眠薬を飲んで寝ていると話した。「昔のことを、目の前に持ってきたくないから」。つらいことが多かった自分のこれまでのことを思いだしたくないのだという。カラオケボックスに入って取材をはじめたとき、ぼくは今から、その思いだしたくないことを思いださせるのだと気づいた。ぼくの質問を受けてギュッと目を閉じて記憶を掘り起こそうとするチェリクさんの様子を気遣いながら、お話をうかがった。

チェリクさんは、トルコの「山」のほうで、牧羊をする家庭に生まれた。村では八月から一一月まで水がない。水のある場所まで六キロもあり、ロバに背負わせて水を運んだという。冬場には地面に穴を掘って雪や雨水を溜めた。逆に「山」に入っているときのほうが水があり、「いろんな場所に移動した」とチェリクさんは話した。

一〇代のとき、その「山」でショックな光景に何度か出会う。

「朝、五時か六時くらい、日がでて外に出ると、人の、人間の足とか、頭とか、腕とか、落ちてることがあったんですよ。誰が殺したのか、軍隊なのか、わかんないんですよ。体全部、ピストルでずーっと撃たれて、ボロボロになって。結構あったんですよ。見たのは、一六歳のとき。軍隊行って帰ってきてもまた同じことが何回かあって。こういうのがまだ頭の中にある。誰がやったのかわからない。誰が特殊部隊なのか、誰がＰＫＫ（クルド労働者党またはクルディスタン労働者党）か、わからんですよ。テロリストが来ても、トルコの特殊部隊が来ても、どっちがどっちか、同じ服着てるんだから、絶対わかんないんですよ。遠くから撃ってきたり。もう何人ぐらい死んだか」

チェリクさんのお父さんも、夜、「山」のほうに行くときに撃たれたことがあったという。だが、幸いなことに命を落とさずに逃げることができた。それもやはり、撃ったのが軍の兵士なのかＰＫＫなのかわからない。イスタンブールに行けば行ったで、警官に理不尽な嫌がらせを受けた。

「一回イスタンブールに行ったんだけど、公園で座って、酒をちょっとだけ飲んでたら、トルコのお巡りさんが来て、身分証見て、それで、頭からこうやって酒をかけられた。トルコのお巡りさんなんでこういうことするの？　日本じゃないでしょ？　でも、何もできないから。なんか文句言ったら、もっとひどくなるじゃん」

チェリクさんによれば、身分証の住所を見れば、クルド人だとわかるらしい。また、顔つきでもトルコ人とクルド人の違いは判断できるし、ハーフかどうかもわかるのだそうだ。

「イスタンブールで、また同じようなことがあって。公園で座ってるときに、夜中の二時ごろにお巡りさんがいきなり私を逮捕して、車に乗せて、警察署の地下にある、昔の山の刑務所みたいな、水とかうんことかの下水が流れてるところに入れたの。それから二日間、ずーっとそこに入ってた。建物の上の部屋から流れてきたうんちおしっこが、鉄格子の目の前を、覆いもされないで流れてるところに。そのときは、私と、一七人くらいいたのかな、その人たちがどこの町に住んでるのか聞いてないけど。臭くて眠れないし、寝る場所もない。そこに二日くらい。ご飯もなしで。何もしてないのに。身分証見せただけでそんなことされた。それに、ふつうなら捕まえたら近くの警察署に行くじゃないですか。なんでわざわざ離れたところの警察署まで連れてきたのかって。川口から浦和に連れて行くみたいに。で、連れてきたらなんか聞かれるじゃないですか。でも聞かれなかった、全然」

「山」にいても、都市に出ても、クルド人であることで差別と迫害がある。同胞であるはずのPKKでさえ安心できない。そのためチェリクさんは、安全と自由のないトルコから何度も脱出を試みた。車でトルコの国境ギリギリまで行ってアゼルバイジャンに入ろうとしたが、アゼルバイジャンはトルコとも隣接するアルメニアと戦争状態に入っていたため、引き返すほかなかった。

「やっぱり、戦争になってるから。自分は自分の国の戦争で、クルド人とトルコの間で逃げてるのに、そこも戦争してて」

ほんとうはアメリカやカナダに行きたかったが、かなわなかった。陸路でたった一人、約一年もかけてウラジオストクまで行ったが（大陸横断！）、そこでパスポートが偽造であることが発覚。アルメニア人の女性に助けられてアルメニアまで戻り、トルコに帰った。

「アルメニアまで行って、それで夜、川を渡ってトルコに戻ったの。昼は撃たれちゃうから。家に帰っても（遠くまで出かけていたことを気づかれないように）なんでもないみたいにしてて」

トルコから本気で出ようとしていたのだった。それでもあきらめずに方法を探していたが、ヨーロッパに行くにはビザの手続きをしないといけない。そこへ兵役時代の軍隊の友達が「日本は大丈夫じゃないか」と教えてくれた。トルコと日本は査証免除協定を結んでいるため、日本行きの飛行機に乗りさえすれば、日本の空港で短期滞在の在留資格をもらえたのだった。そうしてチェリクさんは九〇年代の後半に来日した。そしてしばらくクルド人の知人宅に身を寄せ、日本でも難民申請ができることを知り、難民申請をした。まっとうな人権の保障と安心な暮らしを希求しての来日だったが、そのときから現在までずっと難民とは認められず、仮放免という生きる手段を奪われた宙づりの状態に置かれることになる（二〇二二年七月上旬、トルコ国籍の二〇代のクルド人男性を出入国在留管理庁が難民認定する方向で調整中であることが報じられた。これまでトルコ国籍のクルド人は、チェリクさんをはじめただの一人も難民認定されたことはなかったため、難民認定が確定すればトルコ国籍のクルド人としては日本で初めての難民認定者となる）。

働かなければ食べていけないが、仮放免者は就労を禁じられている。律儀なチェリクさんは、もちろん日本の法律を遵守して暮らしたい。ただ、自分自身の力で生きたいというそれだけの望みすら奪われていることには納得できない。働いて自活したい。生活は日本人と結婚して在留資格がある親戚の人たちに支えてもらっているが、ほんとうは誰の世話にもなりたくない。与党の政治家が無責任に奨励する「自助」を人から言われなくても率先してやりたいのに、仮放免という立場の者にはそれを禁じる矛盾への憤りと絶望が噴きだすのだった。

「私は日本の国に来たときから、この日本の国の生活の仕方で生きてきてるから、ほんとうは日本の法律と人間に怒るわけではなくて。入管の人にも怒らないよ。怒るわけではなくて、逆に尊敬しますよ。なんでかっていうと、私三〇年近く、この国にいられて、ほんとうに尊敬しますから。法律には反対しないから。法律はちゃんと守る。仕事のことだけ。生きたいから、働きたい。死にたくないから。いくら法律でも、人間は人間、生きたいから。私たちも生きたいんですよ」

「生きたい」という切実な訴え。まったく当然のことだし、その権利は本来誰も奪うことはできない。だが、仮放免者は働くなという入管行政は、つまり間接的に死を容認するのと同じで、明らかに人間の生存権を侵害している。それでも不思議なことに、過去から現在までも、その非道さが国内で大問題になることはない。現代では普遍的なはずの「人権」の扱い方が、日本では在留資格があるかないか、また日本人か外国人かで変わるのだった。

チェリクさんは仕方なく、親戚にお願いして、生活にかかる費用や食べ物を持ってきてもらう。親戚は自分が働いている職場でクルド人の同胞に支援を呼びかけ、一人千円〜二千円の寄付を募り、それを集めてチェリクさんに渡す。大なり小なりチェリクさんと似たような境遇と思われるクルドの人々のコミュニティでは、そのように少し余裕のある者が困っている者をできる範囲で支援して、お互いに支え合っているという。また、年上の者を大切にする文化がクルドの人々にはあるそうだ。とはいえ、コロナ禍でまっ先に在日外国人の仕事が減らされている状況では、そうした互助もこれまでのようには機能しなくなるのではないか。

チェリクさんには喘息の持病があり、腎臓や肝臓にも病を抱えていた。在留資格がなくて保険に入れないため、病院に行けば診療代が高額になる。だから滅多に病院に行けない。一度、腎臓の診療代で一四万円もの請求を受けて支払えなかったとき、病院側の弁護士を通じて訴訟を起こすと言われたこともあったらしい。そうしたときは支援団体に相談に乗ってもらい、不足分を払ってもらうなどしてなんとか乗り切っている。喘息の吸入薬は知人からもらってしのいでいる。

腎臓には九カ所に石があるが、手術すると百万円かかると言われ、あきらめた。痛み止めだけ飲んでいるが、一時は寝られないほどの痛みが続き、血尿が出たこともあった。それでも病院での治療ができないため、自分でできる治療法をネットで探す。そこで見つけたのは、レモン汁とリンゴ酢を温水で薄めたものを朝起きたときに飲む方法。それを一年ほど続けたところ、石がちいさくなったとチェリクさんは笑った。だが、肝臓にも砂みたいなものがいっぱいあるという。

そのような生き方を強いられても、国や入管に対して「尊敬します」とチェリクさんは言うのである。

「入管で働いてる人は、仕事だから。上のほうから、法律で決まってることだから。入管の人間だって、勝手に決めるわけにいかないから。命令だから。自分の仕事だけやってるから。そういうのは私は怒ってない」

日本という異国で、その国で決められたルールに従おうとするチェリクさんは、ルールに従わせようとして被収容者に非人間的な対応をする入管職員に対しても理解を示そうとするのである。

収容されたことはあるかと聞いてみると、一度、九カ月間収容されたことがあったそうだ。

「収容されていたとき、当時、私たちは職員の人たちを『センセイ』って呼んでたんだけど、急に病院に連れていかれたの。腎臓の病気とか喘息もあったんだけど、一日三一個の薬飲んでて。それで、病院に行って、『これ、精神の病気じゃないのか』って言われて。でも、つらかったのは、入管の中で手錠をかけられて病院まで行って。病院でも、みんなの前で手錠させられたまま、ロープで引っ張られて。つらいのはそれ。すごくつらかった」

「それで帰ってきて、何時だったかな、夕方五時か六時か七時か。一人のセンセイがご飯持ってきたんだけど、『食べない』って言ったんだよ。で、センセイが一つの薬渡して、飲んだんだけど、なんの薬か言わなくて。いつも飲んでる三一個の薬とは別の薬だった。で、夜中に苦しくて、朝、七時くらい、点呼のとき、起きられなかったんですよ。そのときに私が『助けてください、助けてください』って言ったのはおぼえてる。声が出てたかどうかわかんないけど。それで、後からセンセイが来て、起こしてもらって。でも、そのときの私は、自分が生きてるかどうかわかんない。死んでると思ってた。センセイがなんの薬かわかって出したのか、わかんないで出したのか、寝かせるためにやったのか、はっきり知らないけどさ」

「でも、センセイのことは怒ってないからね、もう終わったことだから。みんな人間だから、色々あるから。裁判もしてないし、しないし。収容されてたときは、入管の中でも、ほんとうは特別のことが私にはよくあったんだけど。私が子どもに手紙書けるように、センセイが、日本語のひらがなとカタカナ、私に持ってきて、『これをおぼえて手紙書いて』とか。土曜日と日曜日、電話できないじゃないですか。それをたまに、特別に別の部屋に連れてって、子どもと電話させてくれたりとか」

病院で一般市民の目の前で犯罪者のように扱われたり、出された薬で意識混濁に陥っても、チェリクさんは「センセイ」たちを責めない。「仕事」としてやってるのだからと。その気持ちはわかるとしても、ぼくとしては、たとえ組織の構造上の問題であれ、人としての尊厳を考慮しない業務を淡々と遂行する職員たちが、簡単に免責されていいとは思えない。

ただ一方で、子どものいるチェリクさんに温情を示す職員もいたのだった。平日は養護施設にいる子どもが学校に行っているため、電話してもつながらない。だから、本来なら電話の使用を止めている土日に特別に電話を使わせてくれたという。これはこれでリアルな一側面だとも思う。

三〇年近くも難民と認められず、在留資格がないうえに仮放免という不自由な立場に置かれてきたチェリクさんの言葉には、時々、大きなあきらめのニュアンスがにじむ。「『絶対私にビザください』って、おれ言わないんだから。考えないから」と言うチェリクさんは、自分の人生をこれからどのようにしたいという願いはどこかもう手放しているようだ。「死んだっていい」という言葉さえ口にするが、そのチェリクさんに生きる目的を与えているのは子どもの存在だった。

「大事に考えたいことは、自分のことじゃないから。子どものことだけだから」

チェリクさんにはふたりの子どもがいる。アジア人の定住者である妻が前夫との間にもうけた子ども（上の子ども）と、妻とチェリクさんとの間に生まれた子ども（下の子ども）である。妻と出会ったとき、上の子どもはまだ生まれて半年だった。前夫は入管に捕まって帰国させられていた。妻は糖尿病や肺炎など四つも病気があってほとんど仕事ができず、かわりにチェリクさんがずっと面倒をみたのだった。

「子どもだから、それ、かわいそうよ。自分の子どもじゃなくても。面倒みることは、私はそういうのが好きだから。心が痛いから、大きくなるまで面倒みる。そのとき奥さんと付き合ってて『子どもいるから』って言われて。『子どものお父さんはこういう状態なんです』って言われて。それで私が『いいよ大丈夫』って言って。子どものミルクとか、そういうの、私と奥さんとの子どもが生まれるまでなんとか用意して。そのうちに下の子どもが生まれて。そしたら奥さんが病気になって、人生もめちゃくちゃになって……。まぁあんまり、いい人生じゃなかったね」

ため息まじりにそう述懐する理由は、妻が精神病を患い、育児放棄の状態となって入院してしまったからだ。チェリクさんは子どもの親権を求めて裁判を起こしたものの、在留資格がないため、そして裁判官が妻の病状が改善していると誤判断したため、敗訴となってしまう。妻はその後、急に所在がわからなくなり、音信不通となった。そのためまだ幼いふたりの子どもは児童養護施設に預かってもらわなければならなくなった。チェリクさんが昔のことを「目の前に持ってきたくない」と言う理由には、トルコでの迫害の過去（拷問されたこともほのめかしたが、くわしくは語らなかった）に加え、日本に来てからのつらい過去を思い出したくない気持ちも含まれているのだろう。

それでもチェリクさんは、一貫して子どもたちを大事に思ってきた。血のつながらない上の子どもにも自分の子どもと同じように接した。入管収容施設から出た後は、児童養護施設に面会に行けばお小遣いをふたりにあげたり、施設の中や最寄り駅の近くで一緒にご飯を食べたりした。土日には自分の暮らす部屋に連れてきたりもした。

下の子どもが一八歳になったとき、児童相談所と児童養護施設の職員と何度かミーティングを重ね、児童相談所の人が一緒に暮らせるかどうかを見るためにチェリクさんの部屋に来たりして、同居にOKがでた。それからは高校を卒業して専門学校に通うようになった下の子どもと暮らしていたが、その子はやがて別の場所に引っ越していった。ただ、服や布団はまだ部屋に残したままで、今でもよく一時間か二時間は会ってご飯を食べたりしているという。

気がつけば、休憩を挟みながら、もう二時間近くもチェリクさんに喋らせっぱなしだった。取材を終えてカラオケボックスを出るときに、下のお子さんはチェリクさんのことが好きですかと聞くと、チェリクさんはうれしそうに表情を崩して「大好き」と答えた。

「子どものために生きたい。あとはどうでもいいから」

子どもの存在が、三〇年近くも自由と尊厳を奪われてきたチェリクさんの生きる理由になっているのだった。

律儀で、間違ったことが嫌いで、自立心が強く、日本の法律を日本人以上に守ろうとつとめるチェリクさんは、在留資格が与えられていれば、ほんとうに善良な市民として周囲に慕われていただろうと思われた。それは休憩の際に見せた身のこなしにもそう思うのだった。廊下の途中にあるドリンクバーに、「チェリクさんが先に行っていいですよ。ぼくは荷物を見てますから」と伝えると、チェリクさんはすぐに前屈みになって駆け足でドリンクバーのほうに向かっていった。急ぐ必要はないのに、ぼくを待たせては申し訳ないと思ったのだ。

後日、再度お会いして、ご自宅に連れていってもらった。駅前から出るバスに乗る前に、ハナマサで買い物するチェリクさんに同行した。ニンニク、レモン、食パン、おつとめ品の春菊。春菊はサラダがわり。何もつけないで生で食べるという。クランベリーフルーツも探していたが、なかった。何に使うのか聞くと、体の痛みをやわらげる効果があるらしい。

バスに乗って郊外に向かった。以前はよく酒を飲んだけれど、今はひと月に一回だけ、ウイスキーの水割りを三杯飲むという話を車中で聞く。チェリクさんの属するアレヴィー派は、イスラム教の一派だが飲酒が許されているという。自宅近くのバス停に到着するまでたっぷり三〇分かかった。逆に考えれば、お金になるわけでもないぼくの取材のために、前回も今回も三〇分かかるバスに乗り、バス代を費やしてわざわざやってきてくれたのだった。

戸建ての家が並び、所々にビニールハウスや畑がある。老人向けの施設が多いらしく、のどかな雰囲気を感じる。チェリクさんが住む二階建てのアパートは、古い建物らしいが、塗装をしたばかりのようでまだ新しく見えた。

チェリクさんの部屋は、居間兼寝室と下の子どもの部屋と広めのキッチンという2DKの間取りで、家賃五万円。中に入れてもらって驚いたのは、じつにきれいに整えられていることだった。モノは必要最小限で、片付いていて、床には埃もない。きちんと暮らしているんだなと、チェリクさんの人柄が出ているように思った。

居間にはマットレスを敷いたベッドがあり、テーブルとソファがある。テレビはない。ソファのほうに座らせてもらい、「シャルガム」という赤ワインそっくりな色の飲み物を飲ませてもらう。チェリクさんが自分で赤カブと唐辛子を細かく刻んで、それを干したものに水を入れてつくったという。香草のような独特の香りとピリピリする辛みがあって、案外クセになる味だ。

チェリクさんはこの部屋で、姪の名義で購入したスマートフォンで映画を観たり、インターネットで自分の病気の療法に関する情報を探したりしている。インターネットは、同じフロアで暮らすトルコ人にお願いして、その人が使っているWi-Fiのパスワードを教えてもらって使っている。その人とは一度ご飯を食べに行ったそうだが、特に親しいわけでもないようだ。家の周囲をぐるっと一回りして散歩するのも日課だという。ふだんはほとんど人と会わない。クルドの人々ともじつはあまり会いたくない。クルド人同士で喧嘩したり、駅前でたむろしたりといった姿を見ると、日本人に迷惑をかけていると思えてチェリクさんは我慢がならないのである。

いやぁ、でも、そこまで日本人の視線を気にしなくていいのになぁとぼくは思い、そこであることに気がついた。これまでぼくは、日本の法律や文化にとことん従おうとし、日本人の迷惑になるようなことをしたくない・しないというチェリクさんの姿勢にただただ驚き、感嘆していたのだが、その謙虚さや生真面目さは、じつは持ち前の人柄に由来するだけではないのかもしれないと。もしかすれば、約三〇年もの長期にわたる仮放免の状態が、さらにまた、異質なものによってたかって目を光らせるこの日本社会が、「ガイジンはおとなしくしていなければこの国に住まわせてもらえない」という強迫的な考え方をチェリクさんに植え込んでしまった、という側面もあるのではないか……。

テーブルの上には病院の薬の袋があり、小ぶりで皮にシワが寄った古い青リンゴも五個ほど転がっていた。近所に野菜を売りにくる老人がいて、そこで捨て値同然で売られていたリンゴを買ったものだそうだ。ほんとうはちゃんとしたリンゴを食べたいけれど仕方ないとチェリクさんは寂しげに笑った。野菜と果物好きと思われるが、出費を抑えるために新鮮なものを買えないのだ。

そういえばチェリクさんは、この夏（二〇二二年）、初めて熱中症になって倒れたと言っていた。夏の暑さが年々どんどん厳しくなっていても、ずっとエアコンのない部屋で暮らしていたらしい。従兄弟が駆けつけて窓用のエアコンを取り付けてくれたそうだが、秋になって涼しくなったからとすでに外していた。

ここでもお話の続きを聴く。部屋の更新までまだ半年もあるのに、不動産屋から「保証人を連れてきて」と言われた。従兄弟を連れて行くと更新料の話になり、最初は九万円と言ってい たのが一三万円に上がり、さらにひと月分の家賃も加わって一八万円だと言われたとチェリクさんは憤慨した。偏見や差別のために外国人が部屋を借りることが困難であるとは聞いていたが、外国人で、しかも働くことができない仮放免者という立場の弱さが、こうして今もチェリクさんを追いつめている。

まだ解決していないらしいその件の行方を案じながら、お礼を言って帰り仕度をした。玄関で靴を履いて体を起こすと、すぐそばに、一円玉がぎっしり入ったビニール袋が置いてあるのが目に入る。親戚が解体の仕事の現場で見つけたものをくれたとのことで、今は半分くらいまで減ったが、はじめは袋いっぱい入っていたそうだ。出かけるときにそこから少しとって、駅前で募金を呼びかける子どもたちのために使ってきたという。自分のためには一円も使っていないと。

驚きと感心で、すぐには言葉が出てこなかった。自分が苦しい目にあっているというのに、この人は、一体どこまで他人のために心を配っているんだろう。どうしてこんなに他人に心を配れるんだろう。ほとんど呆然としていると、チェリクさんは「これ、どうぞ」とコンビニ袋を差しだしてきた。受けとると、ずしりと重い。中には発泡酒のロング缶六本パックと、ユンケル黄帝液一〇本パックが入っていた。チェリクさんの数日分の生活費を費やしたお土産だった。

Column 5

被収容者の経験

アフシン

私は一九九〇年に、本国での迫害を免れるために日本に来ました。

当時、私は他の外国人からも、オーバーステイでは捕まることがないと言われていました。警察官に職務質問されたときにオーバーステイと分かっても捕まりませんでした。警察官が戸別訪問に来たときにもパスポートを見せましたが、警官は、日本で悪いことをしなければ大丈夫だと言いました。ですから、私はそれを信じていました。

ですが、二〇〇一年に建築現場で仕事をしていたところ、警察に捕まりました。容疑はオーバーステイだけでした。それまで何度も聞いていた「オーバーステイだけでは捕まらない。悪いことをしなければ捕まらない」というのは、どこに行ったのか、とても疑問でした。

警察では何日も取り調べを受けました。その際に、私がイランに帰ったら殺されるという話をしましたが、調書には書いてもらえませんでした。すべてシナリオも出来上がり、起訴された後に国選弁護人が現れました。その弁護士から、二カ月以内に裁判を受け、そこでオーバーステイについて謝ればすぐ終わる、その後は入管に移されて、イランに帰される手続きが進められることになると説明を受けました。

そこで、その弁護士に、私をイランに帰す

ことは死を意味するので、イランでの反政府の活動を説明し、その話を裁判でも話したいと言いました。ですが、その弁護士は、そのように争うとオーバーステイの罪で刑務所に入れられることになる、そうするとあなたは人生を大きく損するだけですと言いました。そして、その政治の話は入管に行った後にするように言われました。

　私は日本で捕まったのも初めてで、どうしたら良いか分からなかったので、仕方なくその弁護士の言うとおりにして、裁判では難民の話は出しませんでした。そして判決を受けて、東京入国管理局に移されました。当時は、十条（東京都北区）にありました。

　そこでは、最大八人の部屋に一四人が入れられていました。トイレも同じ部屋の中にあり、腰板で仕切られているだけでした。食事中でも同じ部屋の人が用を足していて、臭くて閉口したこともありました。シャワーも四日に一回、一〇分だけでした。仕切りのカーテンはカビだらけです。一〇分過ぎると裸でも職員に追い出されました。エアコンもありません。収容場には公衆電話もなく電話は職員に頼んで、「面会に来てください」などの伝言をしてもらうことしかできませんでした。十条の入管には七〇日間いましたが、その間、外での運動はできず、日光を浴びることすらできませんでした。シャワー以外には部屋から出ることもありませんでした。入管職員からは、「まだあんたたち恵まれている方だよ。ここで何人死んだか知っているか」と言われ

写真は1993年まで横浜の本牧にあった横浜入国者収容所の隔離室。隔離室については106-107頁参照。

たこともありました。

入管の退去強制のインタビューで、職員にイランでの出来事を話したところ、なぜ今ここで主張していることを刑事裁判で言わなかったのかと責められました。国選弁護人にそう言われたからなのに。私は頭が完全に混乱し、誰の話を信じたらよいか分からなくなりました。

退去強制のインタビューのときは、あなたは日本語がしゃべれるから通訳も要らないと言われました。そのインタビューを担当していた入管職員がいろんな質問をして、それに対して自分のイランに帰られない理由をすべて話しましたが、日本語を読むことはできないことから、結果的に自分の主張とまったく異なる書類にサインをさせられました。完全に騙されたのです。

その後、牛久の入管収容施設に移されました。牛久には何人も医者が来ましたが、みんな二カ月くらいで辞めていってしまいました。一人だけ長く勤めた医者は、いくつか薬を並べて、どれがいいか私に選ばせました。

牛久の入管施設に収容され、一年半位でようやく仮放免されました。

その仮放免中にも色々な規制があり、すごく辛かったですが、今の仮放免の状況と比較するとかなりまともでした。たとえば、仕事をしてはいけない、という条件はありませんでした。一時旅行許可も、すごく緩かったです。期間は仮放免が延長された日から次の出頭日の前日まで、地域も長野、横浜など大雑把に書けば大丈夫。目的は友達に会いに行くとだけで、その友達が誰かとか特定する必要はありませんでした。

牛久の入管にいる間に別の弁護士を頼むことができ、退去強制の裁判をしましたが、結局地裁では主張が認められず、判決後、再度収容されました。そして、二回目の収容生活中、最高裁判所に上告して結論が出る前に、入管は私を強制送還しようとしたのです。

予告もなく、一〇人以上の職員が私の部屋に入ってきました。イランに帰ったら死刑になるのは確実で、私は必死で命を張りながら抵抗しました。窓枠の角のところに頭を打ち付けて血だらけになりました。職員に抱え上げられて、外に連れて行かれ、手錠を掛けられ、ミニバスに乗せられました。裁判の途中で送還することは野蛮な国家さえしないと思います。法治国家であるはずの日本の真の姿を目の当たりにしたのです。

そのまま成田空港に連れて行かれましたが、血だらけの私を見て、私が乗せられるはずだった飛行機の機長が搭乗拒否したため、送還を免れたのでした。

送還未遂の後、PTSDの病気を患い、今でも心臓病と一緒に私に付きまとってます。今、私は一日五二錠の薬を飲んでいます。

その後、再度仮放免されましたが、難民申請の異議が棄却され、仮放免の出頭日に延長されず、三回目の収容をされたのです。その後、仮放免されるまで一〇カ月近くかかりました。仮放免のいろんな縛りの中で、今まで平気でできたことがすべてできないようになっています。

この二〇年間、収容と仮放免は改善されることがまったくなく、入管によって悪い方向に進められようとしています。

日本は拷問等禁止条約の加盟国でありながら、収容中の生活と恐怖、仮放免中の生活の苦しさを考慮せず、そして不認定ありきの難民申請は、明らかな拷問といじめです。私だけでなく、多くの難民申請者が、こういう人生を経験しています。安らぐ場所と時間は、残念ながら一秒たりとも存在しません。

これが、日本で二〇年以上難民申請をしている者の生き様です。

第6章　どうすれば現状を変えられるのか
――司法によるアプローチを中心に

児玉晃一

本章では、現行の入管収容制度、二〇二一年に国会に提出された入管法改定案で新設が提案されていた「収容に代わる監理措置」、収容中の処遇、仮放免許可後の処遇のそれぞれに分けて、現状と問題点、改善策（どのように変えるか）について述べ、最後に改善のためのアプローチ（どのようにして変えるのか）について述べることとする。

1　収容制度について

現行収容制度の概要

オーバーステイなどの退去強制事由（入管法第二四条）に該当する疑いのある外国人については、入国警備官の請求により主任審査官が発付する収容令書によって、収容施設に収容することができる（入管法第三九条一項・二項）。入国警備官は現場で摘発などをする入管職員であり、主任審査官はその上司である。刑事事件における逮捕状や勾留状と異なり、裁判所の関与はなく、入管内部の手続きだけで外国人の身体拘束をすることができる。

国の解釈によれば、収容令書による収容をするためには、逃亡の危険などの収容の必要性を吟味する必要はなく、退去強制手続きの対象者はすべて収容した上で手続きを進めるものとされている。これを「全件収容主義」「収容前置主義」「原則収容主義」などと呼んでいる。

収容令書による収容期間は原則として三〇日間であるが、主任審査官が認めた場合にはさらに三〇日間の延長が可能である（入管法第四一条一項）。

また、退去強制令書が発付された場合には、その効力により送還可能なときまで収容を続けることができるとされ（入管法第五二条五項）、期限が設けられていない。

退去強制令書によって収容されている者について、強制送還することができないことが明らかになったときは、条件を附してその者を放免することができる（入管法第五二条六項）。これを「特別放免」というが、実例はほとんど存在しない。

ところで、収容されている外国人は、一定の保証金を納付して収容からの解放を請求することができる。これが仮放免という制度である（入管法第五四条一項）。請求の相手方は主任審査官もしくは入国者収容所長である。請求を受けた当局は、その者の「情状及び仮放免の請求の理由となる証拠並びにその者の性格、資産等を考慮して、三〇〇万円を超えない範囲内で法務省令で定める額の保証金を納付させ、かつ、住居及び行動範囲の制限、呼出しに対する出頭の義務その他必要と認める条件を付して、その者を仮放免することができる」（入管法第五四条二項）。

仮放免の許否判断基準や考慮要素は、法律や規則では定められていないが、二〇一八年二月二八日に法務省入国管理局長（当時の組織名）で発出された「被退去強制令書発付者に対する仮放免措置に係る適切な運用と動静監視強化の更なる徹底について（指示）」（法務省管警第四三号）に、仮放免に係る具体的運用方針について定めた「仮放免運用方針」が添付されている（以下「二〇一八年仮放免指示」という）。

情報公開請求の結果、同文書のほとんどは非開示とされたが、開示された部分には重大事件での前科を有する者など八つの類型に該当する者を「仮放免を許可することが適当とは認められない者」とし、送還が可能となるまで原則として収容を継続し送還に努めるものとしている。この二〇一八年仮放免指示には重大な問題が多数あるので、項を改めて問題点を指摘する。

本来、退去強制令書による収容は、強制送還を確実に実施するための、いわば船待ち・飛行機待ちのために認められる、暫定的なものである。しかし、国の主張では、収容の目的には、この強制送還の確保の他に本来日本に滞在することが許されない外国人の在留活動を禁止することも含むとしている［児玉2018］。

収容の目的外使用——二〇一八年仮放免指示

前記の二〇一八年仮放免指示では、「仮放免を許可することが適当とは認められない者」を列挙し、特に以下の①から④に該当する者については、「重度の傷病等、よほどの事情がない限り、収容を継続する」としている。

① 殺人、強盗、人身取引加害、わいせつ、薬物事犯等、社会に不安を与えるような反社会的で重大な罪により罰せられた者
② 犯罪の常習性が認められる者や再犯のおそれが払拭できない者
③ 社会生活適応困難者（DV加害者や社会規範を守れずトラブルが見込まれる者など）
④ 出入国管理の根幹を揺るがす偽装滞在・不法入国等の関与者で悪質と認められる者
⑤ 仮放免中の条件違反により、同許可を取り消し再収容された者
⑥ 難民認定制度の悪質な濫用事案として在留が認められなかった者
⑦ 退去強制令書の発付を受けているにもかかわらず、明らかに難民とは認められない理由で難民認定申請を繰り返す者
⑧ 仮放免の条件違反のおそれ又は仮放免事由の消滅により、仮放免許可期間が延長不許可となり再収容された者

この入国管理局長指示には、目的外収容を公然と認めている点に大きな問題がある。先にも述べたとおり、入管法上の収容は、あくまで、強制送還の実施を確保するために行われるものである。法務省入国管理局参事官室補佐官（当時）の齋藤利男氏らが執筆した法務省入国管理局出入国管理法令研究会『出入国管理法講義』でも、「退去強制令書の執行は被退去強制者を送還することが主たる目的ですが、この目的を達成するために必要な被退去強制者の護

送、身柄の拘束・収容を行うことも、退去強制令書の執行に含まれます」（同二七二頁）、「被退去強制者の収容は、送還のためのいわゆる飛行機待ち・船待ちのために収容するものです」（同二七五頁）と記述されている。よって、それ以外の目的で用いるのは目的外収容で違法である。

また、類型①から④については、入管法による収容を治安維持のために利用することを認めるものであって、予防拘禁にほかならない。ことに、②については、犯罪の常習性や再犯のおそれという刑事政策的な判断を、門外漢である主任審査官や入国者収容所長に委ねている点で不当極まりない。

二〇一八年仮放免指示は、法務省入国管理局長による二〇一六年四月七日付「安全・安心な社会の実現のための取組について」という通知（法務省管警第五六号）を反映したものと思われる。同通知では、二〇二〇年東京オリンピック・パラリンピック開催に向けて、「安全・安心」な社会を実現するための取組みとして、「不法残留者」及び偽装滞在者、退去強制令書が発付されても送還を忌避する外国人など、我が国社会に不安を与える外国人を大幅に縮減することは喫緊の課題であるとしている。これらの者が「我が国社会に不安を与える外国人」であるということについて、何ら具体的な裏づけがないにもかかわらず、国が不安を煽る形で、非正規滞在者を社会から隔離するために、収容を濫用しているのである。

悪名高い戦時中の治安維持法による予防拘禁ですら、再犯のおそれが「顕著」な場合に、裁判所が検事の請求に基づいて行うことができるとしており（治安維持法第三九条）、その期間も原則二年間で更新には裁判所の許可が必要とされている（同法第五五条）。類型①ないし④につい

表1　予防拘禁統計

			東京	横浜	静岡	長野	新潟	京都	大阪	神戸	高松	名古屋	金沢	岡山	福岡	熊本	秋田	青森	札幌	函館	計
検事	受理件数		13	2	5	1	1	2	15	5	3	6	2	1	3	3	1	1	8	2	74
	上欄中	保護観察中	6			1			9	5		5	2		2	2	1	1	6	2	42
		刑執行中	7	2	5		1	2	6		3	1		1	1	1			2		32
		請求	13	2	2	1	1	1	14	4	2	6	2	1	2	3	1	1	8	2	66
		不請求			3			1	1	1	1				1						8
	未済																				
裁判所	受理件数		13	2	2	1	1	1	14	4	2	6	2	1	2	3	1	1	8	2	66
	決定	付ス	11	2	2	1	1	1	13	4	2	5	2	1	2	3	1	1	6	2	60
		付セズ	2						1			1							2		6
	即時抗告	申立	7		2				4	3		1	1	1					3	1	23
		取下	1		1														2		4
		棄却	6		1				4	3			1	1						1	17
		付ス										1							1		2
	確定		13	2	2	1	1	1	14	4	2	6	2	1	2	3	1	1	8	2	66
	未済																				
拘禁中			6	2	1				3			2				2		1			17
退所			5		1	1	1	1	9	4	1	4	1		2	1	1		7	2	41
更新拘禁中									1		1		1	1							4

注）原資料では裁判所の確定件数合計が65とされているが集計ミスと思われる。

て原則として仮放免を認めないことは、要件の緩さ、司法審査の欠如、期限の定めがないこと、国会の審議を経た法律ではなく単なる運用によって行っているという点において、治安維持法の予防拘禁よりも酷い人権侵害に当たると言ってよい。

また、表1のとおり、予防拘禁が認められた人数は、予防拘禁制度が導入された一九四一年五月一五日からデータの残っている四五年五月末日まで（同年八月の終戦後に治安維持法は廃止）に六二名である［荻野編 1999: 340］。

二〇一九年一〇月一日に出入国在留管理庁が公表した「送還忌避者の実態について」[2]（図1参照）によれば、二〇一九年六月末現在、送還を拒否している被収容者のうち有罪判決をうけている者は三六六人で、出入国在留管理庁は「我が国で罪を犯し刑事罰を科された者や退去強制処分歴又は仮放免取消歴を有する者を仮放免することは、我が国の安全・安心を確保する観点から認めるべきではなく、一刻も早い送還を期すべき」としていた。つまり、予防拘禁を正面から肯定しているのである。一日あたりで、四年間の治安維持法による予防拘禁の対象者の六倍もの外国人に対して予防拘禁をしていることになる。

さらに、治安維持法による予防拘禁の更新が認められた者、すなわち二年以上の拘禁が認められたのは、前記統計によれば四年間で四件である。

二〇二一年一二月二一日に出入国在留管理庁が公表した「現行入管法上の問題点」[3]によれば、収容期間が二年以上の者は、表２のとおりである。二〇二〇年は

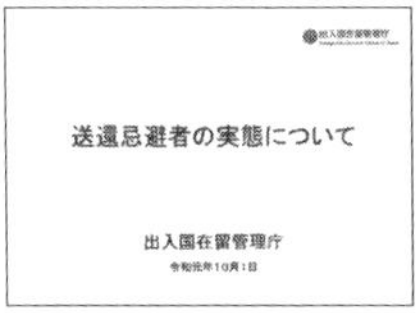

図1　出入国在留管理庁「送還忌避者の実態について」

表2　収容期間別被収容者数

収容期間	2014年12月末	2018年12月末	2019年12月末	2020年12月末
6月以上1年未満	199人	190人	97人	70人
1年以上1年半未満	67人	178人	86人	39人
1年半以上2年未満	12人	146人	82人	24人
2年以上2年半未満	6人	76人	77人	17人
2年半以上3年未満	2人	65人	57人	16人
3年以上	4人	26人	63人	41人
2年以上の収容	12人	167人	197人	74人

出所：出入国在留管理庁「現行入管法上の問題点」（2021年12月）

新型コロナウイルスの感染拡大防止のため、可能な限り仮放免許可がされたことから、長期収容は減少したが、それでも同年一二月末現在で七四人もが二年以上収容されていた。

つまり、二年以上拘禁されている人の数を比べると、入管における一日分は、悪名高い治安維持法による予防拘禁制度によって拘禁された人数四年分の合計の一八・五倍にも及ぶということになる。

さらに類型⑤及び⑧は、仮放免の条件に反した者や違反のおそれがあることを理由に基本的に仮放免を認めないとするものであり、収容を制裁として用いている。

類型⑥及び⑦は、難民申請の濫用を抑制するために、収容の継続を手段として用いていることを自認するものである。[4]

このように、仮放免指示には多々重大な問題があるが、このような内容を法律の改正によらずに単なる行政庁内部の指示によって決めることは大問題である。

問題点

現在の日本の入管収容の手続き上の問題点は、以下の三点に集約できる。

① 収容の必要性を検討せずに収容することができること
② 事前の司法審査がなく、入管当局のみの判断で収容の許否が判断され、事後的にも効果的な司法による救済が保障されていないこと（内部通知である仮放免指示により恣意的な目的外収容が許されているのもこのためである）
③ 退去強制令書による収容には期限がなく、無期限の長期収容が可能であること

以下では、国連による収容に関する見解を見ていくこととする。これによって、日本の入管収容の問題点がより浮き彫りになる。

国連自由権規約委員会一般的意見35のパラグラフ18は、入管収容について恣意的拘禁と判断される基準を以下のとおり挙げている。なお以下の各国連関係文書については著者が訳文に一部手を入れている。

- 入国管理の手続過程における抑留は、それ自体が恣意的とはいえないが、当該抑留は、諸事情に照らして合理性、必要性及び相当性があるとして正当性が認められなければならず、期間の延長の際には再評価されなければならない。
- 決定に際しては、事案ごとに関連要素を考慮しなければならず、広範な類型に基づく強制的なルールに基づくものであってはならない。

・また、決定に際しては、逃亡を防止するための報告義務、身元引受人又はその他の条件など、同じ目的を達成する上でより権利侵害の小さい手段を考慮に入れなければならない。

また、国連拷問等禁止委員会「拷問等禁止条約第二二条の文脈における条約第三条の実施に関する一般的意見4[5]」（二〇一八年九月四日配布）のパラグラフ12及び14は以下のとおり述べている。

12　いずれかの国へ退去強制されれば拷問の危険にさらされると認められる者は、その危険が存続する限り、関係する締約国の管轄、支配又は権限の下にある領域内にとどまることを許されなければならない。かかる者は、適切な法的正当化事由及び保護措置を与えられずに抑留されてはならない。抑留は常に個別の事実評価に基づく例外的措置でなければならず、定期的な再審査を条件とする。（後略）

14　締約国は、劣悪な状況での無期限の抑留、庇護請求処理の拒否又はその請求の不当な長期化、庇護希望者の支援制度のための資金の削減等、抑止的な措置又は方針をとってはならない。これらの行為が行われれば、本条約の第三条に基づき保護を必要とする者に対し、拷問その他の残虐な、非人道的な又は品位を傷つける取扱い又は刑罰が行われる個人的リスクが、出身国への帰国を強いることになる。

さらに、国連人種差別撤廃委員会一般的勧告30（二〇〇四年八月五日第六五会期採択）[6]のパラグラフ19でも以下のとおり恣意的拘禁の禁止を求めている。

19　特に恣意的な拘禁に対する、市民でない者の安全を確保すること、ならびに、難民及び庇護請求者の収容施設の諸条件が国際基準に合致するよう確保すること。

二〇一八年一二月一〇日にモロッコで開かれた国連総会で、日本政府も賛成して、「安全で秩序ある正規移住のためのグローバル・コンパクト」（以下「国連移民協定」）が採択された。[7]その目的13で収容は最後の手段であることなどが確認されている。[8]他の国連文書も重要ではあるが、国連総会決議で入管収容の恣意的拘禁は許されないことが確認されたことの意義は大きい。

目的13

我々は、国際移住の文脈における収容が適正手続に従い、収容が入国時、通過時、帰還手続のいずれで生じているかを問わない。また収容場所の種類にかかわらず、法律、必要性、比例性と個別の評価に基づく、権限ある当局による、恣意的でない、最も短期間での実施を保障すると約束する。我々はさらに、拘束を伴わない収容代替措置を国際法に沿って優先し、移住者のいかなる収容に対しても人権に基礎を置いたアプローチをとり、収容を最終手段としてのみ用いることを約束する。
この約束を実現するため、我々は以下の行動を行う。

a　入管収容における独立したモニタリングを改善するよう、既存の関連する人権機構を利用し、収容は最後の手段とし、人権侵害を生じさせないこと、特に家族や子どものケースの場合には拘束を伴わない措置や地域連携型のケアの手配など、国が収容代替措置を実施、拡大することを保証すること。

b　入管収容に関して、国家間もしくは国と利害関係者の間で成功した実践を参考に、定期的な情報交換や発展を促すこと。そのようにして、国際移住の文脈において、人権に基礎を置く最善の取組みである収容代替措置を普及させるための包括的な体制を整備すること。

c　移住者を恣意的に拘束しないこと、拘束は法律に基づき、比例的で、正当な目的をもち、個人単位で行われ、適正手続及び手続保障のもとに行われること、入管収容が抑止力として促進されたり、残虐で非人道的で、移住者の品位を傷つける形で使用されることがないよう、国際人権法を遵守して、入管収容に関連する法律や政策実務を見直し、改定すること。

d　収容されている（あるいは収容される可能性のある）通過国や目的国におけるすべての移住者に対して、収容命令の定期的な見直しへの情報と権利とともに、権利と資格のある独立した法律家による、無料あるいは支払い可能な法的援助や支援などの、司法のアクセスを提供すること。

e 収容されているすべての移住者に、彼らが理解する言語で収容の理由を通知し、彼らの権利行使を認めること。その際には、国際法と適正手続の保障に従い、領事や大使と、法的代理人及び家族と遅滞なく連絡できるようにすること。

f 適正手続と比例原則を保証することで、収容者に対する否定的かつ潜在的に継続する影響を軽減すること。国際人権法に従い、適切な収容施設を提供するとともに、収容期間は最短とし、身体的精神的品位を守り、食事や基本的な健康管理、法的な指導や支援、情報やコミュニケーションを最低限提供すること。

g 入管収容の運営を担当する全ての行政当局と民間の当事者が、人権に沿った方法でこれを行うこと。国際移住の文脈において、差別的・恣意的な拘束及び収容の禁止について訓練され、人権侵害や虐待について責任を負うこと。

h 移住者としての地位を問わず、子どもの権利と最善の利益を常に保障し尊重するために、以下の方策をとること。すなわち、拘束を伴わず、実行可能な範囲で収容代替措置を選択したり、アクセスできるよう保障すること、地域連携型のケアの手配を支援し、教育と健康へのアクセスを保障し、家族生活と家族統合への権利を尊重すること、国際移住の文脈において子どもを収容しない実務を続けるようにすること。

日本は選択議定書を批准していないので、条約に基づく個人通報がされた実例は存在しないが、同種事例で示された見解が参考になる。

規約人権委員会は、オーストラリアからの個人通報事件について、度々、通報者に対する収容が恣意的拘禁であり自由権規約第九条一項違反があると判断している。

特に、リーディングケースとされるA対オーストラリア事件[9]（通報番号560/1, CCPR/C/59/D/560/1993）では次のように述べ、収容期間が四年を超えた申立人のケースに対し、国側が四年間収容を続けたことを正当化する特殊事情を主張していないことから、申立人に対する収容は、規約第九条一項の恣意的拘禁に含まれるものと結論づけた。

委員会は、個人を収容所に留め置くための全ての決定は、収容が正当かどうかを審査するために、定期的に再審査する道が開かれているべきであると考える。いかなる場合でも、収容は、国が適切な正当化事由を提供できる期間を超えては継続すべきではない。たとえば不法入国の事実は、調査の必要性を示すものかもしれないし、その他、逃亡の蓋然性が高いことや非協力的であることなど個々の特性があるかもしれず、そのような場合にはある期間の収容は正当化されよう。そのような要素がない収容は、たとえ入国が不法であっても、恣意的なものとみなされる。

そして、各条約の日本政府の報告書審査では、以下のとおり懸念が示されたり、勧告がされたりしている。[10]

① 二〇〇七年八月七日　拷問等禁止委員会（第一回政府報告書審査パラグラフ14）
② 二〇一三年五月二九日　拷問等禁止委員会（第二回政府報告書審査パラグラフ9）
③ 二〇一四年八月二〇日　自由権規約委員会（第六回政府報告書審査パラグラフ19）
④ 二〇一四年九月二六日　人種差別撤廃委員会（第七・八・九回政府報告書審査パラグラフ23）
⑤ 二〇一八年八月三〇日　人種差別撤廃委員会（第一〇・一一回政府報告書審査パラグラフ35、36）
⑥ 二〇一八年一二月五日　強制失踪委員会（パラフラフ33）
⑦ 二〇一九年三月五日　子どもの権利委員会（第四・五回政府報告書審査　パラグラフ4）

国連の恣意的拘禁作業部会[11]は、二〇二〇年九月二五日、日本で長期間収容され、ハンストの後二週間だけ仮放免許可をされたが状況の変化がないのに再収容されるなどした難民申請者二名に対する司法審査のない無期限収容が、自由権規約第九条一項の禁止する恣意的拘禁にあたり、効果的な司法救済がない点について同条四項違反であるなどの意見を表明した。[12]ここでは、「作業部会は、日本が自由権規約の下で負う義務との整合性を確保するため、出入国管理及び難民認定法を見直すよう政府に要請する」との意見も付された（同パラグラフ1）。恣意的拘禁作業部会が日本の入管収容について意見を述べたのは初めてのことである。

諸外国の制度——英国を中心に

では、諸外国の入管制度は、どのようなものであろうか。筆者は二〇一二年と一四年に英国の収容制度及び施設を視察してきたので、以下では英国の制度を中心に述べる[13]。

英国も日本同様、入管収容にあたっては事前の司法審査は必要なく、収容期間の上限も定められていない。しかし、解放の段階では効果的かつ迅速な司法救済の制度が設けられている。難民移民審判書による入管収容からの保釈（Immigration Bail）は、収容施設内からファクシミリでも申請ができる。申請があった場合には、三営業日以内に公開法廷でのヒヤリングが実施される。一時間ほどの審理の後、特に続行が必要でない限りは、その場で保釈の許否判断がされる。保釈許可があった場合には、イングランド及びウェールズでは、保証金を納めることなく、被収容者は解放される。保釈された者が逃亡した場合に、保証人が保証金を支払うことになる。

米国・ドイツ・フランスでは、前掲「現行入管法上の問題点」一六ページによれば、収容期間の上限が定められている。また、フランスには収容についての事前司法審査があり、ドイツも延長決定において司法審査が必要とされている。

一方、台湾の司法院大法官は二〇一三年二月六日、入管による一時的な収容が事前の司法審査を認めていない点、及び一時収容の期間を超えての収容が司法審査を経ないでなされることについて憲法違反との判断を下した。同判決を受けて、二〇一六年一一月一六日に、台湾の出入国及移民法は、同判決に適合する内容に法改正された[14]［田巻 2019］。

また韓国では、日本同様、収容期間の上限はないが［呉 2019］、二〇一八年二月二二日の憲法裁判所判決（2016 Hun-Ma 780事件）において、五人の裁判官が入管収容に上限が定められていないことは憲法違反と判断した。[15]

上記の一般的意見・一般的勧告、国連移民協定、個人通報事件における見解に照らせば、日本の入管収容が、①収容する場合も、解放する際の仮放免許可の判断権者も主任審査官であり、行政内部で完結していること、②退去強制事由に該当していれば逃亡の危険などを考慮せず収容可能なこと、③定期的な再審査がないこと、④効果的な司法的救済がないことなどの点から、自由権規約第九条一項及び同四項に反することは明らかである。また、難民申請の濫用防止という名目で仮放免を許可せず長期収容を強いることは、拷問等の危険がある出身国への帰国を強いることとなり、拷問等禁止条約第三条に反する。

これら、条約違反の指摘を受け、条約に適合するように制度を改正するためには、次のことが必要である。

① 収容の要件を「逃亡すると疑うに足りる相当の理由」に限定すること
② 収容に事前の司法審査を導入すること
③ 収容の上限を定めること

東京弁護士会が二〇一八年三月五日付で公表した「出入国管理及び難民認定法の収容に関連する規定の改正を求める意見書」[16]や、野党連合で第二〇四回国会及び第二〇八回国会に提案された「出入国管理及び難民認定法の一部を改正する法律案[17]」では、上記趣旨に沿った改正案が提示されている。参考とすべきである。

ただ、これらの案は現行の刑事訴訟手続きに倣った制度設計を提案しているに留まる。現行の刑事訴訟手続きにおける勾留・保釈の実務は「人質司法」と呼ばれ、それ自体が自由権規約第九条一項の禁じる恣意的拘禁であるとの指摘を受けている[18]。したがって、自由権規約などが求める国際標準に適合させるためには、現行の刑事手続き並みにすることで満足するのではなく、拘禁審査における証拠資料の開示など、日本における刑事手続きよりも数歩先に進んだ制度設計が必要である。また、収容に司法審査を導入するだけではなく、その審査を入管側の一方的な主張に晒されるような偏った状況に陥らせないため、収容の危機にさらされた外国人の立場を弁護士などの法律専門家が代理する制度の確立も不可分なものとして主張し、実現していく必要がある[19]。

2 「収容に代わる監理措置」

二〇二一年二月一九日に閣議決定され、第二〇四回通常国会に提出された入管法の改定案（以下「二〇二一年入管法案」）では、「収容に代わる監理措置」という新たな手続きが盛り込まれ、同措置が認められれば収容はされずに退去強制手続きが進められるという建付けであった[20]。

しかし、判断権者は入管職員である主任審査官であり、要件も退去強制令書発付前の段階では「逃亡し、又は証拠を隠滅するおそれの程度」（法案第四四条の二第一項）、退去強制令書発付後は「逃亡し、又は不法就労のおそれの程度」（法案第五二条の二第一項）に加え、「その他の事情を考慮」できるという曖昧なもので、なおかつ、主任審査官が収容しないことを「相当と認めるとき」に許可できるというものであった。そして、収容に代わる監理措置が認められなければ、無期限収容が続くことには変わりはなかった。

本書の第４章やコラム４にもあるとおり、同法案は国内外から多くの批判を受け、その結果、二〇二一年五月一八日、政府与党は開会中の第二〇四回国会での成立を断念したが、法務省は報道によれば二〇二二年秋の臨時国会でほぼ同内容での法案提出を目論んでいるとされているので、本稿では、その問題点も指摘しておく。

国連特別報告者らによる共同書簡

二〇二一年入管法改定案については、国連の移住者の人権に関する特別報告者、恣意的拘禁作業部会、思想信条の自由に関する特別報告者、並びに拷問及び他の残虐な、非人道的な又は品位を傷つける取扱い又は刑罰に関する特別報告者による二〇二一年三月三一日付共同書簡が日本政府に対して送付された[21]。

同書簡では、次のような指摘がされ、「収容に代わる監理措置」が過度に制約的であること、司法審査及び収容の上限が欠如していることについて懸念が表明された。

私たちが強調したいのは、「出入国管理関連の理由による拘禁を含む全ての拘禁は、それがどのような形態であっても、裁判官あるいはその他の司法当局によって指示および承認されなければならない」ということです（恣意的拘禁作業部会による改定審議結果第五号、付属書A/HRC/39/45）。同作業部会は、「出入国管理関連の理由による被拘禁者は、速やかに司法当局のもとに連れてこられる必要がある。その収容が必要的、比例的、合法的、非恣意的であり続けることを確保するため、その収容につき被拘禁者に自動的で定期的な審査へのアクセスが与えられるべきである」と付け加えています（附属書A/HRC/39/45）。

さらに、自由権規約第九条四項では、逮捕または抑留（detention）によって自由を奪われた者は、裁判所がその抑留が合法的であるかどうかを遅滞なく判断し、その抑留が合法的でない場合にはその釈放を命ずることができるよう、裁判所において手続をとる権利を有すると規定されていることを想起したいと思います。自由を奪われた者が裁判所において手続を取る権利に関する救済措置及び手続に関する基本原則及びガイドラインでは、裁判所に拘禁（detention）の適法性を問う権利は独立した人権であり、その欠如は人権侵害にあたるとされています。この権利は、自由を奪われている状況にある、移住者（その地位に関わらない）、庇護希望者、難民及び無国籍者を含む、その国家の国籍を有しないすべての人びとにも適用されます。

日本の収容に関する法案について、国連の特別報告者らがこのような意見表明をするのも歴史上初めてのことであった。

出入国在留管理庁による弁解

これに対して、国会審議の場で上川陽子法務大臣（当時）は、次のとおり答弁した。[22]

収容するか、監理措置に付すかの判断については、対象者の収容等を執行する立場の者ではなく、上級の入国審査官である主任審査官において審査することとしています。その判断に不服があれば、行政訴訟を提起し、事後の司法審査を受けることができます。こうした事前事後の仕組みにより、収容の要否の判断について、十分に適正性が確保されており、これらとは別に裁判所の関与は必要はないと判断しました。

事後的に行政訴訟ができるのだから、よいという見解である。

司法救済は遅滞なく効果的なものでなくてはならない

しかし、行政訴訟をするために当事者が個別に弁護士へ代理を依頼することは可能だが、刑事事件における国選弁護人のような法律上の保障制度は存在しない。総合法律支援法による法律扶助も、対象となる外国人は適法に在留する者でなければならないという要件があるので（同法第三〇条一項二号柱書き）、利用できない。

現行法の下でも、収容からの解放手段として、裁判所に収容令書発付処分や退去強制令書発付処分の取消訴訟を提起し（本案訴訟）、併せて執行停止申立をすることもできる（行訴法第二五条）。しかし、本案訴訟である行政訴訟の平均処理期間は一五・七カ月であるし[23]、収容部分の執行停止が認められたのは、本稿執筆時点で二〇一〇年四月二八日大阪地裁決定が最後である。その後一〇年以上、裁判所の判断で収容部分の執行停止が認められた事例はない。二〇〇四年に行政事件訴訟法が改正され、執行停止の要件は、「回復の困難な損害を避けるため緊急の必要性」から「重大な損害を避けるための緊急の必要性」として緩和されたはずであるが、改正前には認められることもそれなりにあった収容部分の執行停止は、改正後の方が認められにくくなっているという逆転現象が生じている［児玉2010］。

上川法務大臣の答弁は、弁護士依頼権が制度上保障されていないうえに、相当長い時間が掛かり、一〇年以上認められたことがないという使い物にならないような制度があるからよいだろうというものである。

二〇一五年七月六日に策定された国連の「自由を奪われた者が裁判所に手続を提起する権利に関する救済及び手続に関する国際連合の基本原則及びガイドライン[24]」（A/HRC/30/37）は、47(a)で「遅滞なく適切でアクセス可能な」司法救済の保障を求め、同(b)ではいかなる形態での自由の剥奪も、司法による効果的な監視とコントロールに服さなくてはならないとしている。「収容に代わる監理措置」は、この要請にまったく応えられていない。

3　収容施設及び処遇

現状

「本邦からの退去を強制される者を収容し、及び送還する事務をつかさどる」施設として、入国者収容所がある（入管法第二条一五号、法務省設置法第三〇条）。茨城県牛久市所在の入国者収容所東日本入国管理センターと、長崎県大村市所在の入国者収容所大村入国管理センターの二カ所である。

また、各地方出入国在留管理局及びその支局に収容場が設けられている（入管法第六一条の六）。札幌、仙台、東京、名古屋、大阪、広島、高松、福岡の各本庁及び東京出入国在留管理局の支局である成田空港支局、羽田空港支局、横浜支局、名古屋出入国在留管理局の支局である中部空港支局、大阪出入国在留管理局の支局である関西空港支局、神戸支局、福岡出入国在留管理局の支局である那覇支局の一五カ所である。収容定員は、全国合計で約三七〇〇人である。

入管法に置かれている処遇に関する規定は、第六一条の七の一項から六項のみである。一項では、被収容者には「入国者収容所等の保安上支障がない範囲内においてできる限りの自由が与えられなければならない」という基本原則が定められている。同二項は一定の寝具及び糧食の給与、同三項は、被収容者に対する給養と収容施設の設備について、同四項は身体検査・所持品の領置等、同五項は通信についての規定であり、それ以外の事項については、同六項が委任する被収容者処遇規則に定めがある。[25]

問題点

先に述べたとおり、日本の入管収容施設における処遇は、二〇二一年三月、名古屋入管での死亡事件もあって、特に医療面において近時注目を集めている。

筆者は、二〇一二年と一四年に英国を訪れ、三カ所の収容施設を見学した。英国の収容規則二〇〇一年（The Detention Rules 2001）は、三条で「収容施設は、安全でありながらかつ人道的な設備を被収容者に提供することを目的とする。その設備は、できる限りの移動と交流の自由を確保できる、リラックスしたもので、安全・安泰な環境が保たれ、被収容者が最も生産的な方法で時間を過ごすことができるよう促進するものであり、特に、被収容者の品位と個々の表現の自由を尊重するものでなくてはならない。被収容者が感じやすい特有の心配と過敏さをよく理解する必要がある。特に、それが文化的な相違に基づくときは、なおさらである」としており、見学した収容施設はいずれもその条文に則った処遇がなされていた。

たとえば携帯電話や収容施設が用意したパソコンでインターネット・Eメールが自由に利用できたり、外部との面会が三六五日可能だったり、施設内にダンベルやバーベルなどを備えたジムがあったり、音楽室があったりなどである。[26]

改善案

英国が法に忠実な処遇環境を実現できているのは、視察委員会（Her Majesty's Inspector of Prisons for

England and Wales）による徹底的な視察と勧告によるところが大きい。日本でも収容所等視察委員会が二〇一〇年から活動をしているが、独立性に欠けており、その権限や資源も貧弱というほかない。処遇の規律をマンデラ・ルールズのような国際準則に従ったものとし、国会制定法にすることも重要であるが、ルールだけを作っても守られる仕組みがなければ、画餅に帰すことになる。画に描いた餅で終わらせないためには、視察委員会の独立性を高め、権限を強化し、人的・資金的な資源を格段に拡充すべきである。[27]

4 仮放免中の処遇

現状及び問題点

入管収容から仮放免許可を得て解放された後も、決して楽な生活が待っている訳ではない。[28]

二〇一五年一〇月頃から、退去強制令書が発付された者全員の仮放免許可（延長時含む）の際に、就労禁止条件が明記される運用が始まった。これは同年九月一八日付で出された「退去強制令書により収容する者の仮放免措置に係る運用と動静監視について（通達）」という法務省入国管理局長通達の影響と考えられる。

この通達が出された後、入管職員が仮放免された者の自宅や勤務先を訪れ、就労の事実を把握して、仮放免の延長を認めなかったり、条件違反として仮放免を取り消し、再収容をしたりする事例が多く報告されている。二〇一六年九月二八日には、動静監視の徹底を求める法務省入国管理局局長指示（法務省管警第二〇二号）も出されている。

また、仮放免許可を受けた者が住居の変更をする場合には事前に許可を得る必要があるという条件が付されているが、以前は、引っ越しをした直後の仮放免延長のための出頭時にその旨報告すれば、実務上はなんら問題がなかった。しかし、事前許可を得なかったことで仮放免許可を取り消されて再収容されたという事例が近年は数件報告されている。

さらに、仮放免の際には指定住居のある都道府県以外に移動する場合は、入管から一時旅行許可を得る必要がある。従来は、期間に幅を持たせて、「友人に会う」などの理由で一時旅行許可を得られていたが、二〇一四年四月から運用が代わり、日付、場所を特定し、目的についても厳格な審査がされるようになった。

諸外国の例

二〇一七年五月三〇日、アイルランド最高裁は、以下の社会権規約委員会による一般的意見を引用するなどして、難民申請者の就労禁止は違憲であるという全員一致の判決を下している[29]（同パラグラフ16）。

「労働の権利は、他の人権を実現するために不可欠であり、人間の尊厳の不可分かつ固有の部分をなす。すべての個人は彼／彼女が尊厳を持って生きられるよう、働くことができる権利を有している。労働の権利は同時に、個人及び彼／彼女の家族の生存に寄与するとともに、労働が自由に選択され又は承諾されている限りにおいて、彼／彼女の成長およびコミュニティ内部で認められる一助となる」（労働の権利に関する一般的意見18のパラグラフ1、二〇〇五年一一月二四日採択）。また、英国では、二〇一四年四月九日、入管収容から保釈された者に対する生活費支給額が安すぎるとした裁判例がある。[30] 二〇一二年七月一八日、ドイツでも庇護希望者に対する生活費支給額が安すぎるとした裁判例がある［山本 2020］。

あるべき改善の姿

仮放免された者の処遇改善は、最終的には、非正規滞在者の一斉正規化（アムネスティ）や、難民として認定されるべき者を迅速かつ適切に認定することによって実現されるべきものであるが、審査期間中の暫定的な措置としては以下の対応をすべきである。

すなわち、入管法施行規則第四九条三項が準用する同第四八条二項四号により、仮放免許可にあたって所長等が付するその他の条件は、「職業又は報酬を受ける活動に従事することの禁止その他特に必要と認める事項とする」とされているが、入管法第五四条二項は、仮放免許可に際して、条件を付した上で仮放免を許可できるとしているだけで、必ず条件を付さなくてはならないわけではない。現に従来は、就労禁止条件を明文では付していなかった。

そもそも、仮放免許可に付することのできる条件は、逃亡防止のためのものに限定され、就労禁止を条件とするのは違法である［児玉ほか編 2012: 377］。

在留資格のない者については、生活保護の受給資格も否定されており（最三小判平一三年九月二五日、『判例時報』［No.1768: 47］）、就労を禁じることは生存権そのものを奪うことに繋がる。

名城大学の近藤敦氏は、この点、「退去強制できない仮放免者が生活する上では、労働か社会保障の受給が認められなければならない。退去強制できない無国籍者を仮放免しながら、労働も社会保障の受給もともに認めないことは、ホームレスとしての困窮生活を強いる『品位を傷つける取扱い』といえ、日本国憲法一三条に反する」としている〔近藤 2017: 211〕。

仮放免許可に就労禁止条件を付する運用は改められるべきであり、また、前記の入管法施行規則第四九条三項が準用する同第四八条二項四号は削除されるべきである。一九五四年当時、大村の収容施設内では被収容者が仕事をして対価を得ていた実績もあり[31]、就労は法律上禁止されているわけではないのである。もし就労を認めないのであれば、生命維持のため、生活保護の受給資格を認めるべきである。

さらに、居住地変更や移動地域の制限について条件違反があったにせよ、注意をする程度ですむ問題であり、身体拘束までするのは比例原則（目的と手段の均衡を求める原則）に反する。

そもそも、行動範囲を指定住居のある都道府県に限定することに合理性は見出しがたい。移動の自由に対する過度な制限である。仮放免の更新回数やその間の行動態様に照らし、逃亡の危険がない者については、行動範囲の制限を解除すべきである。

5　改善へのアプローチ

では、これまでに示した改善の方向を実現するためには、どのようなアプローチが考えられるであろうか。国の制度改善のためには、立法によるもの、司法によるもの、行政によるものがある。このうち、最後の行政自身による自主的な改善を求めることは、自らを縛るものとなることであるから、十分な対応がされることは期待できない。そこで、制度改善のためには、行政ではなく、立法と司法へのアプローチによるしかない。

立法によるアプローチ

収容の制度、処遇の規律、視察委員会のあり方のいずれについても、入管法の改正が必要である。となれば、国会での多数を獲得する必要がある。その具体的な方法の提案は、残念ながら一在野法曹に過ぎない筆者の能力を超えているが、本書でも紹介されているとおり、二〇二一年入管法改定案を多くの市民の声によって廃案に追い込むことができたのは、非常に心強く、示唆に富む。

有権者であるか否かにかかわらず、多くの市民の声が集まったことが、メディアを動かし、野党を動かし、ついには政府を動かしたことを私たちは体験した。

入管法案反対のための国会前シットインで、作家の温又柔さんが木村友祐さん宛の書簡に書かれた一節を紹介されていた。「私は微力だけれど、無力ではない」［温・木村 2020］。まさにその言葉が正しかったことを、筆者自身実感した経験であった。

司法によるアプローチ

一つの判決が国の制度を変えることがある。従来、外国籍の母から産まれた子は、出生後の認知だけでは国籍取得が認められず、両親が結婚することまで必要であったが（旧国籍法第三条一項）、二〇〇八（平成二〇）年六月四日の最高裁判所大法廷判決により国籍法第三条一項が憲法違反と判断され、その後、認知だけで国籍取得が認められることとなった。

また、二〇二一年一月一三日、名古屋高裁は、難民認定を巡る異議申し立ての結果を告知した翌日に当該外国人をチャーター便により強制送還した事件で、国の措置が司法審査の機会を奪う違法なものであるとして国家賠償請求を認める判決を下した。これを受けて、出入国在留管理庁は同年六月一七日、出入国在留管理庁出入国管理部長名で「送還実施に当たっての留意事項について（指示）」を発出し、難民認定申請者の審査請求を棄却した場合には速やかにその旨を告知し、送還計画がある場合には二カ月程度の猶予を持って送還予定時期を通知することにした。一つの判決が難民行政を大きく動かした事例である。

さらに、二〇二一年九月二二日、東京高裁は、名古屋の事件と同じ日にチャーター便で送還された別の男性二名の事件について、憲法第三二条等に違反するとの判決を下した。同判決では、難民申請が濫用かどうかも含めて、司法審査の機会が保障されるべきとした。これは、二〇二一年に国会に提出された、三回目以後の難民申請者や重大犯罪を犯した者、暴力的破壊主義者等に対する送還停止効の例外を設けようとする入管法改定を封じ込めるものである[32]。

筆者が代表を務める「全件収容主義と闘う弁護士の会　ハマースミスの誓い」には、司法の力で全件収容主義を変えようという志のもとに多くの弁護士が賛同している。在野法曹である筆者は、今後も本来のフィールドである司法の場で改善のためのアプローチに注力していきたい。

［参考文献］

阿部浩己（2020）「恣意的拘禁作業部会――身体の自由を守る国連の砦」『法学セミナー』七八一、一六〜二一頁

呉泰成（2019）「日韓における外国人収容施設の比較検討――長期収容問題を中心に」アジア太平洋研究センター『アジア太平洋研究センター年報２０１８‐２０１９』一六、一七〜二五頁

荻野富士夫編（1996）『治安維持法関係資料集　第四巻』新日本出版社

オブエザ・エリザベス・アルオリウォ、ウチャル・メメット、嶋津まゆみ、金穀中（2019）「難民「仮放免」者座談会――私たちに人権を！」『世界』九二七、一九三〜二〇三頁

温又柔・木村友祐（2020）『私とあなたのあいだ――今この国で生きるということ』明石書店

児玉晃一（2010）「行政事件訴訟法改正後の収容執行停止――収容は『重大な損害』である」渡邉彰悟・大橋毅・関聡介・児玉晃一編『日本における難民訴訟の発展と現在――伊藤和夫弁護士在職50周年祝賀論文集』現代人文社、二六五〜二八五頁

――――（2015）「入管収容施設の在り方――英国の収容施設と比較して」吉成勝男・水上徹男・野呂芳明編著『市民が提案するこれからの移民政策――ＮＰＯ法人ＡＰＦＳの活動と世界の動向から』現代人文社、七二〜八三頁

――――（2018）「入管収容の目的は何か――『在留活動禁止説』を批判する」移民政策学会設立10周年記念論集刊行委員会編『移民政策のフロンティア――日本の歩みと課題を問い直す』明石書店、五一〜五七頁

――――（2020）「恣意的拘禁と入管収容」『法学セミナー』七八一、四二〜四八頁

児玉晃一・関聡介・難波満編（2012）『コンメンタール出入国管理及び難民認定法２０１２』現代人文社

近藤敦（2017）「無国籍者に対する収容・退去強制・仮放免の恣意性――比例原則と適正手続違反」『憲法学の創造的展開　下巻　戸波江二先生古稀記念』信山社、二〇一～二二二頁
高野隆（2021）『人質司法』角川新書
田巻松雄（2019）『ある外国人の日本での20年――外国人児童生徒から「不法滞在者へ」』下野新聞社
山本響子（2020）「外国人の『人間の尊厳に値する最低生活保障を求める基本権』をめぐる現況と可能性――ドイツ連邦憲法裁判所二〇一二年七月一八日判決を中心に」早稲田大学法学会『早稲田法学会誌』七〇巻二号、二九一～三四八頁

［註］

1 法務省入国管理局長「安全・安心な社会の実現のための取組について（通知）」<http: //www.jlnr.jp/jlnr/wp-content/uploads/2021/04/537_1-平成28年4月7日付け法務省管警第56号法務省入国管理局長通知.pdf>

2 同資料は、無罪判決が下された事例を「被退令仮放免者が関与した社会的耳目を集めた事件」として掲載していたことから、公開が中止されている。現在閲覧可能なのは、二〇二〇年三月二七日付で作成されたものである。<https: //www.moj.go.jp/isa/publications/press/nyuukokukanri09_00026.html>

3 出入国在留管理庁「現行入管法上の問題点」<https: //www.moj.go.jp/isa/content/001361758.pdf>

4 二〇二一年八月一〇日付「令和3年3月6日の名古屋出入国在留管理局被収容者死亡事案に関する調査報告書」五八頁では、死亡したウィシュマさんが生前にした仮放免申請を不許可にした理由として「一度、仮放免を不許可にして立場を理解させ、強く帰国説得する必要あり」ということが挙げられている。自発的な送還に追い込むために収容を利用していることがわかる。<https: //www.moj.go.jp/isa/content/001354107.pdf>

5 日本弁護士連合会国際人権ライブラリー <https: //www.nichibenren.or.jp/library/pdf/activity/international/library/torture_general/GC_No4_Implementation_of_article_3_of_article22.pdf>

6 ヒューライツ大阪 Web サイト <https: //www.hurights.or.jp/archives/opinion/2004/03/post-4.html>

7 国際連合 Web サイト <https: //www.un.org/en/ga/search/view_doc.asp?symbol=A/RES/73/195>

8 本稿執筆時点で政府による公定訳は発表されていない。日本語訳は法務省 Web サイト <https: //www.moj.

go.jp/content/001312805.pdf> で入手できるが、これは「収容・送還に関する専門部会」において宮崎真委員が会議資料として提出した仮訳である。

9 全文は児玉のブログ「四半世紀近く前から国連は外国人の無期限収容が恣意的拘禁にあたると判断していました」。<https: //note.com/koichi_kodama/n/ndac3e8a69d7f> に掲載。

10 詳細及び引用元は［児玉 2020］及び児玉のブログ「収容・送還・難民についての国連勧告 まとめ（1998-2018）」<https: //note.com/koichi_kodama/n/n3858fe18600a> 参照。

11 国連の恣意的拘禁作業部会は、「恣意的拘禁」という人権課題に焦点を当てて一九九一年に国連人権委員会に設置された、テーマ別手続の一つである。二〇〇六年に国連総会は人権理事会を創設し、特別手続を含む人権委員会のすべての任務を引き継がせた。恣意的拘禁作業部会の任務・権限は、恣意的な自由の剥奪に掛かる個別事案の調査や恣意的な自由の剥奪に掛かる一般的な所見の提示などがある［阿部 2020］

12 恣意的拘禁ネットワーク Web サイト <https: //naad.info/wgad_opinion20200925/>

13 「イングランドの入管収容施設及び制度の現状と課題」研究会「イングランドの入管収容施設及び制度の現状と課題」七頁以下 <https: //www.jlf.or.jp/assets/work/pdf/201312_eikokushisatsu_houkoku.pdf>

14 ただし、同書が引用する判決のURLはリンク切れとなっている。二〇二二年一月一八日閲覧時点の英文判決は、<https: //cons.judicial.gov.tw/en/docdata.aspx?fid=100&id=310889>

15 韓国憲法裁判所 <https: //search.ccourt.go.kr/ths/pr/ths_pr0101_P1.do>

16 東京弁護士会「出入国管理及び難民認定法の収容に関連する規定の改正を求める意見書」<https: //www.toben.or.jp/message/ikensyo/post-525.html>

17 参議院「参議院議案情報」<https: //www.sangiin.go.jp/japanese/joho1/kousei/gian/204/meisai/m204100204021.htm>

18 たとえば高野［2021］など。自白偏重の日本の刑事司法について、二〇一三年拷問等禁止委員会における日本政府報告審査で、モーリシャスの Domah 委員（元同国最高裁判所判事）は、「これは中世のやりかたでしょう。中世の名残といえるのかもしれない」と述べた。日本弁護士連合会パンフレット「国連拷問禁止委員会は日本政府に何を求めたか」<https: //www.nichibenren.or.jp/library/ja/kokusai/humanrights_library/treaty/data/UNC_against_torture_pam.pdf>

19 児玉晃一「入管収容をどう変えるか～『司法審査導入』だけでは足りない。弁護人の保障を 収容の危機にさらされた外国人をサポートするために」朝日新聞『論座』二〇二二年二月四日 <https://webronza.asahi.com/national/articles/2022020400001.html>

20 法務省 Web サイト <https: //www.moj.go.jp/isa/laws/bill/index.html>

21 全国難民弁護団連絡会議 Web サイト <http: //www.jlnr.jp/jlnr/wp-content/uploads/2021/04/joint_letter_20210331_japanese.pdf>

22 二〇二一年四月一六日衆議院本会議における答弁。

23 最高裁 Web ページ <https: //www.courts.go.jp/vc-files/courts/file2/20505110.pdf>

24 国際連合「自由を奪われた者が裁判所に手続を提起する権利に関する救済及び手続に関する国際連合の基本原則及びガイドライン」（A/HRC/30/37）<https: //documents-dds-ny.un.org/doc/UNDOC/GEN/G15/149/09/PDF/G1514909.pdf?OpenElement>

25 前記の二〇二一年入管法改定案では、現在ほとんどを法務省令である被収容者処遇規則に委ねている処遇に関する規律を、国会制定法で定め直すことが盛り込まれていた。「第五章の二 被収容者の処遇」という章の中の第五五条の三から八三までがそれであるが、同法案が廃案となったこともあり、本稿では検討を割愛する。

26 詳細は児玉［2015］。

27 日本弁護士連合会「入国者収容所等視察委員会の改革に関する意見書」<https: //www.nichibenren.or.jp/document/opinion/year/2020/200820.html>

28 エリザベスほか［2019］は、収容中のみならず仮放免中の過酷な生活が語られた貴重な資料である。仮放免中の生活は、同一九九頁「収容所の外でも人権がない」の項以下。

29 アイルランド最高裁判所、二〇一七年五月三〇日判決 <https: //www.courts.ie/acc/alfresco/553e0e20-ac4a-48e6-a4fa-fef5638377ac/2017_IESC_35_1.pdf/pdf#view=fitH>
筆者による日本語訳は <https: //note.com/koichi_kodama/n/n24ac1ab8bb89>

30 イギリスにおける入管収容施設・庇護申請者収容施設並びに入管収容・保釈制度の現状と難民認定制度に関する研究会「英国視察報告書（2）」七七頁 <https: //www.jlf.or.jp/assets/work/pdf/201503_eikokushisatsu_

houkoku2.pdf>

31　一九五四年二月三日衆議院法務委員会における当時の法務省入国管理局長鈴木一答弁。

32　児玉晃一「難民申請中の送還停止の例外規定を封じた東京高裁判決——入管法改定案再提出は無理筋」朝日新聞『論座』二〇二一年一二月一七日 <https://webronza.asahi.com/politics/articles/2021121500006.html>

あとがきにかえて

児玉晃一

二〇二一年の通常国会に上程された入管法改定案は、多くの声が結集し、廃案となった。入管収容に関する法制は、一九五一年の出入国管理令制定時から、七〇年以上もの間、一度も「改正」されていない。

二〇二一年の改定法案は、「収容に代わる監理措置」を導入し、かつ、仮放免が許可される場合をより制限的にする内容を含む、大幅な変化をもたらそうとするものであったが、国連の諸機関から勧告を受けていたような司法審査の導入・収容に上限を設けるなどの内容をまったく反映していなかった。むしろ、「収容に代わる監理措置」を受けるために必ずつけなくてはならない監理人に、従来の仮放免における保証人よりはるかに厳しい報告義務を負わせ、これに違反した場合には過料の制裁を課すという内容が含まれていた。つまり、入管による仮放免者の動静監視を民間の監理人に肩代わりさせる、「仮放免の劣化版」と評されるものであった。

しかし、法務省は廃案となった改定法案を、ほぼそのままの形で再提出することを目論んでいる。二〇二一年一二月二一日に、出入国在留管理庁がウェブサイトで「現行入管法上の問題点」を公表し、「送還忌避者の現状」として「送還忌避者」には難民申請者や、有罪判決を受けた者が多いということを強調したのは、その目論見の顕著な現れである。また、ウクライナ危機への対応に乗じて、政府は二〇二二年秋の臨時国会に入管法改定案を再提出する意向を示している。

本書は、もともと、来るべき入管法改定案再提出に備え、二〇二一年の廃案に至る軌跡を記録しておかなければならないという強い思いから、編者らが出版を企画し、明石書店にお引き受けいただいた。その後の議論の結果、二〇二一年の記録だけにとどまらず、そもそも七〇年以上前に作られ現在まで基本的な姿が温存されている入管収容法制はどのようにして作られたのかというところから紐解き、入管収容が現在に至るまでどのような経過を辿ってきたのかを多面的に検証していくこととなった。ご多忙な中、執筆をご快諾いただいた皆さんには感謝しかない。おかげで、日本の入管収容問題では、これまで類をみない、後世に残る第一級の資料が完成したと自負している。

私が入管収容に関わるきっかけとなった事件は、一九九五年の夏、弁護士になって二年目のことだった。

「私たちを助けてくれるの?」

最初に出会った難民、そして入管に収容された経験のある外国人は、小学校六年生のイラン国籍の少女だった。事情聴取のために彼女たち家族の自宅に向かう途中、駅まで筆者を迎えに来てくれた彼女と交わした会話はそれだけだった。経験も知識も乏しかった筆者は、曖昧な空返事をすることしかできなかった。

彼女たち家族は、反政府的言動をしたために、イランの政府から政治的意見を理由として迫害を受けるおそれがあるため、日本に来ていた難民だった。彼女は、私と出会う数日前まで、母と小学校三年生の弟と共に、入管に収容されていた。小学生を拘禁する? 入管収容というものを知らなかった私は、耳を疑った。彼女たちは、東京入管第二庁舎に約一週間収容されていたが、通っていた小学校の一学期を終えるまでという極めて限定的な期間のみ仮放免が許可され、その後に私とコンタクトすることができたのだった。しかし、私が彼女たちと会った二週間後、入管は彼女たちを、私と、共同受任していた関聡介弁護士の目の前で再度収容していった。

その後、関弁護士と私が彼女たちの解放のために、可能な限りのスピードで、採り得る法的手段を採ったところ、一週間後には仮放免が許可された。

これが、私が入管収容と闘った最初の事件だった。

その事件に取り組んだ際に感じた、

・なぜ、裁判所の関与もなく長期間の身体拘束が可能なのか
・なぜ、逃亡の可能性のない小学校に通っている子どもたちやその保護者まで拘束するのか
・なぜ、退去強制令書が発付された場合には無期限に収容できるのか

という根本的な問題意識は現在に至るまで変わっていない。

その後も、一度解放された依頼者たちが、目の前で再収容されていったことがあった。二〇〇一年一二月のアフガニスタン難民たちである。

二〇〇一年一〇月、入管は難民申請中だったアフガニスタン人九人を一斉収容した。弁護団は、彼らに対する収容令書発付処分は違法であるとして提訴し、併せて収容令書の執行停止による収容からの解放を求めたところ、四人分の事件が東京地裁民事二部に、五人分が同三部に係属した。同年一一月五日、民事二部は、四人について収容からの解放を認めない決定をしたが、翌六日、民事三部（藤山雅行裁判長）は残りの五人について収容令書の執行停止を認め、解放を命じた。

日本の裁判の歴史で、収容令書の執行停止を認めたのは過去一九六九年に一件あるだけで、この事件は二件目、そして今のところ最後の事件となっている。これは入管の主張する全件収容主義が、難民に必要以上の制限を課してはならないとする難民条約第三一条二項に整合せず、収容の必要性を吟味しなくてはならないというものであり、「全件収容主義」に風穴を開ける決定だった。

この決定を受けて五人のアフガニスタン難民は東京入管第二庁舎の収容場から解放された。しかし、この決定に対して国が不服を申し立て、二〇〇一年一二月、東京高裁は解放された五人に対する執行停止決定を取り消した。これによって、いったん解放された五人は、再度東京入管に収容されることとなったのである。

私は、弁護団の一人として、入管からの呼出に応じて出頭した彼らに付き添い、再収容される間際に、泣いて抱き合いながら、必ずまた解放するので待っていてくれと誓った。

彼らが再度解放されたのは二〇〇二年三月一日。同じ民事三部による退去強制令書の全面執行停止決定を待たなくてはならなかった。

この決定では、次のような一般論が示されている。私自身、それまでの裁判で何度も同じようなことを述べながら一顧だにされていなかった主張が、ようやく認められた。感慨深かった。

本件退令に基づく収容により申立人が被る損害は、収容による身柄拘束を受けることであるが、身柄拘束自体が個人の生命を奪うことに次ぐ人権に対する重大な侵害であり、精神的・肉体的に重大な損害をもたらすものであって、その損害を金銭によって償うことは社会通念上容易でないというべきである。元来、我が国の法体系下において、このように人権に重大な制約を及ぼす行為を単なる行政処分によって行うこと自体が異例なのであるから、これに直接携わる行政機関はもとより、その適否を審査する裁判所においても、この処分の取扱いには慎重の上に慎重を期すべきであり、このことは執行停止の要件該当性の判断に当たっても妥当するものというべきである。

「全件収容主義」が明らかに間違っているということは、先に書いた、イラン人家族の収容事件から確信を持ち続けていた。東京地裁民事三部のように、これを受け入れてくれる決定も現れてはいたが、一般的に通用しているものとは言い難い。

どう考えても、私や仲間の弁護士が裁判の書面で主張していることのほうが、憲法、国際人権規約などからみても真っ当であるのに、なぜ裁判所には受け入れられないのかと悩んだ。先輩の大橋毅弁護士と一緒に「全件収容主義」の論点を中心に争った事件の準備書面などは、研究者による論文が存在しない中、歴史的な経緯や国際比較などの法律論を全面的に展開し、日本中どこにもない論文として通用するものなのに。

その結果、私たちの言っていることは、あくまで一弁護士が裁判で述べているだけのもので、権威がなさ過ぎる、同じ内容でも「論文」という形式を整えて公刊すれば、少しは違うのではないかと思うに至った。

しかし、現在のようにネットで広く自らの意見を公表する場はない時代、さらに学会にも伝手はない。どこの学会にお願いしたらよいかもわからない。

そこで、ないなら自分で学会を作ってしまえばよいと考え、本書の共同編集者である鈴木江理子さんに、学会というのはどうやったら作れるのか聞いてみた。

私としては「移民法学会」という法律分野のみを念頭に置いた学会を作れればと思っていた

のだが、話は広がり、「移民」というキーワードでの多分野にわたる横断的な学会として二〇〇八年に「移民政策学会」を設立することとなった。

そして、学会誌『移民政策研究』の創刊号に、先に挙げた事件の準備書面をベースとして作成した「『全件収容主義』は誤りである」という論文を大橋毅弁護士との共著として掲載することができた。


二〇一二年一一月、イギリスの収容施設を見学する機会に恵まれた。研究者の新津久美子さんが、イギリスの視察委員会の視察に同行した際の経験を熱く熱く語ってくれたことに触発された結果である。約一週間、日本での仕事を休み、自腹で何十万円も払い、一〇時間以上のフライトをものともしない、酔狂としか言いようがない仲間たちとの旅は、衝撃の連続であった。

収容はあくまで強制送還を目的とするもので、そのために必要最小限でなくてはならない、収容施設の処遇もその限度での制限が許されるのみで、「この塀の外に出る以外は原則として自由」という理念が徹底されていた。

二〇一四年三月にも、再び仲間たちとイギリスを訪れ、収容施設や、入管収容からの裁判所による保釈、視察委員会などを見学した。

この二回のイギリス訪問で確信した。私たちは間違っていない。間違っているのは日本の入管であり、入管の主張を鵜呑みにしてしまう裁判所の方である。

そこで、二〇一四年三月二八日、司法手続きを通じて全件収容主義を打破するための弁護士の会を作ろうという提案をし、参加者全員の賛同を得た。冬の寒さが残るイギリスの夜、パブの中庭で誓いの盃を交わしたのであった。帰国後、パブの所在地の名をいただき、「全件収容主義と闘う弁護士の会　ハマースミスの誓い」を結成した。

しかし、イギリスにいて視察の全日程を終え、あとは帰るばかりとなっていた私たちに、衝撃的なニュースが入ってきた。牛久の収容施設（東日本入国管理センター）で三月二九日にイラン人男性が、翌三〇日にはカメルーン人男性が死亡したというのである。二日続けて同じ牛久で死亡事件が発生したという衝撃的な情報に、誓いを立てたばかりの私たちは、怒りで震えた。帰国後、カメルーン人男性の件では、ご遺族とコンタクトが取れ、弁護団を結成して、現在も訴訟に取り組んでいる。

その証拠保全手続きで、入管が撮影していたビデオを見たときの衝撃は、今でも忘れられない。二四時間体制で監視するために単独室に入れられた男性が、大声で何かを叫び、ベッドから転げ落ちても叫び続けている。「あー、だーーーー!!　あーー、だーーーーー!」と繰り返している。最初、何と言っているか分からなかったが、一緒にいた他の弁護士が「I'm dying!（死にそうだ！）」と言っているのでは、と気がついてくれた。自らの脚で病院に行くこともできず、家族を呼ぶこともできない、救急車も呼べない彼の唯一の命綱が入管職員であった。

しかし、彼の声は届かず、病院に運ばれることもなかった。叫ぶ力もなくなり、徐々に動くこともできなくなり、ついには微動だにしなくなった彼の姿がビデオに残されている。

このころ、イギリスの視察結果をはじめとして収容問題の講演をさせてもらったり、あるいは取材を受けたりする機会が増えてきたが、講演も取材も単発で終わり、継続して関心を持ってもらえることが難しいと感じはじめていた。

その、次の一歩のために考えたのが、入管問題調査会の再起動である。

私自身、一九九〇年代半ばころから、高橋徹さんと鬼束忠則弁護士が共同代表を務めていたころの調査会に頻繁に顔を出し、学び、またそこに集う人たちとの深いつながりを作っていった。当時大学生だった方が、今では外国人支援のNGO代表をされたり、国際機関の中枢部にいたり、研究者となったりされている。ところが、入管問題調査会は活動を休止していて、少なくとも都内には、同じような場が見当たらなかった。

そこで、二〇一七年一一月から、やはり共同編集者の鈴木江理子さんと一緒に、活動休止していた入管問題調査会を再起動させた。その後二カ月に一回のペースで定例会を開き、入管収容問題を中心としたさまざまな入管関係のテーマについて学ぶとともに、交流の場を設けている。本書の執筆者の一人、周香織さんが毎回参加してくださっているのは、再起動後の調査会である。

こんな状況は絶対におかしい、変えなくてはならないと思い、学び、もがき、苦しんでいて、いつの間にか四半世紀以上が経過してしまった。

高橋徹さんの論考やアフシンさんのコラムで紹介されていた、東京入管第二庁舎におけるような、あまりに過酷で信じがたい処遇は影を潜めた。子どもの収容も基本的になくなった。良くなったといえるのは、その程度だろうか。

他方で、二〇一八年二月二八日の通達で、原則として仮放免を許可しない八類型が明示され、戦前の治安維持法による予防拘禁よりもひどい保安目的の収容継続が堂々と行われるようになった。

二〇一九年には大村入管で被収容者が「餓死」により死亡するという、およそ信じがたい事件が発生した。

その後、ハンストをしていた被収容者に対して、わずか二週間だけの仮放免を認め、すぐに再収容、さらに二週間だけ仮放免するという異常事態が発生した。被収容者本人の身になってみれば、それがどれだけの精神的な苦痛を与えるのか、誰しも容易にわかるはずである。この件は、国連恣意的拘禁作業部会によって自由権規約違反であると、厳しく指摘された。

二〇二一年のウィシュマさん事件でも、医療体制をはじめとする入管収容の問題点が浮き彫りとなり、広く知られることとなった。

二〇二一年春、入管法改定案を廃案に追い込んだことは歴史的な快挙であるとは思うが、入管収容問題そのものは何も変わっていない。そして、入管は、再度の法案提出のタイミングを見計らっている。

本書が、入管によって再度法案提出されたときにまた廃案に追い込むためのヒントとなり、さらには本来あるべき収容制度へ改善していくための一助になれば、編者・執筆者一同、これに勝る喜びはない。

最後に、このような企画を快く受け入れてくれた明石書店と、二〇〇七年の『壁の涙』（現代企画室）以来、久しぶりにご一緒に本作りに関わらせていただき、貴重な示唆をいただいた赤瀬智彦さんに深い感謝を捧げたい。そして、この春新たな世界へ旅立っていった元秘書の矢内優さん。一二年以上にわたり通常業務を支えてくれたおかげで、利益にはほとんど繋がらない入管問題にも心置きなく取り組めました。本当にありがとうございました。

［第二刷より追記］

札幌高裁の判決をうけ、二〇二二年七月二八日、トルコ国籍のクルド人が初めて難民認定された。

入管収容をめぐる年表*

※●は入管収容に関する、◇は特記すべき内外の動き。

一八五九

◇七月、横浜、長崎、函館の開港

↓外国人居留地制度の開始

一八七〇

●東京在留外国人遊歩規定公布

・開国後の日本が、横浜、箱館、神戸、長崎、新潟の開港場について、外国人の行動範囲を定めた規定。外国人の管理体制を法制化した始まり

一八九四

◇七月、日清戦争開戦

●勅令一三七号

・清国人に対する入国制限、登録義務、居住区域制限、退去処分等を規定

一八九五

◇四月、日清講和条約の調印（五月発効）

一八九九

◇八月、条約若ハ慣行ニ依リ居住ノ自由ヲ有セサル外国人ノ居住及営業等ニ関スル件（勅令三五二号）公布

・居留地制度廃止

一九〇四

◇二月、日露戦争開戦

一九〇五

◇八月、ポーツマス講和会議

一九一〇

◇八月、韓国併合

一九一四

◇七月、第一次世界大戦開戦

◇八月、日本が第一次世界大戦に参戦（ドイツに宣戦布告）

一九一八

●一月、外国人入国ニ関スル件公布（内務省令一号）

・旅券又は国籍証明書を持たない者、日本の利益に反する行いをし、又は敵国の利益をはかる恐れのある者、公安を害し風俗を乱す恐れのある者などの上陸禁止

一九三九

●三月、外国人ノ入国、滞在及退去ニ関スル件公布（内務省令六号）

・不法上陸や超過滞在などを退去強制事由と定め、国外退去を認めたが、収容制度はない

◇九月、第二次世界大戦開戦

一九四一

◇一二月、マレー作戦開始
→第二次世界大戦に参戦

一九四五

◇八月、ポツダム宣言受諾

◇九月、降伏文書に調印

●九月、政府、朝鮮人引揚げ計画を開始

◇一一月、日本国憲法公布（四七年五月施行）

一九四六

●二月、朝鮮人、中国人、琉球人及び台湾人の登録に関する覚書

●三月、占領軍訓令（SCAP Instruction Note 822）

・本国に引き揚げた「非日本人」が許可なく日本に渡航することを禁止

●六月、日本への不法入国の抑制に関する覚書（SCAPIN1015）

●六月、針尾収容所（長崎県佐世保市）を設置
→七月、一部が不法入国者の収容所となる

一九四七

○五月、外国人登録令（勅令二〇七号）公布（同日施行）

・旧植民地出身者は「当分の間、これを外国人とみなす」として外国人登録の対象に

一九四八

◇八月、大韓民国樹立
◇九月、朝鮮民主主義人民共和国樹立
◇一二月、国連、世界人権宣言採択
●一二月、外国人登録令改定（四九年一二月施行）
・罰則の強化、刑事訴訟法に規定された被疑者の権利保障規定の排除、退去強制権の一元化

一九四九

●一一月、GHQの指令により、占領軍関係者以外の民間人の出入国を日本政府が管理

一九五〇

●二月、針尾収容所を針尾入国者収容所に改称
◇五月、国籍法公布（七月施行）
・父系血統主義の導入
◇六月、朝鮮戦争勃発
●一〇月、出入国管理設置令に基づき、外務省の外局として出入国管理庁を設置、佐世保引揚援護局の針尾収容所を針尾入国者収容所（長崎市彼杵郡江上村）に改組
●一二月、針尾入国者収容所を廃止、大村入国者収容所（長崎県大村市）を設置
●一二月、大村入国者収容所、朝鮮人の第一次集団送還を実施（九五五名）
→五二年三月までに、七回にわたり三六三三人の朝鮮人を送還

一九五一

●二月、不法入国者等退去強制手続令制定・公布（四月一部施行）
→一一月、廃止
●二月、大村入国者収容所で警備官による暴力をきっかけとする騒擾事件
●四月、横浜入国者収容所（神奈川県横浜市）新設
●一〇月、出入国管理令公布（一一月施行）
●一一月、出入国管理庁を入国管理庁に改称

一九五二

◇二月、日米行政協定調印（四月発効）
・在日米軍とその家族は、出入国管理法・外国人登録法の対象外に
○四月、法務府民事局長通達「平和条約の発効に伴う朝鮮人台湾人等に関する国籍及び戸籍事務の処理について」（民事甲四三八号）

・旧植民地出身者の日本国籍を剝奪
○四月、サンフランシスコ講和条約発効
●四月、外国人登録法（外登法）及び法律一二六号公布・施行
●五月、サンフランシスコ講和条約発効後初めて（通算八回目）四一〇名の朝鮮人を集団送還
→韓国側、刑罰法令違反者の引取り拒否、逆送還者の発生
●五月、大村入国者収容所で朝鮮人約五〇名が逆送還者即時釈放を要求して闘争
●七月、大村入国者収容所で朝鮮人約一五〇名が逆送還者即時釈放を要求して闘争
●八月、外務省の外局である入国管理庁が法務省の内局として、入国管理局に改組
●一一月、大村入国者収容所で刑罰法令違反者が即時釈放を要求し騒擾事件、多数の負傷者と三七名の検挙者

一九五三

●三月、名古屋入国管理事務所岡崎収容場を新設（大村入国者収容所の収容能力が限界に達したため）
●四月、大村入国者収容所で民戦系朝鮮人のデモ
●八月、大村入国者収容所で約七〇名の被収容者が処遇改善を求めて警備官詰所を占拠
●九月、大村入国者収容所、新収容施設竣工
→これに伴い、岡崎収容場は閉鎖

一九五四

●三月、大村入国者収容所で約三五〇名の被収容者が処遇改善を求めて騒擾事件
●六月、国会議員による最初の大村入国者収容所視察調査
●七月、韓国、不法入国者の引取り拒否で、集団送還を全面的に中止
●八月、大村入国者収容所で同国人の隔離処分を不服として一六七名の中国人がハンスト
●八月、大村入国者収容所でハンセン病患者の被収容者が自殺
●一一月、大村入国者収容所で被収容者が処遇改善要求を掲げてハンスト
●一二月、横浜入国者収容所浜松分室開設

一九五五

●一月、大村入国者収容所で被収容者がハンスト
●二～四月、韓国からの不法入国者引取りの条件に応じて、大村入国者収容所に収容中の刑罰法令違反者二三二名を仮放免
●六月、大村入国者収容所に収容中の刑罰法令違反

者三三名を仮放免
● 八月、大村入国者収容所で被収容者が自殺

一九五六
● 七月、横浜入国者収容所を廃止、川崎入国者収容所（神奈川県川崎市）を新設
◇ 一二月、国連加盟

一九五七
● 一一月、大村入国者収容所で被収容者が自殺

一九五八
● 二月、不法入国者の韓国への集団送還を再開

一九五九
● 九月、大村入国者収容所で沈静化まで四七日に及ぶ騒擾事件
● 一二月、赤十字による在日朝鮮人の北朝鮮への帰国事業開始（〜八四年）

一九六〇
◇ 一月、新日米安保条約締結

一九六三
● 三月、川崎入国者収容所を廃止、横浜入国者収容所（神奈川県横浜市）新設

一九六四
◇ 四月、海外旅行を自由化
● 六月、大村入国者収容所で被収容者が自殺
◇ 一〇月、東京オリンピック開催

一九六五
◇ 六月、日韓基本条約調印（一二月発効）
→韓国との国交正常化、韓国籍にのみ協定永住制度を適用
◇ 一二月、国連、人種差別撤廃条約採択（六九年一月発効）

一九六七
◇ 三月、第一次雇用対策基本計画閣議決定
・外国人労働者は受け入れないことを口頭了解

一九六九
● 四月、ベ平連の小田実ら五七名による大村収容所解体闘争デモ

● 五月、出入国管理法案上程→廃案（以降、七一年、七二年、七三年と計四回上程されるが、いずれも廃案）

● 九月、日本初の収容令書執行停止決定（九月二〇日東京地裁）
→入国警備官が収容令書の発付を請求した場合でも、一定の条件下では地方入国管理官署の長は収容令書を発付しないことができるとした

一九七二

◇ 五月、沖縄返還

◇ 九月、日中共同声明→日中国交正常化

一九七三

◇ 三月、政府による中国残留邦人の帰国支援開始

一九七五

◇ 四月、サイゴン陥落→ベトナム戦争終結

◇ 五月、ベトナム難民、初めて日本上陸

一九七八

◇ 四月、ベトナム難民の定住に関する閣議了解

◇ 八月、日中平和友好条約調印

● 一〇月、最高裁、マクリーン事件判決

一九七九

◇ 六月、国際人権規約（社会権規約及び自由権規約）批准（九月発効）

一九八〇

● 七月、航空機による初の韓国への集団送還

一九八一

◇ 三月、中国残留邦人、肉親探しのための第一回訪日調査
→一九九九年まで通算三〇回実施

◇ 一〇月、難民の地位に関する条約加入（八二年一月発効）

● 一〇月、出入国管理及び難民認定法公布（八二年一月施行）

● 一一月、被収容者処遇規則公布（八二年一月施行）

一九八二

◇ 一月、難民の地位に関する議定書加入・発効

◇ 二月、大村難民一時レセプションセンター開設

● 八月、外登法改定（一〇月施行）
・確認申請期間を三年から五年に延長、指紋押捺、携帯義務年齢を一四歳から一六歳に引き上げ

一九八三
●八月、留学生一〇万人計画
◇二月、中国帰国者定着促進センター開所（～二〇一六年三月閉所）

一九八四
◇五月、国籍法改定（八五年一月施行）
・父母両系主義の導入

一九八五
◇六月、女性差別撤廃条約批准（七月発効）
◇九月、プラザ合意↓急激な円高の進行

一九八六
●一一月、法務省、不法就労外国人対策月間の実施

一九八七
●九月、外登法改定（八八年六月施行）
・指紋押捺は原則、最初の申請時のみ

一九八八
◇六月、第六次雇用対策基本計画閣議決定
・専門的・技術的外国人は受け入れ、いわゆる「単純労働者」は慎重に対応することを閣議決定
●資格外就労摘発者数、男性が女性を上回る

一九八九
●一月、パキスタンとバングラデシュとの査証相互免除取決めの一時停止
◇六月、中国、天安門事件
◇一一月、ベルリンの壁崩壊
●一二月、入管法改定（九〇年六月施行）
・在留資格の整備、「定住者」の創設、不法就労助長罪の創設等

一九九〇
◇五月、定住者に関する法務省告示
・日系三世とその配偶者等に就労の制限のない在留資格「定住者」を付与
◇八月、研修生受入れ基準の要件を一部緩和する法務大臣告示
・中小企業に研修生受入れを可能とする団体監理型の導入
◇一〇月、東西ドイツ統一
●一〇月、不法就労助長罪による初の摘発
●一二月、東京都北区西が丘所在の旧東京地検第二庁舎に東京入国管理局第二庁舎及び収容場を開設

◇一二月、国連、移住労働者とその家族の権利に関する国際条約採択（〇三年七月発効）

一九九一

◇一月、在日韓国人の法的地位に関する日韓覚書調印
●五月、日本国との平和条約に基づき日本の国籍を離脱した者等の出入国管理に関する特例法公布（一一月施行）
・旧植民地出身者とその子孫を「特別永住者」に
●五月ごろから、成田空港、上野公園、代々木公園等に蝟集するイラン人が増加
●一一月、東京入国管理局と警視庁、代々木公園に集まる外国人を調査し、不法滞在者を摘発
◇一二月、ソ連崩壊

一九九二

◇二月、法務省・労働省・警察庁、「不法就労外国人対策等関係局長連絡会議」及び「不法就労外国人対策等協議会」開催
●四月、イランとの査証相互免除取決めを一時停止
●五月、第一次出入国管理基本計画策定
●六月、外登法改定（九三年一月施行）
・永住者及び特別永住者に対する指紋押捺制度の廃止

一九九三

◇四月、技能実習制度創設
●四月、入管に摘発専従の特別チームが発足
●五月、旧東京入国管理局第二庁舎収容場でイラン人男性十数名に対する暴行事件
●六月、マレーシアに対する査証取得勧奨措置
◇六月、外国人雇用状況報告制度（任意届出）の導入
●一二月、横浜入国者収容所を廃止し、東日本入国管理センター（茨城県牛久市）を新設
●一二月、大村入国者収容所を大村入国管理センターに改称

一九九四

◇四月、子どもの権利条約批准（五月発効）
●六月、東京入国管理局と上野署、上野駅前及び上野公園で不法残留者を一斉摘発
●六月、警視庁南千住署でイラン人男性死亡

一九九五

◇一月、阪神・淡路大震災
◇二月、最高裁、定住外国人に対する地方参政権の求めを棄却する一方で、傍論で外国人に参政権を付与することは「憲法上禁止されていない」との

見解
●七月、ペルーに対する査証取得奨励措置
●九月、西日本入国管理センター（大阪府茨木市）を新設
◇一二月、人種差別撤廃条約加入（九六年一月発効）

一九九六

●七月、日本人の実子を扶養する外国人親の取扱いについて（通達）
・未婚・未成年の日本人の実子を養育・監護する外国人親に対して「定住者」の在留資格を付与
●九月、大村入国管理センターの移設（大村難民一時レセプションセンター跡地）

一九九七

●三月、長野県警、長野五輪開催を前にホワイトスノー作戦を開始
↓オリンピック関連施設の建設に従事した多くの非正規滞在外国人を、「安全な街づくり」を目指すとして施設完成後に一斉摘発
◇四月、研修・技能実習制度の滞在期間延長
・最長二年から三年に延長
●五月、入管法改定（同月施行）
◇七月、香港返還
◇七月、アジア通貨危機
●八月、旧東京入国管理局第二庁舎でイラン人男性ミールさん死亡。職員による暴行が原因と疑われる（在宅で送検後、不起訴）
●一〇月、日本初の難民不認定処分を取り消した勝訴判決（名古屋地裁）

一九九八

◇二月、長野五輪大会開催
●五月、入管法改定（六月施行）
●八月、被収容者処遇規則の改定（九月施行）
・より人権に配慮した適正な処遇に努めるとともに、各収容施設に収容施設の長に対する意見箱を設置して行う意見聴取制度を実施
◇一〇月、新党平和と民主党、永住外国人の地方参政権を認める法案提出、共産党は被選挙権も求める法案提出
●一一月、自由権規約委員会第四回政府報告書審査にて、手錠使用や二年にわたる長期収容等について勧告
●東京入国管理局に不法入国特別調査担当を設置
↓以後、二〇〇三年までの間に同局千葉出張所、埼玉出張所、水戸出張所、宇都宮出張所、高崎主張所、新宿出張所に摘発専従班を増・新設

一九九九
●八月、外登法改定（〇〇年四月施行）
・指紋押捺制度の完全撤廃等
●八月、入管法改定（〇〇年二月施行）
・不法在留罪の新設、上陸拒否期間を一年から五年に延長、再入国許可の有効期限を一年から三年に延長等

二〇〇〇
●三月、第二次出入国管理基本計画策定
◇九月、中国からの団体観光旅行解禁

二〇〇一
◇五月、外国人集住都市会議発足
●六月、東京地裁、アムジャディさん暴行事件について国に隔離収容及び金属手錠の使用が違法だとして一〇〇万円の支払いを命じるも暴行の事実は認定せず
●九月、被収容者処遇規則の改定（一一月実施）
・被収容者が事故の処遇に不服があるときは、収容施設の長に対し不服を申立て、最終的には法務大臣に異議を申し立てることができる不服申立制度を導入
◇九月、アメリカ、九・一一同時多発テロ事件
●一〇月、アフガン難民申請者の一斉摘発・収容
●一〇月、西日本入国管理センターでベトナム人男性が自殺
●一一月、入管法改定（〇二年三月施行）
・フーリガン対策及び外国人犯罪対策のための上陸拒否事由及び退去強制事由の整備、偽変造文書対策のための退去強制事由の整備、入国審査官による事実の調査等に関する規定の新設、法務大臣の権限の委任に関する規定の新設等
●一一月、東京地裁民事三部が、収容令書の執行停止申立を認容する決定を出す（平成一三年（行ク）一一四号）
→収容の執行停止決定は日本で二例目。ただし即時抗告により破棄。その後、許可抗告棄却

二〇〇二
◇八月、「難民対策について」閣議了解
・条約難民に対する日本語習得のための便宜供与、職業紹介又は職業訓練、各行政機関は条約難民の就職先の確保を努力

二〇〇三
●二月、東京入国管理局大手町庁舎と同第二庁舎が、

品川の新庁舎に移転
◇四月、ビジット・ジャパン事業開始
●九月、東京地裁民事三部、イラン国籍の一家全員に対して在留特別許可を認めるべきとする判決
●一〇月、首都東京における不法滞在外国人対策の強化に関する共同宣言
●一一月、被収容者処遇規則の改定により入管施設の戒具が変更
→革手錠の廃止
●一二月、犯罪対策閣僚会議「犯罪に強い社会の実現のための行動計画〜『世界一安全な国、日本』の復活を目指して〜」で、今後五年間で不法滞在者の半減を目指す

二〇〇四

●二月、コロンビアに対する査証取得勧奨措置
●二月、入国管理局HPで、「不法滞在等の外国人情報」の受付を開始
●五月、最高裁、退去強制令書の収容部分の執行により被収容者が受ける損害は、当然には行訴法二五条二項に規定する回復の困難な損害に当たるとは言えないとする決定
●六月、入管法改定
・不法滞在者の罰金額引き上げ、出国命令制度の新設(一二月施行)、在留資格取消し制度の新設(一二月施行)、難民の仮滞在制度、難民審査参与員制度(〇五年五月施行)、精神障害者に対する上陸拒否自由緩和(八月施行)等
●七月、クルド人二家族ら、難民認定を求めて国連大学前に座り込み(〜九月)
●一一月、西日本入国管理センターでベトナム人女性が簀巻き状態で退去強制を受ける

二〇〇五

◇一月、事前旅客情報システム(APIS)導入
●一月、国連前座り込みのクルド人カザンキランさんと長男、強制送還
●一月、単身者出頭のバングラデシュ人八人、強制送還
●三月、第三次出入国管理基本計画策定
●三月、福岡高裁、中国残留邦人の家族七人の退去強制令書発付処分取消判決。国は上訴を断念し確定
◇四月、改定行政事件訴訟法施行。執行停止の要件は、従来の「回復の困難な損害」から、「重大な損害」を避けるための緊急の必要性に緩和
●六月、入管法改定(七月施行)
・人身取引議定書の締結等に伴う人身取引対策の

ための整備、密入国議定書の締結等に伴う罰則等の整備、外国入国管理当局への情報提供規定の新設等
- ●九月、中国残留邦人等に係る定住者告示改定
  - ・普通養子や連れ子も「定住者」の対象に

二〇〇六

- ●三月、日系人に係る定住者告示改定
  - ・入国要件に「素行が善良であるもの」を追加
- ◇三月、総務省「多文化共生の推進に関する研究会報告書」
- ●五月、入管法改定
  - ・外国人テロリスト等を退去強制事由に追加（六月施行）、自費出国許可時の送還先選択を可能に（一一月施行）、上陸審査時における個人識別情報提供制度の導入（一一月施行）等
- ●一〇月、法務省、在留特別許可に係るガイドライン公表
- ◇一二月、外国人労働者問題省庁連絡会議「『生活者としての外国人』に関する総合的対応策」
- ●一二月、東京入国管理局でナイジェリア人男性が病死

二〇〇七

- ●二月、東京入国管理局でガーナ人男性が病死
- ●六月、被収容者の健康状態の管理について（通知）
- ◇六月、雇用対策法改定（八月施行）
  - ↓一〇月、外国人雇用状況届出制度（義務）の導入、不法就労助長罪が故意犯から過失犯へ
- ●八月、拷問等禁止条約委員会第一回政府報告書審査にて、収容期間の上限導入等を勧告

二〇〇八

- ●一月、西日本入国管理センターでインド人男性が自殺
- ◇六月、最高裁、非嫡出子の国籍取得について差別的取扱をしている国籍法三条一項が憲法一四条違反であると判断
- ◇七月、留学生三〇万人計画
- ◇九月、リーマンショック
  - ↓派遣切り、雇い止めの深刻化

二〇〇九

- ◇一月、内閣府に、日系定住外国人施策推進室設置
- ●三月、東京入国管理局で中国人男性が自殺
- ◇四月、日系人帰国支援事業開始（一年間）

● 四月、被収容者の死亡事故発生に伴う同種事故の再発防止の徹底について（通知）
● 六月、被収容者の死亡事故の再発防止に係る速やかな改善について
● 七月、入管法改定
・研修・技能実習制度の見直し、在留資格「技能実習」創設（一〇年七月施行）、入国者収容所等視察委員会の設置（一〇年七月施行）、新しい在留管理制度の導入（一二年七月施行）等
● 七月、入管特例法改定（一二年七月施行）
● 七月、法務省、在留特別許可に係るガイドライン改訂
◇ 七月、住基法改定（一二年七月施行）
・外国人も日本人と同じく住民基本台帳の対象に

二〇一〇

● 二月、東日本入国管理センターでブラジル人男性が自殺
● 二月、被収容者の死亡事故に係る再発防止について
● 三月、被収容者の自損事故の発生防止について（通知）
● 三月、収容が長期化している被収容者の送還促進について（通知）
● 三月、合法的な在留資格をもつ難民認定申請者に対して、申請半年後の就労を許可
↓一五年九月、濫用・誤用を抑制するため、難民である可能性に応じて再申請者を振分け（可能性が低い者は就労・在留不可）、一八年一月、初回申請者も振分け
● 三月、第四次出入国管理基本計画策定
● 三月、ガーナ人男性が東京入国管理局成田支局による退去強制執行中、制圧行為を受けて窒息死
● 四月、大阪地裁、本書執筆時において最後となる退去強制令書の収容部分の執行停止を命じた決定（大阪地裁行（ク）一五号）
● 四月、東日本入国管理センターで韓国人男性が自殺
● 四月、東京入国管理局でフィリピン人女性が死亡
● 五月、被収容者の死亡事故の発生に伴う同種事案の再発防止の徹底について（通知）
● 七月、退去強制令書により収容する者の仮放免に関する検証等について（通達）
◇ 八月、日系定住外国人施策に関する基本指針策定
● 九月、日弁連と法務省（入管局）で合意書を交わし、出入国管理における収容問題等協議会（仮称）を設置
● 一二月、収容施設における保安上の大規模事案へ

の対応について（通達）

● 一二月、東京入国管理局でフィリピン人女性が病死

二〇一一

◇ 三月、日系定住外国人施策に関する行動計画策定

◇ 三月、東日本大震災

二〇一二

◇ 五月、高度人材ポイント制度の導入

● 七月、新しい在留管理制度の導入、外国人登録制度の廃止

◇ 一二月、第二次安倍内閣発足、日本経済再生本部の設置を閣議決定

二〇一三

◇ 五月、ハーグ条約承認（一四年四月発効）

◇ 六月、「日本再興戦略――JAPAN is Back」閣議決定

● 六月、拷問等禁止委員会第二回政府報告書審査にて、収容期間の上限導入等について勧告

● 七月、非正規滞在のフィリピン人七五人をチャーター機で集団国費送還

◇ 九月、二〇二〇年東京五輪開催決定

● 一〇月、東京入国管理局でミャンマー人（ロヒンギャ）男性が病死

◇ 一〇月、帰国支援を受けた日系人に対して条件付で再入国許可

● 一二月、非正規滞在のタイ人四六人をチャーター機で集団国費送還

◇ 一二月、国家戦略特別区域法制定（一四年四月施行）

二〇一四

● 三月、東京地裁、国費送還手続中に飛行機内で死亡したガーナ人男性について、入管職員の違法な制圧により死亡したと認定し、賠償を命じる判決（三月一九日。ただし、後に控訴審で逆転され、最高裁で敗訴確定）

● 三月、東日本入国管理センターでイラン人男性が病死。亡くなった当日に一五種類もの薬を処方されていた

● 三月、東日本入国管理センターでカメルーン人男性が医療放置により病死

◇ 四月、建設分野における外国人材の活用に係る緊急措置を検討する閣僚会議

→二〇二〇年東京五輪開催及び震災復興のための建設需要に対応するために、技能実習制度を活

用した建設分野での外国人労働者受入れ（一五年四月〜）

● 六月、入管法改定
・在留資格「高度専門職」新設、高度人材の永住許可要件を滞在五年から三年に短縮等

● 八月、自由権規約委員会第六回政府報告書審査にて、二〇一〇年強制送還死亡事件等について勧告

● 九月、人種差別撤廃第七・八・九回政府報告書審査にて、収容代替措置の優先等について勧告

● 一〇月、「全件収容主義と闘う弁護士の会 ハマースミスの誓い」設立

● 一一月、東京入国管理局でスリランカ人男性が病死

● 一二月、救命講習の実施及び医師に相談できる環境の整備について（依頼）

● 一二月、非正規滞在のスリランカ人二六人とベトナム人六人をチャーター機で集団国費送還

二〇一五

◇ 七月、特区法改定（九月施行）
・特区での外国人家事労働者の受入れ可能に

● 九月、第五次出入国管理基本計画

● 九月、西日本入国管理センター廃止

● 九月、退去強制令書により収容する者の仮放免措置に係る運用と動静監視について（通達）

● 一一月、非正規滞在のバングラデシュ人二二人をチャーター機で集団国費送還

● 仮放免の許可書に「職業又は報酬を受ける活動に従事できない」という条件明示

二〇一六

● 四月、伊勢志摩サミット等関係閣僚会合等開催に伴う上陸審査手続及び退去強制手続への対応等について（通達）

● 四月、伊勢志摩サミット等の開催に伴う厳格な仮放免措置等の実施について（通達）

● 四月、安全・安心な社会の実現のための取組について（通知）

◇ 五月、ヘイトスピーチ解消法制定（六月施行）

● 五月、シリア難民留学生の受入れ表明

● 八月、被収容者の適正な処遇に係る経費について

● 九月、被退去強制令書発付者に対する仮放免措置に係る適切な運用と動静監視強化の徹底について（指示）

● 九月、非正規滞在のスリランカ人三〇人をチャーター機で集団国費送還

● 一一月、入管法改定
・偽装滞在者対策の強化（一七年一月施行）、在留資格「介護」の追加（一七年九月施行）等

◇一一月、技能実習法制定（一七年一一月施行）

二〇一七

◇一月、外国人技能実習機構、設立登記

●二月、非正規滞在のタイ人三二人とベトナム人一〇人とアフガニスタン人一人をチャーター機で集団国費送還

●三月、東日本入国管理センターでベトナム人男性が病死

◇三月、法務省、差別に関する「外国人住民調査報告書」（人権教育啓発推進センターに委託）を公表

◇六月、特区法改定（九月施行）

・特区での外国人農業就業者の受入れ可能に

◇六月、組織犯罪規制法改定（一二月施行）

・「共謀罪（テロ等準備罪）」の新設等

二〇一八

●二月、非正規滞在のベトナム人四七人をチャーター機で集団国費送還

●二月、被退去強制令書発付者に対する仮放免措置に係る適切な運用と動静監視強化の更なる徹底について（指示）

●三月、被収容者の健康状態及び動静把握の徹底について（指示）

◇三月、日系四世の更なる受入れ（七月より受入れ開始）

・単身で最長五年、日本語能力要件あり

●四月、東日本入国管理センターでインド人男性が自殺。その後もシャワー室での自殺未遂が続く

●四月、被収容者の動静監視の徹底及び心情把握の強化について（通知）

●五月、開放処遇中における収容場内の動しょう強化等について（通知）

●五月、被収容者の健康状態及び動静把握の徹底について（指示）

●八月、東京地裁民事五一部、被収容者の仮放免不許可処分取消請求訴訟について請求認容判決

●八月、人種差別撤廃条約第一〇〜一一回政府報告書審査にて、収容期間に上限を導入すべきこと等について勧告

●一一月、福岡入国管理局で中国人男性が病死

◇一二月、国連総会で「安全で秩序ある正規移住のためのグローバル・コンパクト」採択

●一二月、入管法改定（二〇年四月施行）

・「特定技能」創設等

◇一二月、外国人材の受入れ・共生のための総合的対応策（一九年一二月、二〇年七月、二一年六月、二二年六月改訂）

二〇一九

- 三月、東京入管で支援者が被収容者のために救急車出動を二度要請。入管は被収容者に会わせることなくいずれも追い返す
- 三月、子どもの権利委員会第四回・第五回政府報告書審査にて、収容による親子分離等について勧告
- 四月、出入国在留管理庁設置
- 四月、出入国在留管理計画策定
- 五月頃から、全国の収容施設において被収容者によるハンストが展開

→一〇月八日時点で、延べ一九八人に上る被収容者が参加

- 六月、大村入国管理センターでナイジェリア人男性が餓死
- 一〇月、大村入国管理センター被収容者死亡事案に関する報告
- 一〇月、二人の難民認定申請者、国連恣意的拘禁作業部会へ個人通報
- 一〇月、収容・送還に関する専門部会の第一回会合（〜二〇年一月第六回会合）
- 一二月、仮放免許可に際しての身元保証人となるべき者の適性審査の実施及び適切な保証金額の決定について（通知）
- 一二月、東日本入国管理センター職員四名が被収容者の記録に関し虚偽記載をして送検、停職処分との報道

二〇二〇

- 三月、非正規滞在のスリランカ人四四人をチャーター機で集団国費送還

◇新型コロナウイルス感染拡大

- 四月、緊急事態宣言の発令に伴う被仮放免者の出頭に係る取扱いについて
- 四月、現下の新型コロナウイルス感染症に係る状況を踏まえた仮放免の運用について（指示）
- 五月、退去強制手続を受けている外国人被収容者又は在院者に係る更生保護官署との情報共有について
- 六月、緊急事態宣言の解除後の被仮放免者の出頭に係る取扱いについて
- 六月、収容・送還に関する専門部会「送還忌避・長期収容問題の解決に向けた提言」を公表
- 九月、国連人権理事会の恣意的拘禁作業部会が、東日本入国管理センターで長期収容された外国籍の難民申請中の男性二名の個人通報に対し、二名の収容が恣意的拘禁に該当し、自由権規約九条等

に違反するという意見を採択
● 九月、被収容者による遵守事項違反等に対する制止等の措置について（指示）
● 一〇月、名古屋出入国在留管理局でインドネシア人男性が死亡
● 一〇月、二〇一七年に大阪入管の職員らが被収容者の男性に暴行を加え後遺障害が残った事件について、大阪地方裁判所で国が謝罪して三〇〇万円の和解金を支払う和解が成立
● 一二月、収容中の女性に退去強制令書を執行する際に入管職員らが暴行を加えた事件について、東京高等裁判所において、国家賠償法一条一項の適用上違法な有形力の行為であるとの判決
● 一二月、新型コロナウイルス感染症の感染拡大の影響に伴う送還等困難者である非正規在留外国人の取扱いについて（通達）

二〇二一

● 一月、名古屋高裁、難民認定申請者をチャーター便送還したことが司法審査の機会を奪うものとして違法とする判決（確定）
◇ 二月、ミャンマーで軍事クーデター
● 二月、政府、入管法改定案を国会に提出
→五月、廃案
● 三月、名古屋出入国在留管理局でスリランカ人女性ウィシュマさんが死亡
● 三月、国連特別報告者が入管法改正案に懸念を表明
● 四月、ウィシュマさん死亡事案に関する調査状況（中間報告）
● 四月、UNHCRが入管法改正案に「非常に重大な懸念」との見解を示す
● 五月、本国情勢を踏まえた在留ミャンマー人への緊急避難措置
● 六月、送還実施に当たっての留意事項について（指示）
・難民審査請求棄却告知を受けた被退去強制者の送還について原則、裁決告知から二か月以上後とする
◇ 七月、東京五輪開催
● 八月、ウィシュマさん死亡事案に関する最終報告
● 八月、容態観察を必要とする体調不良者に係る仮放免判断の在り方について（指示）
◇ 八月、タリバン、アフガニスタンの首都カブール制圧
● 九月、東京高裁、難民認定申請者が裁判を受ける権利を保障されずにチャーター便で送還されたことに対して違憲との判決（確定）

●一〇月、過去の死亡事案で指示された再発防止策の徹底について(指示)
●一一月、新型コロナウイルス感染症に係る緊急事態宣言解除等を踏まえた仮放免の運用等について(指示)
●一二月、体調不良者等に係る仮放免運用方針の策定について(通達)
●一二月、出入国在留管理庁、「現行入管法上の問題点」公表
●一二月、被収容者による遵守事項違反等に対する制止等の措置について

二〇二二

●一月、イラン人サファリさんとクルド人デニスさん、恣意的拘禁に対する自由権規約に基づく損害賠償請求を提訴
●一月、DV事案に係る措置要領の一部改定
◇二月、ロシアによるウクライナ侵攻開始
◇三月、岸田首相、ウクライナ避難民受入れ方針を表明
●五月、新型コロナウイルス感染症の感染拡大の影響による帰国困難者に対する在留資格上の特例措置の終了について
●五月、札幌高裁、トルコ国籍のクルド人の難民不認定処分を取り消す判決(確定)
→七月、トルコ国籍のクルド人に対する初の難民認定

＊法務省大村入国者収容所(1970)『大村入国者収容所二十年史』、鈴木江理子(2007)「年表:戦後日本の外国人政策と社会変化」渡戸一郎・鈴木江理子・APFS編『在留特別許可と日本の移民政策』(明石書店)、東京弁護士会外国人の権利に関する委員会入管収容問題プロジェクトチーム「入管収容問題に関する年表」、法務省資料等をもとに編者作成。

留特別許可を得る。現在は、3人の子どもを育てながら、民間企業に勤務。自身の経験から、日本で暮らす外国ルーツの人々の問題に関心をもつ。

周香織（しゅう かおり）　［第4章担当］

市民グループ「クルド人難民Mさんを支援する会」事務局。「クルド難民デニスさんとあゆむ会」共同代表。2004年夏、東京・渋谷の国連大学前でクルド人難民の座り込み抗議活動に遭遇。日本が抱える難民問題を初めて知り、強い関心を持つ。以来、在日クルド難民の支援を続けながら、入管・難民問題についての写真展や講演会を各地で開催。入管や難民、外国人の人権に関するニュースを収集し、日々SNSで発信中。著書に『難民を追いつめる国――クルド難民座り込みが訴えたもの』（共著、緑風出版）。Facebook: https://www.facebook.com/kaori.shu

安藤真起子（あんどう まきこ）　［Column 4担当］

NPO法人 移住者と連帯する全国ネットワーク（移住連）事務局次長。大学時代はフェミニズム批評を専攻。中国での留学と勤務経験を経て、2004年より、横浜の寄せ場・寿町を拠点に移住労働者の権利保障の問題に取り組むNGOカラバオの会の活動に参加、「非正規滞在者」たちと出会う。その後、企業を退職し、カラバオの会の半専従職員に。同時に、炊き出しや夜回りなどを行うキリスト教系団体スタッフも兼任。2016年より移住連勤務。

木村友祐（きむら ゆうすけ）　［第5章担当］

小説家。愛猫家。郷里の方言を取り入れた『海猫ツリーハウス』（集英社）でデビュー。演劇プロジェクト「東京ヘテロトピア」（Port Bの高山明氏構成・演出）に参加、東京のアジア系住民の物語を執筆。2014～2020年、主流から外れた小さな場所や人々を大切に描いた作品を選ぶ「鉄犬ヘテロトピア文学賞」の選考委員。著書に『幼な子の聖戦』（集英社／第162回芥川賞候補）、『野良ビトたちの燃え上がる肖像』（新潮社）、温又柔氏との往復書簡『私とあなたのあいだ――いま、この国で生きるということ』（明石書店）など。

アフシン　［Column 5］

イラン出身。本国での政治活動を理由とした迫害を免れるため来日し、30年以上が経つ。過去3回、難民申請をしたがいずれも不認定。現在4回目の申請中。入管収容施設への収容を数回経験し、強制送還の危機にさらされたこともある。

朴沙羅（パク サラ）　［第2章担当］

ヘルシンキ大学文学部講師。京都大学大学院文学研究科博士後期課程研究指導認定退学。博士（文学）。戦後日本における出入国管理政策の運用実態とナショナリズムとの関係を調査しつつ、現在は歴史認識とオーラルヒストリー収集プロジェクトとの関係も調査している。主著に『外国人をつくりだす――戦後日本における「密航」と入国管理制度の運用』（ナカニシヤ出版）、『家の歴史を書く』（筑摩書房）、『ヘルシンキ生活の練習』（筑摩書房）、編著に『最強の社会調査入門――これから質的調査をはじめる人のために』（秋谷直矩、前田拓也、木下衆と共編著、ナカニシヤ出版）、翻訳にA・ポルテッリ『オーラルヒストリーとは何か』（水声社）、論文に“Colonialism and Sisterhood: Japanese Female Activists and the ‘Comfort Women’ Issue” (Critical Sociology) など。

挽地康彦（ひきち やすひこ）　［Column 2担当］

和光大学現代人間学部教授。九州大学大学院比較社会文化研究科博士課程修了。NPO法人 移住者と連帯する全国ネットワーク（移住連）編集部を兼任。社会学や思想史の観点から移民管理の批判的研究を行っている。著書に『非正規滞在者と在留特別許可――移住者たちの過去・現在・未来』（共著、日本評論社）、『九州という思想』（共著、花書院）、「大村収容所の社会史1――占領期の出入国管理とポスト植民地主義」（『西日本社会学会年報』第3号）など。

高橋徹（たかはし とおる）　［第3章担当］

1987年、寿・外国人出稼ぎ労働者と連帯する会（カラバオの会）設立に関わる。1995年、入管問題調査会の発足を呼びかけ。1995年ごろから移民の子どもたちの支援開始。認定NPO法人 多文化共生教育ネットワークかながわ（ME-net）、NPO法人 移住者と連帯する全国ネットワーク（1997年～）の設立に関わり、無実のゴビンダさんを支える会（2001年～）の発足を呼びかけた。留置場での戒具の不適切な使用で死亡したネパール人アルジュンさんの国賠裁判支援を行うため、アルジュンさんの裁判を支援する会（2018年～）の設立も呼びかけた。著書に『まんがクラスメイトは外国人』シリーズ（共著、明石書店）。

井上晴子（いのうえ はるこ）　［Column 3担当］

中国黒竜江省生まれ。1998年、中国残留邦人である祖父の呼寄せで、両親と兄とともに来日。2001年、母が祖母の連れ子であり、祖父と血のつながりがないことを理由に、摘発を受ける。4年間の裁判の末、2005年に在

【編著者略歴】

鈴木江理子（すずき えりこ）　［はじめに・第1章担当］

国士舘大学文学部教授。一橋大学大学院社会学研究科博士課程修了。博士（社会学）。NPO法人 移住者と連帯する全国ネットワーク（移住連）共同代表理事、認定NPO法人 多文化共生センター東京理事等を兼任。移民政策や人口政策、労働政策を研究するかたわら、外国人支援の現場でも活動。主著に『日本で働く非正規滞在者 ── 彼らは「好ましくない外国人労働者」なのか？』（明石書店、平成21年度冲永賞）、『非正規滞在者と在留特別許可 ── 移住者たちの過去・現在・未来』（共編著、日本評論社）、『東日本大震災と外国人移住者たち』（編著、明石書店）、『新版 外国人労働者受け入れを問う』（共著、岩波書店）、『アンダーコロナの移民たち ── 日本社会の脆弱性があらわれた場所』（編著、明石書店）など。

児玉晃一（こだま こういち）　［第6章・あとがきにかえて担当］

弁護士。全件収容主義と闘う弁護士の会「ハマースミスの誓い」代表。入管問題調査会代表。移民政策学会常任理事。元日本弁護士連合会理事。東京弁護士会外国人の権利に関する委員会委員長、関東弁護士会連合会外国人の人権救済委員会委員長を歴任。主著に『難民判例集』『コンメンタール出入国管理及び難民認定法2012』（編著、現代人文社）、『外国人刑事弁護マニュアル」（共著、現代人文社）。論文に「『全件収容主義』は誤りである」（大橋毅弁護士と共著。『移民政策研究』創刊号）、「恣意的拘禁と入管収容」（『法学セミナー』2020年2月号）など。2021年4月21日には、衆議院法務委員会に参考人として出席し、入管法改定案反対の立場から意見を述べた。その他の経緯について詳しくは「あとがきにかえて」を参照。

【著者略歴】

空野佳弘（そらの よしひろ）　［Column 1担当］

弁護士。司法修習37期、1985年、大阪弁護士会登録。人権擁護委員会国際人権部会に37年間所属。外国人在留権訴訟や難民事件に従事。著書に『いま在日朝鮮人の人権は ── 隣人と手をつなぐために』（共著、日本評論社）、『となりのコリアン ── 日本社会と在日コリアン』（共著、日本評論社）、『日本における難民訴訟の発展と現在 ── 伊藤和夫弁護士在職50周年祝賀論文集』（共著、現代人文社）など。

入管問題とは何か──終わらない〈密室の人権侵害〉

2022年 9月15日　初版第1刷発行
2022年12月15日　初版第2刷発行

編著者──鈴木江理子・児玉晃一
発行者──大江道雅
発行所──株式会社 明石書店
101-0021 東京都千代田区外神田 6-9-5
電話 03-5818-1171
FAX 03-5818-1174
振替 00100-7-24505
https://www.akashi.co.jp
印刷／製本─モリモト印刷株式会社
ISBN 978-4-7503-5448-4
(定価はカバーに表示してあります)